休闲健身运动概论

XIUXIAN JIANSHEN YUNDONG GAILUN

主编 程锡森 张先松

图书在版编目(CIP)数据

休闲健身运动概论/程锡森,张先松主编. —武汉:中国地质大学出版社,2015.9(2020年.8 重印)
ISBN 978-7-5625-3718-2

Ⅰ.①休…

Ⅱ.①程…②张…

Ⅲ.①健身运动-基本知识

Ⅳ.①G883

中国版本图书馆 CIP 数据核字(2015)第 211719 号

休闲健身运动概论	程锡森　张先松　主编
责任编辑:王凤林　唐然坤	责任校对:张咏梅
出版发行:中国地质大学出版社(武汉市洪山区鲁磨路388号)	邮政编码:430074
电　　话:(027)67883511　　传真:67883580	E-mail:cbb @ cug.edu.cn
经　　销:全国新华书店	http://www.cugp.cug.edu.cn
开本:787毫米×1 092毫米 1/16	字数:384千字　　印张:15
版次:2015年10月第1版	印次:2020年8月第2次印刷
印刷:武汉市珞南印务有限公司	印数:1001—2000册
ISBN 978-7-5625-3718-2	定价:28.00元

如有印装质量问题请与印刷厂联系调换

前　言

21世纪，人们对物质财富的满足将让位于追求充实的精神生活。和谐社会发展的质量标准将定位于人的生存质量、生命质量以及人的全面发展。"休闲"就是在20世纪最后年头闯进中国人精神家园的一种社会文化现象，它的到来恰恰契合了中国的社会转型和经济的高速增长，迎合了从劳动生产型经济向休闲生活型经济转化的势头，引起了人们对传统文化中休闲缺失现象的反思，也激发了人们对未来休闲社会的憧憬。

休闲健身正好适应了人们对休闲时代的期盼和更高层次的需求，是实现自我价值的一种体现，是满足人们身心健康、娱乐需要而产生的文化体育活动。通过这种活动，可以使自己的人生价值得到升华，而这种行为（指参与休闲健身运动）所产生的结果必定是内心世界的畅爽、形体的健硕和完美，这与现代社会所倡导和发扬的体育人文精神是一致的。

休闲健身是人们为了丰富生活、调节情绪、谋求身体满足、善度余暇而进行的自由自在的体育健身娱乐活动。人们利用业余闲暇时间，用于自我享受、调整身心，以及采用发展的观念、态度、方法和手段来体验人生的乐趣。它的价值不仅在于实用，也在于文化。它使人在精神的自由中历经审美的、道德的、创造的、超越的生活方式，并借助休闲体育所承载的文化和健身价值，推动社会的文明进步，从而实现提高人类生活质量的目的。

休闲健身作为一种特殊的体育文化和表现形态，是以休闲健身活动为项目载体，运用自由的可支配的时间，为不断满足人的多方面需要而进行的一种身体建设、文化创造、文化欣赏、文化建构，是一种身心塑造工程。它能彰显和谐社会体育人文精神和文化建设的精髓，实现体育的本质和目的。

体育健身运动从来就是休闲最主要的活动方式之一。休闲健身开展的社会载体主要是学校、家庭以及各类社团和群体。而青年人又是传播时尚、健康、文明休闲健身运动和生活方式的生力军，这是因为体育休闲（健身休闲）不仅能强健人们的身体,也能陶冶情操,改善人的心理……正如当代中国休闲运动及休闲理论的倡导者卢元镇教授所说:"休闲是中国现代化进程的一部分,它渗透进现代化的过程,也表达了现代化的目的。追求文明、健康、科学的休闲,有助于实现社会公平,有助于医治愚昧和浮躁,有助于对人的存在和价值做出全新的解释。没有中国的现代化,就谈不上中国人的休闲,这个命题大多数人认为是成立的;而没有中国式的休闲,中国的现代化就变得缺少血性,这个命题还需要我们去证明,赢得更多人的赞同。"

为此,我们试着编写了《休闲健身运动概论》一书,此书虽谈不上十分完善,也无法去证明和诠释这个命题之所在,但至少我们在向这个方向迈步和努力。

本书共分健身健美运动、经典健身休闲运动和时尚健身休闲运动3篇,主要内容包括:健身健美运动概述、现代健身健美训练的最佳动作与锻炼技法、现代健身健美训练的负荷理论与经典法则、现代健身健美训练和膳食的最优化方法与方案、现代健身健美竞赛表演与欣赏;徒步穿越运动、自行车运动、定向运动、水上运动(含竞技游泳、实用游泳、冬泳、天然水域长游、赛艇、皮划艇、滑水运动、帆板运动);极限休闲运动(含山野和空中极限运动——攀岩运动、蹦极运动、滑翔伞运动,陆地极限运动——滑板运动、小轮车运动、直排轮滑运动,水上极限运动——冲浪运动、摩托艇运动、探险性漂流运动、潜水运动、铁人三项运动)、健身休闲运动(含保龄球运动、高尔夫球运动、门球运动、台球运动、壁球运动)、娱乐休闲运动(含桥牌、围棋、中国象棋、国际象棋、飞镖、射击、钓鱼)和汽车自驾休闲运动。

本书人物插图由江汉大学体育学院周贤彪副教授、湖北生物科技职业学院李萌讲师和江汉大学后勤集团李嘉陵老师绘制完成。

本书既可以作为大学生、中学生公共体育课的选修课教材,又可以作为社会体育指导员、健身教练员和社会体育工作者的参考用书,也可以为广大民众参与休闲健身运动提供一些理论与实践上的科学指导。

本书在编写过程中参阅了国内外大量的文献资料及有关专家的最新研究成果(包括中国健美协会编著的2015版《健美竞赛规则与裁判法》等最新资料),在此一并表示真挚的谢意!由于编者水平所限,不足之处,诚望学者同仁不吝指正。

编者

2015年6月11日

目 录

第一篇　健身健美运动

第一章　健身健美运动概述 (3)
　第一节　健身运动概述 (3)
　第二节　健美运动概述 (6)
　第三节　健身运动与健美运动的区别与联系 (14)

第二章　现代健身健美训练的最佳动作与锻炼技法 (16)
　第一节　健美颈部肌群的锻炼动作 (16)
　第二节　健美肩部肌群的锻炼动作 (17)
　第三节　健美臂部肌群的锻炼动作 (21)
　第四节　健美胸部肌群的锻炼动作 (26)
　第五节　健美背部肌群的锻炼动作 (31)
　第六节　健美腰腹部肌群的锻炼动作 (34)
　第七节　健美臀部肌群的锻炼动作 (39)
　第八节　健美腿部肌群的锻炼动作 (42)

第三章　现代健身健美训练的负荷理论与经典法则 (48)
　第一节　健身健美训练的负荷原理与运用方法 (48)
　第二节　健身健美训练的主要原则 (52)
　第三节　健身健美训练的经典法则 (56)

第四章　现代健身健美训练和膳食的最优化方法与方案 (64)
　第一节　健身健美训练的最优化方法 (64)
　第二节　健身健美训练的最优化方案 (65)
　第三节　健身健美膳食的最优化方案 (69)
　第四节　健身健美赛前营养调配与训练计划建议 (72)
　第五节　健身健美赛会膳食安排 (74)

第五章　现代健身健美运动竞赛表演与欣赏 (75)
　第一节　健身健美竞赛与表演训练 (76)
　第二节　健身健美竞赛规则与裁判法简介 (87)

第二篇　经典健身休闲运动

第六章　徒步穿越运动 (99)
第一节　徒步穿越运动概述 (99)
第二节　徒步穿越运动的组织要点 (101)
第三节　徒步穿越运动路线图的制作与使用方法 (102)
第四节　徒步穿越运动的方法与原则 (102)
第五节　徒步穿越运动的装备和器材 (107)

第七章　自行车运动 (113)
第一节　自行车运动概述 (113)
第二节　自行车的骑行技术 (114)
第三节　自行车健身自助游指南 (119)

第八章　定向运动 (125)
第一节　定向运动概述 (125)
第二节　定向运动的器材和装备 (129)
第三节　定向运动的基本技能 (130)
第四节　定向运动的训练竞赛与裁判 (136)
第五节　定向运动欣赏 (141)

第九章　水上运动 (143)
第一节　水上运动概述 (143)
第二节　水上运动实用基本技术 (143)
第三节　水上休闲健身运动 (160)

第三篇　时尚健身休闲运动

第十章　极限休闲运动 (167)
第一节　山野和空中极限运动 (167)
第二节　陆地极限运动 (171)
第三节　水上极限运动 (174)
第四节　铁人三项运动 (179)

第十一章　健身休闲运动 (181)
第一节　保龄球运动 (181)
第二节　高尔夫球运动 (184)
第三节　门球运动 (189)
第四节　台球运动 (191)
第五节　壁球运动 (194)

第十二章　娱乐休闲运动 (198)
第一节　桥牌运动 (198)

第二节	围棋运动	(201)
第三节	中国象棋运动	(204)
第四节	国际象棋运动	(206)
第五节	飞镖运动	(209)
第六节	射击运动	(212)
第七节	钓鱼运动	(214)

第十三章 汽车自驾休闲运动 (217)
- 第一节 汽车自驾休闲运动的准备工作 (217)
- 第二节 汽车自驾休闲运动的基本技术 (220)
- 第三节 汽车自驾休闲运动中意外事故的处理方法 (225)

主要参考文献 (229)

第一篇　健身健美运动

第一章　健身健美运动概述

现代健身健美是在场馆健美、俱乐部健美等基础上发展起来的一个充满时尚、内容日益拓展的大众体育锻炼项目，更是一个前景广阔的朝阳产业。健身活动发端于人类的健康意识。进入现代社会以后，健身活动日益成为一类目的明确、目标多元、形式多样、特征鲜明的以科学、合理、安全、有效为基本原则的运动项群。发展至今，"健身"不仅已经成为特定的广义的健身、健美、健心、健智的活动体系，更成为内涵不断拓充的一些独立的运动竞技项目及其训练体系。而健美运动、集体健身项群、体能的专项练习等便是健身运动技术方法和理论体系的中坚。健美是在健身和健康基础上的升华和提高，健身运动则是健美运动的母体，它孕育了现代健美运动。从概念上说，一切有益于身心健康的活动皆可以划归为健身体育范畴。

第一节　健身运动概述

一、健身运动的概念

1. 健身的概念

健身是指为促进人体健康，达到理想生活质量的一种行为方式。健身包括智力、机体及社会的行为，这种行为的结果将是身体健康状况的明显改善，而不仅仅是一种摆脱疾病的状态。健康的人有很高的心肺功能和智力的敏感性，有良好的社会交往能力，有理想的体脂、体力及机体的灵活性。经常性的健身锻炼、健康的饮食、避免滥用药品及不断发展摆脱压力的能力便可以达到这种理想的状态。

"健身"一词，与我国传统的"养生"一词有着共同的含义。我们认为，用"健身"这一现代汉语用词，既代表了古汉语中"养生"这个词，也概括了当今世界各国所用的"增强体质""发展身体""完善人体"之类的词语。人类的身体建设，既要由弱到强，又要在种族的遗传变异中由不完善到完善。所以，我们选用健身一词来标记"养生""增强体质""发展身体"和"完善人体"这些词语。"健身"这个词概括了增强体质、发展身体和完善身体的几层内涵，具有强健身体和健全身心的综合含义。

2. 健身锻炼的概念

以强身健体、健全心智为目的而进行的一切身体活动，都可以称之为健身锻炼。随着人类社会的发展，人类文明的进步，健身锻炼已成为一种有目的、有组织、有计划地促进身心全面地发展、增强体质、健美体型、延缓衰老、提高和丰富生活质量的手段。它不以夺取比赛优胜、摘取金牌及实现个人功利为主要目的，而是以增强体质、提高健康水平和生活质量、谋求身心愉快、延年益寿为主要目的，有时还有提高劳动效率等含义。

3. 健身运动的概念

健身运动是根据人体生命科学的原理，运用不同的运动方式，通过各种形式练习，以增强人们的体质、提高生活质量、延长人类生命为目的的体育运动。它不是某一个单一的项目，而是一个广义的概念，是所有益于身心的运动项目的概括，包括健美、康复健身、形体修塑以及娱乐与休闲健身等。

二、健身运动锻炼项目的分类及其价值

（一）按从事健身运动锻炼的目的分类

根据年龄、性别、职业、爱好和身体健康状况的不同，人们参加健身锻炼的目的分别为强身健体、增强体质、疗疾康复、健美减肥、消遣娱乐及提高运动技能和成绩等。从锻炼的目的性切入，对活动进行分类有助于我们有针对性地选择和运用适当的方式展开健身锻炼。

1. 健身运动

这里是指狭义的健身运动，主要指普通健康人群为强身健体、延年益寿而从事的身体锻炼。其目的是通过练习，增强身体各器官、系统的机能，发展身体素质，提高基本运动能力，延缓人体的衰老。健身运动可根据个人特点和爱好，选用各种锻炼手段，即可采用各种竞技性运动项目，也可采用日常生活中一些动作，如走、跑、跳、投、举、拉、抬、骑自行车，以及利用日光、空气和水等自然因素进行锻炼等。

2. 健美运动

健美运动是在健身运动的基础上，为增加身体美感而进行的建设性的身体锻炼。它是健身运动的升华和提高。当然，健美运动也属于广义的健身运动范畴。通过练习，形成良好的体型和姿态。健美锻炼的针对性较强，如发展肌肉体积，可采用负荷和器械练习；为了养成端庄优美的体型，增加协调和韵律感，可采用艺术体操、健身操、健美操和体育舞蹈以及轻器械练习等。在体系上，健美运动又可分为两类：①竞技健美，包括健美比赛（也称传统健美竞赛）、古典健美比赛、健体比赛和健身比赛（如健身先生、小姐竞赛）、形体比赛、健身模特比赛、健身比基尼小姐比赛等及其训练体系；②大众健美，指为改善形体与健康状况而进行的包括徒手练习的运动锻炼，如自抗力锻炼、健身操、健美操，以及有氧练习与器械练习等。

3. 康复健身

康复健身又称康复体育和医疗体育，是指疾病患者为了治愈某些疾病或恢复身体机能而进行的健身锻炼。康复健身的内容应根据疾病性质采用适宜的锻炼方法，如动作缓慢、负荷较小的散步、慢跑、太极拳、气功、按摩、保健操等。为提高康复效果，锻炼活动常与药物治疗相结合，在医生的指导下，按运动处方要求进行定量锻炼。

4. 形体修塑

形体修塑又称矫正畸形或矫正体育，特指为了弥补身体某些缺陷或克服功能障碍或使身体更趋完美而进行的身体锻炼。目前，形体修塑已拓展为功能性极强的在健身房较受欢迎的健身健美项目，如整体塑造、局部修塑等。形体修塑练习内容应根据身体的特殊情况进行专门设计，如轻度驼背可做脊柱弯曲矫正操，"鸡胸""后缩背"可用俯卧撑进行矫正等。

5. 休闲健身

休闲健身亦称闲暇体育、余暇体育、休闲体育、娱乐体育等，是人们为了丰富生活、调节情绪、谋求身体满足、善度余暇而进行的自由自在的体育健身娱乐活动。休闲健身以消遣、娱乐、

放松为目的,内容选择上以个人爱好为前提,如各种竞技、游戏、球类活动、郊游、钓鱼、艺术欣赏、影视欣赏等。

此外,还有残疾人健身、防卫健身等健身锻炼项目。

(二)按运动时的能量代谢特点分类

1. 有氧运动

有氧运动包括强度适宜的步行、慢跑、自行车、网球、高尔夫球、远足、健身操和健美操等。有氧运动对人们的心肺机能、耐力素质以及生命活动耐受力的提高作用积极。

2. 无氧运动

无氧运动包括短距离全力跑、举重、拔河、跳跃项目、投掷、肌力锻炼、潜泳等。无氧运动是人体功能水平、基本活动能力不断进步的基础。

3. 混合运动

常见的混合运动有足球、橄榄球、手球、篮球、冰球、间歇锻炼等。

在健身锻炼实践中,两者不规则而混合存在的锻炼项目较多,而且也有同一项目,由于方法强度的改变,而转变为有氧运动锻炼或无氧运动锻炼的项目。例如,长跑,放松慢跑是有氧运动锻炼,而竞赛时全力跑则转为无氧运动。按体力水平,同样的速度,体力强的人为有氧运动锻炼,而体力差的人则成为无氧运动锻炼等。因此,只按项目本身不能一概判定是否属有氧或无氧锻炼,要具体问题具体分析。

三、健身运动锻炼项目的选择

选择最适宜的运动项目进行健身锻炼,是达到身心健美状态的前提。

选择健身项目的前提:①经过医学检查身体条件许可;②运动强度、运动量(也称运动负荷)适合本人的体力;③为本人喜爱的项目,并有此项目的运动经验;④进行运动锻炼的环境适宜、方便,就近有锻炼场所;⑤运动锻炼设备、器械、用具齐全;⑥有同伴;⑦有指导者。

新概念健身运动锻炼要求包括3个运动种类,即有氧运动、伸展运动和力量性运动。

第一类,有氧运动的耐力性锻炼:如步行、慢跑、走跑交替、游泳、自行车、滑冰、越野滑雪、划船、跳绳、上下楼梯、室内功率自行车、活动平板(跑台)、健身操锻炼等。

第二类,伸展锻炼:如专门伸展操、太极拳、太极功、气功、瑜伽功、普拉提、五禽戏、八段锦以及各种医疗体操和校正体操等。

第三类,负重锻炼:中强度的、足以发展和维持去脂体重、发达肌肉、健美体格的力量性锻炼,必须成为成人身体锻炼计划中的重要组成部分。美国运动医学学会推荐的力量锻炼形式为:主要肌肉群参与,每组练8~10组,每组重复8~12次,每周至少锻炼2次。

科学合理地选择并安排好上述锻炼项目及内容,处理好有氧、伸展和力量练习之间比例关系,是获得最佳健身锻炼效果的基础。

四、健身运动锻炼的特征

健身锻炼的目的是增强体质、提高健康水平。因此,健身锻炼必须具备3个基本条件:一是安全性,二是效果好,三是有兴趣。健身锻炼注重健康的结果,锻炼结果不利于健康则无意义,没有效果或效果不明显的锻炼活动,不论如何喜爱、如何安全,也不符合增进健康的目的。而从运动心理学角度来看,科学、有效的锻炼活动,如果不愉快、不喜爱,也难以持久进行。不能持之以恒地锻炼,也就不能获得真正的健身健美效果。

享受运动的乐趣、保证运动锻炼安全、得到健身效果,是从事健身与健美锻炼的人们所期望的,也是健身运动之所以为"健身"运动的特征。

第二节　健美运动概述

一、健美运动的概念

1. 健美的概念

所谓健美顾名思义就是健康而优美、健壮、美观。它是根据健康原则和美学原则,以及年龄、性别特征,对人体毛发、肤色、体型、姿态、动作和风度等进行的综合评价。通常指人体内外健康无病,身体外表优美协调,整体匀称,并具艺术感。作为专业概念,健美是指通过各种重力练习以发展全身肌肉、塑造体型为目的的体育运动项目。

2. 健美运动的概念

健美运动的英文意思为身体建设,是通过徒手和运用各种器械,通过专门的动作方式和方法进行锻炼,并根据人类遗传学、运动解剖学、运动生理学、运动保健学、营养学、运动医学、美学等学科原理,以锻炼身体、增强体质、发达肌肉、修塑体型、陶冶情操、促进人体健美为目的的体育运动。用 6 个字概括为重力、营养和恢复。

二、健美运动的发展概况

(一)国际健美运动的发展简况

健美运动最早始于古希腊和古罗马,并深受古希腊人的审美观念的影响。早在公元前 6 世纪,古希腊就已盛行"赤身运动"。为了生存和应付城邦之间的战争,古希腊人发出了"身体和胸膛就是我们的国防"的豪迈格言。著名的古希腊哲学家苏格拉底(公元前 469—399 年)认为:"人的一切活动不能脱离身体,身体必须保持高效率的工作,力量与肌肉的美只有通过身体才能得到。衰弱是耻辱。"苏格拉底的学生柏拉图(公元前 427—347 年)更是提出:"要为保卫城邦而练成体魄刚健的战士,为造就完美的人而献身。"柏拉图的学生著名哲学家亚里士多德(公元前 384—322 年)也提出:"要养成健美的体格而不是野蛮的兽性的性格。"古希腊人主要是通过体育运动来塑造和发展健美人体的。4 年一届的古代奥林匹克运动会等场所,就是展示力量和人体健美的场合。

古希腊人还盛行在运动场上从事裸体运动,喜欢欣赏裸体的力量、健康、活泼的形体和姿态。他们认为:"健美的人体应具有宽敞的胸部、灵活而强壮的脖子、虎背熊腰的躯干和块块隆起的肌肉。"在艺术上如绘画和雕塑则注重塑造健、力、美三结合的人体。至今仍脍炙人口的著名雕塑《掷铁饼者》(古希腊雕塑家米隆制作),就是这一时期的健美代表作。后来在米洛斯岛上发掘出来的维纳斯大理石雕像,更是古希腊女性美的化身。

公元 130—200 年,古罗马著名的医生盖伦著书立说,倡导健身运动。他将运动分为臂部、躯干和腿部运动,并倡导开展一些运动项目,如搬动和高举重物、爬绳、鹤嘴锄挖掘等。到了 18 世纪,德国著名的体育活动家艾泽伦(1792—1846 年)开设了培训体育师资的课程,开创了哑铃、吊环等运动。这些锻炼形式,既是现代竞技举重的起源,也是现代健美运动和力量举的起源。那时从事锻炼的人们,主要追求力量的增长,而在形体上并无特殊的要求,这些大力士们力大无比,肩宽腰粗,肌肉非常发达。

从19世纪起,大力士们的体型逐渐有了改变。德国大力士山道(1867.4.2—1925.10.14)是健美运动的创始人,他的原名叫法德勒·穆勒,山道是他的艺名。他少年时体弱多病,10岁时还不知道什么是"体育",有一次山道随父亲去罗马旅游,在参观佛罗林美术展览时,被古代角斗士健美雕像的雄健体魄所感染,从此走上了健美之路。山道集健、力、美于一身,他既是体育家,又是表演家、艺术家。他每天锻炼身体,并从实践中摸索出一整套锻炼肌肉的方法,后来又学习了《运动解剖学》,终于练就了一身硬功夫。22岁时,他的全身肌肉已非常发达。他先后到英国、澳大利亚、新西兰和南美洲等地表演各种健美技艺和力的技巧,演毕即显露其全身发达的肌肉,并塑造出各种优美姿势的人体形象,受到广泛的赞誉。山道还开设体育学校,宣传健美运动,创立健身函授班,向世界各地的健美爱好者传播健身训练方法,并著《体力养成法》等著作。山道于1901年9月14日在英国伦敦皇家阿尔勃特剧院组织了世界首届健美大力士比赛,晚年创办了世界第一所健美运动学校。山道为创建和发展现代健美运动做出了卓越的贡献。由于他力大无穷,竟能和雄狮搏斗而取胜,更由于他对国际健美运动的开创性贡献,后人一致公认他为现代健美运动的开山鼻祖。

20世纪初期,健美运动在英美等国得到了广泛的开展,后来美国成为这项运动开展最为广泛的国家。美国医学专家列戴民早在1920年就开办了健身函授班,是当时美国各种健身组织中历史最为悠久、影响最大的一个组织。他还著有《肌肉发达法》和《力之秘诀》等高水平专著。此后,《体育》《力》《大力士》《健与力》《超人》等健身杂志在美国相继问世,尤其是美国《体育》健身杂志主编麦克法登,他一人就著有健身健美著作50余种,可谓著作等身,对健身、健美运动的开展做出了巨大贡献。1903年他在纽约麦迪森广场花园举行了"世界体格最完美人"的比赛,由于他在1928年12月倡导了世界有史以来的第一次全美男子健美大赛,故被称为"美国健美之父"。

20世纪30年代中期,加拿大健美运动的创始人本·韦德(1924—2008年)和乔·韦德兄弟创办了《您的体格》等杂志,在世界范围内积极推广和宣传健美运动。并在美国和加拿大等国的支持下,于1946年发起创建了国际健美联合会(IFBB),总部设在加拿大的蒙特利尔,制定了健美比赛的国际规则,并开始举行正式的国际业余健美锦标赛。如今,国际健美联合会已经拥有190多个会员国(含地区)。由于本·韦德的卓越贡献,他被推举为该组织的终身主席而名垂青史。

1947年美国的鲍勃·霍夫曼的约克杠铃俱乐部,借在美国举行世界举重锦标赛之际,同时举行了第一次以"环球先生"为称号的国际健美比赛。20世纪60年代,职业健美运动开始崛起,并与业余健美运动一起发展。1965年创办了每年度世界水平最高的职业运动员参加的"奥林匹亚先生"大赛。1971年,国际健美联合会开始举行环球先生世界业余健美锦标赛。1980年开始正式举行每年一度的"奥林匹亚小姐"大赛。1995年开始举行每年一度的"奥林匹亚健身小姐"大赛。

从健美运动技术水平来看,不论职业和业余选手,美国都是水平最高的。如出现过阿诺德·施瓦辛格及李·哈尼等优秀选手,他们都曾先后数次获得"奥林匹亚先生"桂冠。最近几年英国的耶茨以其卓越的体格和宏大的肌肉多次夺得冠军,从而显示了他强劲的实力。

世界女子健美起步较晚,20世纪40年代,女子只着游泳衣进行"选美"比赛,主要比身段、体姿和容貌,冠军可获"××小组"或"××皇后"的称号;50年代开始,女子进行肌肉训练已被越来越多的人接受;到了20世纪60年代,美国的一些大学开始把女子健美作为体育选修课的内容之一;1977年10月美国俄亥俄州举行了世界第一次穿"比基尼"的比赛;1980年国际健美组织正式成立了妇女委员会。至今,女子健美早已风靡全球,水平仍然属美国最高,曾出现过6次获得"奥林匹亚小姐"称号的科林娜·埃弗森。其他欧洲国家也出现过一些优秀女运动员,如荷兰的埃里卡·梅斯及玛丽·泽格林等。

同时,"健身先生、小姐"竞赛也受到了广大青年人的追捧,它源于健美又有别于健美,是国际健美联合会(IFBB)新设的项目,它是展示人体通过健身锻炼而获得的健美体格的竞赛,该项赛事源于1993年,由阿诺德·施瓦辛格发起,到今天已成为与肌肉健美等量齐观并备受推崇的运动项目之一。

1998年1月31日,在日本长野召开的国际奥委会执委会会议上正式承认国际健美联合会,接纳健美运动为奥林匹克大家庭的一员。从此,翻开了世界健美史上崭新的一页。

(二)中国健美运动的发展简况

中华民族是世界古代文明的发源地之一,曾经创造了灿烂的古代体育文化,尤其是具有较高医疗和保健价值的导引养生术和各种民间体育健身游戏更是受到世人推崇。同时,我们的祖先也是崇尚健美、崇尚力量、崇尚英武的。流传上千年的金刚形象,就是健和力的象征,每当我们踏进千年古庙时,迎面站着的四大金刚的英武形象,就会立即令我们肃然起敬。

古代劳动生活的特点需要有强健的体魄,频繁的部落征战更需要有强壮有力的身体。所以,我国古代早就将健、力、美三者结合在一起而予以提倡。举鼎、翘关(提举城门杠)、举石等健身活动,早已有了几千年的历史,至今山海关还保留着古时候军队习武用过的重达50kg的大铁刀。北京故宫午门城楼上现存的一块重250kg的方石,两侧刻有凹处以便于提拉,原来这是清朝用来考武举的工具。我国民间早就流传的石担、石锁,是今天杠铃和壶铃的雏形。由此可以看出我国的健身运动历史悠久。

现代健美运动是一项较年轻的体育运动项目,虽然20世纪30年代才在我国正式诞生,但在20世纪初,欧美等国健美运动的信息就已传入中国。1917年4月,年轻的毛泽东(1893—1976年)就在《体育之研究》一文中介绍过德国的山道(当时译为孙棠),毛泽东把山道(孙棠)誉为由柔弱变为强健的世界体育家。到20世纪20年代前后,国外的健美函授学校甚为活跃,并于20年代末影响到我国。最初仅在上海、广州等沿海城市兴起,1924年上海沪江大学学生赵竹光(1907—1991年)为了寻求健身之道,参加了美国查理斯·爱拉斯举办的健身函授课,开始进行自抗力锻炼的练习,进而使用杠铃和哑铃作为发达肌肉和改善体型的现代器械,因效果卓著,吸引了大量爱好者参加练习。1930年经学校批准,成立了"沪江大学健美会"。后因该组织的训练效果显著,校方还做出了凡是参加健身会的同学都可把其训练成绩作为体育课的成绩而免修体育课的规定。沪江大学健美会是中国乃至亚洲的第一个健美运动组织,它的出现为近代中国健美运动理论与实践的发展奠定了基础。1936年12月,赵竹光先生还专门为《健与力》杂志写下了流传于世的著名创刊词。

1940年5月赵竹光和他的学生曾维琪一起创办了上海健身学院,当时的校训是"健全的身体、健全的人格、健全的头脑、健全的灵魂",为我国健美运动的发展培养了一批骨干力量。赵竹光还积极宣传健美、健身运动,他利用在商务印书馆工作之机,翻译并出版了《体格锻炼大全》等著作和主办了《健力美》杂志。1942年,曾维琪在上海成立了"现代体育馆",培养了中国历史上第一名健美冠军柳颥庵,并主编过《现代体育》期刊,他们都为推动我国的健美运动做出过巨大贡献。当时,在上海的娄琢玉、胡维予等人也相继在上海中华基督教青年会和精武体育会开展了健美运动,并利用业余时间担任教练员。

广州南洋归侨谭文彪创办了"谭氏健身学院",吸引了不少学员。北京体操界比较有名的林仲英先生还专程到上海取经,从曾维琪先生处弄来一副模具,翻砂制作了北京的第一副铁杠铃,凭借它在北京青年会的地下室开办了健美举重班。后来,他成为新中国第一名举重运动健将。此外,在苏州有李钧祥开展的健美活动,在南京还有戴毅创立的"首都健身院"等。

1944年6月10日,在上海八仙桥青年会小礼堂举行了我国第一次男子健美比赛,比赛按身高分为甲、乙、丙3组,共有20多名运动员参加。柳颥庵获得这次比赛的全场冠军,黄辉和茅冠卿分别获得第二、第三名。参加裁判的有我国著名健美专家赵竹光、梁兆安、曾维琪、著名雕塑家张充仁和印度的摄影家泰泰5人。

在旧中国,我国的健美运动开展很不普遍,这是和广大劳动人民的生活状况分不开的。人民的衣食温饱问题尚得不到解决,就更没有精力搞健美运动了。加之,社会对健美运动存在片面的看法,所以,解放前的健美运动技术水平不高。

1949年中华人民共和国成立后,健美运动深受广大青年人的欢迎,尤其在上海、广州等地得到蓬勃发展。20世纪50年代中期以后,健美运动一度被作为"资产阶级的体育观点和唯美思想"加以批判,一时间各健美场所都转向专搞竞技举重,不少健美运动员也随之转向,使健美运动停滞近30年。直到粉碎"四人帮",健美运动才得以恢复和发展。

1980年前后,上海、广州、北京、武汉等地先后恢复了健美运动。1981年开始,《健与美》等专业杂志相继问世,很多体育场馆和大专院校开办了健美训练班。全国部分体育学院和国际关系学院,如武汉教育学院(现合并为江汉大学)、北方交通大学、深圳大学等高校率先开设了健美选修课。清华大学、北京大学等高校大学生的业余健美活动也很活跃,武汉市江汉大学的健身健美队还多次参加过国内及国际健身健美比赛,取得过数十枚金牌,并多次荣获全国团体总分第一名和全国高校总分第一名。山东、四川等体育院校还开设过健美专业,江汉大学体育学院更是在国内高校中率先设立了健身专业。健美运动迅速在大学、中学中得到了积极的开展。

1983年6月2~4日,在时任国际健美协会主席本·韦德的热情帮助和上海市体育委员会的积极支持下,娄琢玉先生在上海筹备并组织了"全国第1届力士杯健美邀请赛"。

1985年11月,在瑞典歌德堡举行的第39届国际健美联合会年会上,正式接纳中国为国际健美联合会(缩写IFBB)的第128个会员国。1986年10月由原国家体育运动委员会(简称国家体委)主持,正式选举产生了"中国举重协会健美委员会"。

1986年在深圳举行的第4届"力士杯"健美锦标赛正式增加了女子个人和男女混双比赛。女运动员第一次按照《国际健美比赛规则》的规定,着"比基尼"泳装参赛。四川杂技演员陈静成为中国的第一个女子健美冠军。

1987年10月在安徽屯溪举行的第5届全国健美锦标赛中,国家体委将"力士杯全国健美邀请赛"改为"全国健美锦标赛"。

1988年9月,中国高等教育委员会决定将"健美运动"列入全国高等院校学生的体育科目。

1989年9月20日中国健美协会正式加入亚洲健美联合会,并参加了当年的亚洲健美锦标赛。

1993年,"中国健美协会"(缩写CBBA)正式成立。

1994年,我国在上海成功地举办了第48届世界男子业余健美锦标赛。

2005年11月,在上海举办的第59届世界健美锦标赛上,我国选手钱吉成夺得60kg级冠军,并获得进步最快奖,实现了中国选手在世界健美锦标赛上的历史性突破。2006年12月,在卡塔尔多哈第15届亚运会健美比赛中,钱吉成再次夺得60kg级金牌,实现了中国选手在亚运会健美项目上的金牌零的突破。

2006年11月,在武汉举办了中国大学生健康活力大赛暨首届大学生健身健美锦标赛。来自全国78所高校的1200余名健儿参加了健身健美、健美操、健康街舞、艺术体操、啦啦队五大运动项目的激烈角逐。本次健身健美锦标赛共设健康明星和健美明星10个项组的比赛,实力雄厚的江汉大学队夺得了此次健身健美锦标赛全国省区团体总分第一名和全国高校团体总分第一名,并获得本次大赛唯一的一个最佳团队奖。全国首届大学生健身健美锦标赛的成功举办,标志着我国高校健身健美运动水平又上了一级新的台阶,有力地推动了我国高校健身健美运动的发展。

目前,我国男子的健美水平与国际先进水平的差距在逐渐缩小,低级别运动员的进步显著,但是高级别运动员与国际先进水平差距较大;而女子健美水平在亚洲则名列前茅,上海马拉松运动员出身的张平成为六连冠"亚洲小姐"。另外,1990年在新加坡举行的第7届亚洲女子健美锦标赛上,她获得了52kg级金牌,成为我国第一位亚洲女子健美冠军。新疆达坂城的姑娘曹新丽也多次获得过亚洲健美比赛的冠军。

随着世界健美运动水平的高速发展和普及,我国于20世纪90年代中期开始与国际健身竞赛机制接轨,开设了中国的"健身小姐"大赛项目,随之"健身先生"竞赛也逐渐加入。尤其鼓励女性从事健身训练,塑造形体,但不同于侧重展示肌肉与力量的健美比赛,也与侧重外表和形体的选美比赛有着本质区别。它是展示女性或男性通过健身锻炼而获得健美体格的竞赛。健身小姐的特点是:健美匀称的形体、综合的身体素质、上乘的表演能力、一定的文化素养等。在评判规则中,充分地体现了这些要求,因而更贴近大众的健美理念,为参赛运动员和观众所接受和欣赏。

1996年我国举行了"信华杯"首届中国健身小姐大赛,北京体育大学的刘令妹成为我国第一个健身小姐冠军。2001年"无锡广电杯"全国健身先生、健身小姐大赛首设男子项目,内蒙古自治区选手冀锋荣和四川选手谢黎明分别夺得A组和B组桂冠。此外,2001年9月在韩国釜山举行的第3届亚洲健身小姐锦标赛上,我国选手程丹彤夺得1.60m以上组桂冠,成为我国第一位亚洲健身小姐冠军。

2006年9月,我国派出了以王瑞霞为领队、陈静为教练的4名运动员(2男2女),参加了在西班牙举行的世界健身健美锦标赛健身项目的比赛(过去只有世界女子健身锦标赛,本次大赛才首设男子健身赛项目,故这也是世界首届男子健身锦标赛),中国男女运动员首次走进国际健身赛的大门。

2006年11月,我国在广州举行的全国健身大赛中融进了"健身模特和形体竞赛"等项目,标志着我国健身健美运动进入了一个全新的发展时代。

2014年起,我国已完全与国际健美健身联合会(缩写IFBB)的比赛项目接轨,增设了男子古典健美(IFBB的比赛始于2005年),取消了女子健美而用健体(IFBB的比赛始于2012年)比赛项目代之,还增设了女子健身"比基尼"比赛(IFBB的比赛始于2010年)和一些时尚健身项目。

近年来,世界健美健身比赛的审美标准发生了巨大变化,由开始的寻求肌肉无限发达向形体优美方向发展,尤其注重身高体重的比例与身形的均衡发展。这样的体型更符合大众的审美向度,也更具魅力。以男子健美为例,传统健美只以体重定级别,运动员寻求的是无限发达的男性肌肉形态;而古典健美则注入了身高和体重比例两项重要指标,以便把运动员的身形控制在匀称范围内,这样舞台上呈现给裁判和观众的身形就更加和谐完美(评价标准详见第五章第二节)。又如女子健体与"比基尼"小姐比赛的区别也较明显,"比基尼"小姐比的是整个身材的匀称美观,而女子健体更讲究在女性柔美的基础上展现肌肉线条,这也符合普通女性的审美观念。又如男子健体不用像传统健美和古典健美那样用力把肌肉展示出来,只要求自然、轻松,不用过度使力,表现自然体格体型。

好健美健身比赛对肌肉的要求也会因项目不同而有所不同。例如,2015年国际健身健美竞赛规则对女子健体、形体、健身、比基尼各项比赛的肌肉要求是依次递减的。好健美健身项目的印象与定位如下:

女子健体:匀称发达,线条清晰。

女子形体:适度发达,轮廓明显。

女子健身:线条清晰,富有弹性。

比基尼小组:形态紧致,外形美观。

如今,年复一年,水平越来越高的全国健身健美比赛,其意义已远大于胜负。无论是比肌肉线条的和谐还是比形体健美,运动员通过比拼与展示,都是在向人们推广健康的生活方式,展示身体建设的一方面和向上的生活态度,其发展趋势可喜可贺。

此外,从2000年起,中国健美协会开始着手进行全国等级健身指导员培训。截至2014年,中国健美协会共举办了228期全国等级健身指导员培训班,培训学员15 730人。2004—2013年,中国健美协会共举办了12期私人健身教练培训班,培训学员222人,为我国健身健美运动培养和造就了一大批既具有开拓创新精神又具有健身健美理论与实践指导能力的应用型人才和骨干力量。

近20年,中国健美协会的培训工作经历了从职业培训雏形发展到职业培训规范,再从职业培训规范转型到专业化培训的创新模式阶段。到2014年底,已从延续了15年的等级健身指导员培训转型成专业健身教练和国际私人健身教练培训。如今已经形成了具有中国特色的专业健身教练和国际私人健身教练的培训体系。而2015年便成了我国专业健身教练和国际私人健身教练成功转型培训工作的创新年。

诚如中国健美协会古桥秘书长所说:"我国的现代健美健身运动从20世纪80年代开始起步,经历了恢复调整、适应推广到改革发展的过程,中国的健美健身运动是随着中国健美协会工作的不断推进及广大民间同仁的共同努力才取得今天这样恢弘的发展规模的。"我们相信,随着我国人民精神文明和物质生活水平的不断提高,健身健美将愈来愈受到人们的喜爱和欢迎,中国的健身健美运动之花一定会越开越旺,并步入世界健身健美强手之林。

三、健美运动的作用与动作分类

(一)健美锻炼的主要作用

健美运动的每一个动作,虽然都是专门为了训练身体的某一个部位而设计和编排的,但人体是一个完整的机体,任何一个局部的活动都会对全身产生影响。因此,长期从事科学系统的健美运动,不但能增强体质和体能、发达肌肉、强健体格、增进健康,而且能调节和改善人体的生理机能、陶冶情操、健美体形体态、防治和矫正畸形,有着健身、健美、健心、健智的重要价值。归纳起来主要表现为以下几方面。

1. 能有效地发达人体肌肉

人体各器官系统是按照生物界"用进废退"的自然规律变化的。健美运动中的许多动作,特别是那些用哑铃、杠铃等器械进行的练习,都是直接针对肌肉进行的锻炼。长期科学的健美锻炼,能使运动器官,特别是肌肉产生适应性变化,肌肉明显发达,显著增大。同时可以促进骨骼的新陈代谢,促使骨骼的机械性能提高,对关节韧带的生长发育也有良好的促进作用。

2. 能改善和提高内脏器官的机能水平

健美运动可增大心脏的容积,增强血管的弹性,增强心脏的收缩力和血管的舒张能力,从而使心脏的每搏输出量增加。这样,在安静时会产生"心搏徐缓"现象,而承担大强度负荷的能力却大大提高。

健美运动锻炼需要供给更多的氧气(O_2),排出更多的二氧化碳(CO_2),这就要求呼吸肌更加有力地收缩。经常进行健美运动,可提高呼吸系统的机能水平。健美运动对提高消化系统的机能也有良好的作用。

3. 能提高中枢神经系统的机能

健美运动和其他活动一样,都是在中枢神经系统的支配调节下进行的,这就能有效地改善和提高神经系统的功能,提高大脑神经过程的强度、均衡性和灵活性,以及身体对内外环境的适应能力。

4. 能改善体型和体态

健美运动的各个动作均有很强的针对性,能对身体相应部位的生长发育产生特异性影响。科学的健美锻炼,能有目的地改变体型、体态的现状,使男性的体格魁梧、肌肉发达、英姿勃勃、风度翩翩,使女性体态丰满、线条优美、亭亭玉立。

5. 能调节人的心理状态,陶冶美的情操

现代社会节奏的加快,往往使人产生压抑感或其他不良情绪。紧张的脑力和体力劳动之后,机体也会产生疲劳累积。经常进行健美锻炼,有助于消除不良心理,提高人的自信心、自豪感和成功的乐趣。特别是在优美轻快的音乐伴奏下进行协调运动,更有着积极的心理影响,陶冶人们的道德情操,使人产生积极向上、追求美好未来的健康情绪。

随着社会体育的发展和人们体育价值观念的更新,各种类型的健身健美俱乐部和培训中心正在我国广大城乡普遍兴起,健身健美运动产业作为我国体育产业的一部分也呈上升趋势。同时,参加健美运动训练和比赛表演,能够有效地丰富人民的文化生活,为广大人民群众提供健康向上的体育精神产品。

(二)健美运动的动作技术特点与分类

动作练习是健美运动的基本载体,健美练习技术强调最大限度地集中局部肌肉即目标肌群或肌肉群的目标部位肌纤维的收缩力量,尽可能不借助或少借用其他肌群或肌肉部位的力量来进行克阻试举,完成动作。把练习的目标部位独立出来进行最大限度的锻炼刺激是健美动作的基本技术特点,为了确保目标肌群在时空上皆能获得充分的刺激效益,动作节奏的"快收缩、慢伸展"即在克阻试举收缩肌肉的动作过程中,速度可相对快些,而在还原动作适应阻力方向伸展肌肉的过程时,速度宜相对稍慢些,以实现肌肉退让性工作对肌肉的特殊刺激效率的动作发力方式也是健美锻炼的重要技术环节之一。此外,动作的全过程用力、意念的运用皆是健美练习动作的特别之处。比较举重项目或一般意义上力量训练的"举重若轻",同样的技术结构,健美训练表现的技术实践多为"举轻若重"。

根据目标肌群的结构,一般可将健美训练的技术动作分为(基本的)两类:一类为"多关节"动作或称基本动作;一类为"单关节"动作或称孤立动作。所谓基本动作,主要是发达肌肉块和力量的训练动作,它是指在一个动作中有两个关节同时进行活动。基本动作在训练局部位肌肉时,主动肌和其他协同肌群同时参与用力,这些关节的活动类似机械结构的杠杆运动。由于协同肌群用力的结果,重量可举得更重些。例如,卧推主要是训练胸大肌,在上推动作中,由于肩和肘关节产生的杠杆作用,因此,三角肌前束和肱三头肌也会产生协同用力。孤立动作主要是训练肌肉块的线条和形态的训练动作,它能使肌肉的"分离度"更加清晰,单个肌肉"块"更突出。它在一个动作中只有一个关节进行活动,是以局部肌肉群集中用力,其他部位肌肉群很少或不产生协同肌群用力,这样可以集中加深局部肌肉的刺激。因此,采用的重量较轻些。在孤立动作中,虽然是在使局部位肌肉群处于孤立的情况下进行用力,但在试举到最后几次时,局部位肌肉群无法再使上劲,就造成协同用力,在健美训练中,称为助力训练。例如,在站立杠铃弯举时,主要是集中以肱二头肌的收缩力,将杠铃举起,在采用准确的技术动作时,不允许有任何借力;但是在举到最后1～2次时,不能再以单独靠肱二头肌的收缩力来完成,允许借助背和腿的协同用力,把杠铃举起来,这就是采用借助发力来完成最后几次试举。

在实践中,不论基本动作或是孤立动作,对目标肌肉进行"孤立"性刺激都是一种技术追求,如表1-2-1所示。

表1-2-1 健美训练动作的分类表

健美部位肌肉群		健美训练动作类型		关节运动形式
		单关节动作(孤立动作)	多关节动作(基本动作)	
斜方肌	上部	耸肩	直立提拉、颈后向上推举、哑铃肩上推举	肩带上旋
	中部	躬身侧平举	体侧下拉	肩水平伸
三角肌群	前束	前平举	双杠屈臂撑起、仰卧推举、扩胸举、过头推举	屈肩
	中束	侧平举	直立提拉、哑铃交替推举、颈后向上推举	肩外展
	后束	躬身侧平举	躬身提拉、颈后引体向上	肩水平屈、肩带内收
肱二头肌		杠铃弯举、单臂哑铃弯举、哑铃交替弯举、斜托肘弯举	直立提拉、躬身提拉、引体向上	屈肘
肱三头肌		躬身单手持铃肘屈伸、站姿颈后双手铃肘伸、站姿双臂胸前屈肘下压	仰卧推举、哑铃交替推举、颈后向上推、双杠屈臂撑起	伸肘
前臂肌		腕(正、反、侧)弯举、拉力器交替握		屈腕、伸腕旋后、伸腕旋前
胸大肌		仰卧扩胸(飞鸟)、侧下拉(夹胸)	仰卧推举、俯卧撑、双杠屈臂撑起、仰卧上拉	肩水平屈、肩内展、肩内收
腰腹肌		仰卧起坐、举腿、体侧屈、俯身转体、举髋、侧举髋		屈体、侧屈体

续表 1-2-1

健美部位肌肉群	健美训练动作类型		
	单关节动作（孤立动作）	多关节动作（基本动作）	关节运动形式
背阔肌		躬身提拉、体侧下拉、颈后引体向上、坐姿对握、腹前平拉	肩水平伸、肩内收、肩外展
竖脊肌		蹲起、硬拉、躬身展体、俯卧挺身展体	伸躯干
臀大肌		蹲起、硬拉、腿举	伸髋
股四头肌	坐姿脚踝，负重伸膝	蹲起、腿举、硬拉	伸膝
股二头肌	俯卧脚踝，负重屈膝	蹲起、硬拉	屈膝
腓肠肌群	站姿双肩，负重提踵		跖屈

第三节　健身运动与健美运动的区别与联系

一、健身运动与健美运动的关系

1. 健身运动是健美运动的母体

从历史的演进过程来看，健身运动孕育了健美运动。虽然关于体育健身运动的起源有"劳动说""游戏说"和"活动说"之争，但它是健美运动之母却毋庸置疑，而且起源也绝不是一元的，而是多元的。它不但与生产劳动和生活（如狩猎、捕鱼、采集、种植、农耕等）有关，也与军事、宗教、医学、娱乐和教育（如格斗、奔跑、跳跃、投掷、攀爬、游戏、杂技、舞蹈、娱乐、祭祀、礼仪、艺术）等紧密相连。有关学者还认为，人类体育健身运动的 3 个最直接的渊源应该是最初的教育、文化娱乐和医疗卫生。总之，是上述所有这些活动的发展及其综合因素，推动了体育健身运动的发展，并且孕育了古代健美运动（如古希腊的裸体运动、古罗马的搬动和高举重物）与现代健美运动（开山鼻祖为 19 世纪的德国大力士山道）。反过来，健美运动的发展又极大地丰富了现代健身运动的内涵，促进了健身运动的发展。

2. 健美是健身和健康的升华

健身、健美都属于体育的范围，都是一种社会现象和社会体育活动的形式，都是以身体运动为基本手段。顾名思义，前者侧重于健身，后者侧重于健美；前者是一种行为和方式，后者则还是一种体育运动项目；同时，它们也都属于体育科学的范畴。但健身运动并非指某一个单一的项目，而是一个广义的概念，是所有健身运动项目的概括，这其中当然也包括健美运动。

从健身、健美运动的宗旨来看，两者都主张以健身教育与身体活动的方式，来促进人们身心的发展及健康的维持，但前者以全民健身为主体，后者则在健康的前提下，以肌肉（竞技）健美为主轴。

从所倡导的精神来看，健身运动注重全民健身主体的体现，更追求身心高度完善状态的锻炼，并以健康、活力、长寿为根本。竞技（肌肉）健美运动则要求不断地提升健康水平和技能、技术水平，以体现"更快、更高、更强、更健美"为目标，重在超越自我及他人。

在实施方法及教育方式上，前者主张以健身运动处方式的科学锻炼为主体，并结合娱乐、休闲、旅游及竞赛等多功能活动方式来增强其趣味性和目的性。后者(竞技健美)则较早地完成了处方式的教学训练方式,主张利用树立榜样的方式,来鼓励进取和参与,并强调以"运动精神"为主,"夺取金牌"为辅,以建立在努力中求欢乐以及一般伦理基本原则所推崇的新型、健康、科学的生活方式。

从运动水平和层次来看,健身和健康是健美的基础,而健美则是健身的升华和健康的标志。

二、健身运动与健美运动的区别

1. 目的相近、侧重点不同

健身运动是通过各种方式的身体锻炼,达到心理、生理(各内脏器官及系统)的机能平衡,最终达到增强体质、延年益寿的目的。健美运动则是在健康的基础上,运用不同的器械和各种训练方法,达到增强体质、发达肌肉、修塑健美体型的目的。

从两者的目的看,都可以增强体质,但健身运动侧重于健康,诸如强身健体、疗疾康复、消遣、娱乐、延年益寿等。而健美运动则侧重于身体外形美观,诸如发达肌肉(本质性特点)、增强肌力、修塑体型、矫正畸形、减肥、增高等。同时,两者都可以不同程度地改善和提高人体心血管、呼吸、消化及中枢神经系统等的机能水平,调节心境、陶冶情操和培养良好的气质与融洽的社会关系,以及养成良好的生活习惯等。

2. 锻炼内容和方式方法各异

从锻炼的内容、方式、方法及锻炼效果的评价看,广义上的健身运动包含了健美运动,两者有着非常紧密的联系。但从狭义分析,两者又有所区别,有时甚至是本质的区别,如表1-3-1所示。

表1-3-1 健身与健美时锻炼方式方法区别

项目	健身	健美
器械使用	徒手为主,器械为辅	徒手为辅,器械为主
锻炼方式	集体为主,个人为辅	集体为辅,个人为主
锻炼方法	重复次数较多,负荷较轻	重复次数较少,负荷较重
供能系统	有氧供能为主,无氧供能为辅	有氧供能为辅,无氧供能为主
锻炼内容	按不同的器官系统锻炼	按不同的部位锻炼

此外,在锻炼效果的测量与评价方面,两者也各不相同,健美运动侧重于人体形态,尤其肌肉的围度和质量等。健身运动则侧重于生理功能,如器官系统的机能水平、身体素质、心理素质与适应能力。

3. 服务对象有别

健身运动和健美运动的区别还体现在各自的教练及其所教的对象上,竞技健美运动员对教练员的意图甚至意志必须服从;而健身教练(尤其私人健身教练)则恰恰相反,必须为对象提供人性化、个性化、多样化、鼓励化的教学和服务,即做到以人为本,全心全意地为对象提供健身技能、技术等全方位的指导。

第二章　现代健身健美训练的最佳动作与锻炼技法

第一节　健美颈部肌群的锻炼动作

早在古希腊时代，人们就认为："健美的人体应具有宽敞的胸部、灵活而强壮的脖子……和块块隆起的肌肉。"由此可见，颈部的强壮与否直接关系到一个人雄健、英武和健美的形象。颈部强健的胸锁乳突肌，能显示出男性的阳刚之气；女性颈部两侧对称修长、脖颈圆润而富有弹性，会增添无限魅力。如果颈部脂肪堆积，则显得臃肿。颈部保持良好的姿态和曲线才会增添人的风度和气质美。

要想使颈部变得强健漂亮，就必须锻炼胸锁乳突肌、斜方肌、颈阔肌及夹肌、头长肌、颈长肌等与颈部健美有关的肌肉。

一、锻炼颈部肌群的常见练习

1. 站姿颈屈伸

作用：主要发展和健美颈部斜方肌及胸锁乳突肌等肌群。

要领：以发展颈后肌群为例，两脚自然开立，两手在脑后，手指交叉托住头部，头稍向后仰；先两手用力将头向前下屈，至下颌贴近胸前，稍停；然后，在施以压力的情况下，抬头还原，如此重复，如图2-1-1所示。如锻炼颈前肌群，则两手交叉，双手手掌按在前额，双手和头颈用力方向与上述动作相反。下压时呼气，抬头时吸气。

图 2-1-1

提示：体姿要固定，动作要平稳，两手所给予的压力要适当。

2. 侧向颈屈伸

作用：主要发展和健美胸锁乳突肌及颈侧肌群。

要领：两脚自然开立，先以左手托住头部左侧，头向右侧倾斜；然后，用左侧颈部的肌肉力量把右倒的头部还原，以此重复。左侧练完后练右侧，用力方向相反，动作要领相同，亦可采用坐姿练习。用力时吸气，还原时呼气，如图2-1-2所示。

提示：体姿要相对固定，手用力不要过猛，逐渐增加相应的作用力。

3. 仰卧颈屈伸

作用：主要发展和健美胸锁乳突肌。

要领：仰卧长凳上，后脑颈部露出凳端，使颈部肌肉放松后仰下垂；然

图 2-1-2

后,抬头至下颌紧贴前胸,稍停;然后,放下还原,如此重复,如图2-1-3所示,亦可戴"练颈帽"负重练习。抬头时吸气,放下还原时呼气。

提示:下肢要固定,头颈部伸出凳端,放下还原时动作要缓慢。

4. 俯卧颈屈伸

作用:主要发展和健美颈后肌群。

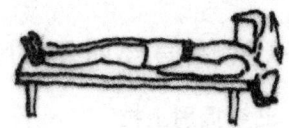

图2-1-3

要领:俯卧长凳上,使头部露出凳端,以两手托住后脑(或者两手托住重物);先使颈部放松下垂,再将头部抬起,稍停;然后,头下垂还原,如图2-1-4所示。亦可戴"练颈帽"负重练习。抬头时吸气,还原时呼气。

提示:头在用力抬起或放松下垂时,动作起伏要平稳、稍慢,用力均匀。

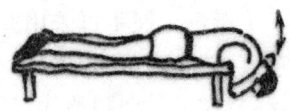

图2-1-4

5. 俯立颈屈伸

作用:主要发展和健美颈后肌群及胸锁乳突肌。

要领:把"练颈帽"戴在头上,在下垂绳上悬挂重物;两脚自然开立,上体前倾,两手掌按于膝上,或扶住支撑物,挺胸紧腰收腹;然后,使头向上抬起,稍停;然后,再缓慢地放下还原,如图2-1-5所示。抬头时吸气,下垂时呼气。

提示:上体姿势固定不动,颈部屈伸动作速度要缓慢,着力点应集中在颈部。

二、颈部肌群锻炼方法建议

(1)锻炼的初级阶段,一般只进行徒手颈绕环和左右转颈等练习,也可以安排专门的颈部练习。6个月后,每次课选择1~2个动作,每个动作练习2~4组,每组10~12次。

图2-1-5

(2)在没有专门器械的情况下,可以以徒手(或毛巾)的自抗力练习为主;6个月至1年后,可加重量练习,如负重颈屈伸等,以使颈部肌群与全身肌群平衡发展。

第二节 健美肩部肌群的锻炼动作

假如现代女性拥有一对丰满圆滑的双肩,现代男性拥有一副宽阔厚实的肩膀,则无疑是独具魅力的。而决定肩膀宽度和健美与否的条件有两个:一是锁骨和肩胛骨的长短与大小;二是锁骨末端附着的三角肌的丰满程度。肩窄的根本原因是锁骨和肩胛骨周围附着的肌肉群不发达而无力,使得锁骨和肩胛骨远端下垂;另一原因是两个横面的肌肉发展不平衡,前紧后松继而形成扣肩凹胸。锁骨和肩胛骨的长短大小,除与先天的遗传因素有关外,也与后天缺乏锻炼、不注意保持正确姿态有重要关系。

男性想要展示肩的宽度和力度,体现"倒三角形"体型;女性想要体现肩的圆滑感,展现柔美的曲线,并弥补"塌肩""窄肩""瘦肩"和"锁骨窝太显"等先天的不足,唯一的办法就是加强肩部肌肉锻炼。

一、锻炼肩部肌群的常见练习

1. 站姿提肘上拉

作用:主要发展和健美三角肌前束、后束及斜方肌,它与胸上部的肌群配合锻炼,构成上胸部挺拔饱满的姿态。

要领:两腿自然开立,正握杠铃,两手间距约肩宽,持铃下垂于腿前;先慢慢贴身上提杠铃至最高点,稍停;然后,慢慢贴身还原,如此重复,如图2-2-1所示。握距可采用并握、窄握、中握、宽握等握法练习。提杠时用力吸气,放下时呼气。

提示:提拉杠铃时沿胸腹走,不得有向前抛振、摆动动作。杠铃杆抬至与锁骨平行时,肘关节应高于肩关节和腕关节。

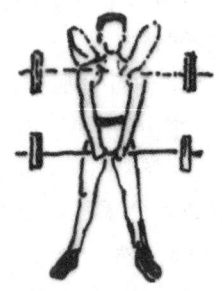

图2-2-1

2. 站姿侧平举

作用:主要发展和健美三角肌中束及冈上肌、斜方肌,增加两肩的宽度。

要领:两脚自然开立,两手拳眼向前,持铃下垂于体侧;先用力向两侧平举,稍停;然后,慢慢放下还原体侧,如此重复,如图2-2-2所示。侧平举时吸气,放下时呼气。

提示:侧平举时挺胸收腹,上体不得摆动。侧举高度不得低于肩。

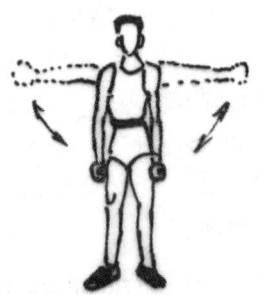

图2-2-2

3. 站姿前平举

作用:主要发展和健美三角肌前束及斜方肌。

要领:两腿自然开立,正握杠铃下垂于腿前,两手握距与肩同宽;先直臂持铃经体前举起与肩高,稍停;然后,直臂慢慢放下还原,如此重复,如图2-2-3所示。前平举时吸气,放下还原时呼气。

提示:举铃时肘关节伸直,上体不准前后摆动和耸肩借力。还原过程要直臂、挺胸、收腹、紧腰,用力控制下落。

图2-2-3

4. 躬身侧平举

作用:主要发展三角肌后束和大圆肌、小圆肌、肩胛下肌、冈下肌等肌群。

要领:两脚开立稍宽于肩,俯身向前屈体至上体与地面平行;背部保持平直,头部稍抬起,两腿自然伸直,持哑铃下垂于体前;先用力向两侧举起至最高点,稍停;然后,慢慢放下还原至预备姿势,如此重复,如图2-2-4所示。此外,躬身提拉亦可发展三角肌后束,也可俯卧在长凳上做。举铃时吸气,放下还原时呼气。

提示:侧举起时两臂不能弯曲,上体不能上下摆动。臂放下垂直后肌肉放松。

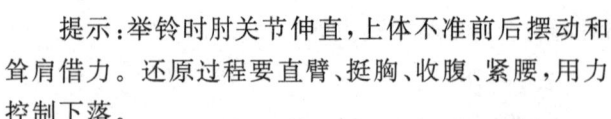

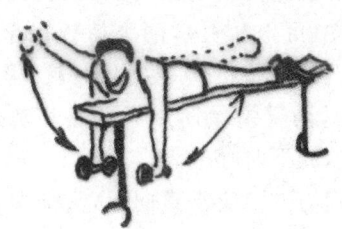

图 2-2-4

5. 俯立飞鸟

作用：主要发展和健美三角肌后束及上背肌群。

要领：两脚站立与肩同宽，两手各持一只哑铃，上体向前屈呈90°；两手垂直，手心相对，两臂向身体两侧尽量上举；上快落慢，如此重复，如图2-2-5所示。用力平举时吸气，还原时呼气。

提示：向侧上方边屈肘边举起至最高点时，前臂与上臂的夹角控制在130°左右。躯干不得上下起伏，两腿站直，膝关节锁紧，挺胸，不得振摆借力。还原时，两哑铃不得碰撞。

图 2-2-5

6. 颈后推举

作用：主要发展和健美三角肌中束及肱三头肌、斜方肌。

要领：两脚开立（或坐凳上），两手正握杠铃置于颈后肩上，上体保持挺胸、收腹、紧腰；先推铃至头后臂伸直，稍停；然后，慢慢放下还原至预备姿势，如此重复，如图2-2-6所示。上推时吸气，放下时呼气。如使用推举器练肩亦相同。

提示：始终保持挺胸收腹，调整杠铃重心与身体重心的平衡。

图 2-2-6

7. 颈前推举

作用：主要发展和健美三角肌前束及肱三头肌、斜方肌。

要领：两脚开立（可坐凳上），两手持铃提至肩胸上（若用哑铃则提起置手臂部外侧）。上体保持挺胸、收腹、紧腰，全身直立；先垂直向上推铃至臂直，稍停；然后，两臂慢慢还原至预备姿势，如此重复，如图2-2-7所示。上举时吸气，放下时呼气。

提示：上举时用力方向应垂直向上，头部保持正直。如用哑铃练习时还可以交替上举。不准借助于上体摆动或躯干屈伸的力量来完成动作。

图2-2-7

8. 坐姿推举哑铃

作用：主要发展和健美三角肌、肱三头肌及背部肌群。

要领：坐在有靠背的椅子上，上体保持紧腰、收腹、挺胸，双手握哑铃屈臂置于两肩外侧，拳眼向后；两臂同时用力向头的左右外侧上方推举至完全伸直为止，稍停；接着屈肘，使哑铃下落于肩还原成预备姿势，如此重复，如图2-2-8所示。上举时吸气，放下时呼气。

提示：做时上身要挺直靠在椅背上，双臂同时直线向上推举。

9. 平举下拉橡皮条

作用：主要发展和健美三角肌、大圆肌、小圆肌。

要领：将橡皮条中段挂在头上方的固定物上，两脚开立（也可坐着），两手抓紧橡皮条两端，两臂伸直侧平举，拳眼向前；两臂保持伸直，用力向下拉至贴紧身体，稍停；然后，两臂慢慢放松还原成预备姿势，如此重复，如图2-2-9所示。用力向下拉时吸气，还原放松时呼气。

图2-2-8

提示：橡皮条的长短和松紧，应根据每个人的力量而定。还原时应控制橡皮条回拉的速度。

10. 侧上拉橡皮条

作用：主要发展和健美三角肌。

要领：两脚踩住橡皮条的中段，两脚间距20cm，身体成正立姿势，重心微下沉，两手分别抓住橡皮条两端，直臂垂于体侧；开始练习时，三角肌用力收缩，两臂保持伸直做侧平举，将橡皮条拉至与肩同高稍停；然后，慢慢回落成预备姿势，如此重复，如图2-2-10所示。用力侧平举时吸气，回落时呼气。

提示：拉至侧平举回落时不得屈肘，用三角肌的力量控制回落速度。

图2-2-9

图2-2-10

11. 站立耸肩

作用：主要发展和健美斜方肌、肩胛提肌、三角肌。

要领：两脚开立，正握杠铃，持铃下垂于腿前（或持哑铃置于体侧）；先向上提肩将杠铃提起至最高点，稍停；然后，再还原，如此重复，如图2-2-11所示。提铃时吸气，放下时呼气。

提示：耸肩时动作幅度要大，肩峰好像是要触及耳朵。主要是肩部用力，不得屈臂借力。除可以直接向上耸肩之外，也可以做成两肩由前向上、向后、向下的绕环动作，对矫正驼背和两肩前倾有良好效果。

12. 俯立耸肩

作用：主要发展和健美三角肌后束、斜方肌及上背肌群。

要领：两脚开立成俯立，两手持铃下垂于腿前，两臂肌群完全放松；先使两肩向上耸起至最高点，稍停；然后，慢慢放松，下垂还原，如此重复，如图2-2-12。向上耸起时吸气，放下时呼气。

提示：耸肩充分，动作过程中两臂肘关节不能弯曲借力，上体也不准摆动。

图2-2-11

图2-2-12

二、肩部肌群锻炼方法建议

(1)初练时按不同的锻炼部位，每次课可安排1个动作，每个动作可做2～3组；6个月至1年的锻炼课，每次可选择2个动作为一个组合，每个动作做2～4组；1年以后应根据实际情况，选择3个动作为一个组合，每周练2次，每次课的每个组合8～10为一组。

(2)一般的肩部锻炼方法对男女大致相同，只是由于锻炼的要求和目的不同，在试举的重量和运动量的选择上有所区别。对要求减肥的女性而言，其试举的重量要轻些，次数可多些，每组一般14次以上；对那些为了发达肌肉的男性，其试举的重量应大些，次数可少些，每组一般8～12次。在锻炼中，还必须根据肩部的生理特点，把每个动作按不同的部位(如肩部的前、中、后部)合理地安排在训练课中，以使"肩膀"周围的肌群都能得到锻炼。

第三节 健美臂部肌群的锻炼动作

自古以来，胳膊就被视为力量的象征，它是完成人的基本活动的重要器官。在我国历史上，臂力过人的英雄也一直被大众视为崇拜的偶像，如楚霸王力举大鼎、鲁智深倒拔垂杨柳的故事就曾迷倒过不少青少年。

在现代生活中虽有各种起重机能举起数以吨计的重物，但有一双灵巧的手和健美粗壮的胳膊还是很重要的。因为，能具有"力拔千斤"的力量，仍是令人羡慕的。

一、锻炼臂部肌群的常见练习

1. 站姿反握弯举

作用：主要发展和健美肱二头肌、肱桡肌及前臂前群肌。

要领：站距与肩同宽，两手反握杠铃或哑铃垂于腿前（手心朝前，拳眼向外）。握距稍宽于肩；动作开始是用前臂及肱二头肌的力量慢慢向身体方向弯举至肱二头肌完全收紧，稍停；然后，再慢慢放下还原，如图2－3－1所示。如此重复，向上弯举时吸气，放下时用口呼气，用胸式呼吸。

提示：练习时肘关节应悬空，离开身体5cm远，不得借力和搁在髂骨上。初练者在动作过程中，上臂可以紧贴体侧，不准前后移动。

2. 坐姿托肘固定弯举

作用：主要发展和健美肱二头肌及前臂屈肌群。

要领：两脚开立，上体稍前倾，两臂伸直搁在斜板上，拳心向前，两手握杠铃与肩同宽；两臂以肘关节为轴用力弯举，使杠铃尽量靠近锁骨，紧收肱二头肌并稍停；然后，用肱二头肌控制慢慢放下还原，如图2－3－2所示。此动作也可用哑铃单臂呼气，依次或交替进行练习。向上弯举时吸气，放下还原时呼气。

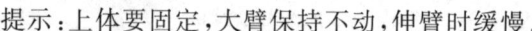

图 2－3－1

提示：上体要固定，大臂保持不动，伸臂时缓慢。

3. 俯身弯举

作用：主要发展和健美肱二头肌，以及增强背肌力量。

要领：两脚开立，间距比肩略宽，上体前屈与地面平行，反握杠铃垂于腿前，握距稍宽于肩（握哑铃时手心朝前，拳眼朝外）；做动作时，慢慢弯起至肱二头肌收紧，稍停；然后，慢慢放下还原，如此重复，如图2－3－3所示。弯起时充分吸气，放下时呼气。

提示：弯举时上体保持前屈、挺胸、紧腰，头稍抬起。两上臂固定不动，完全依靠屈前臂的力量将杠铃举至胸前。不得借助上体摆动的惯性力。

4. 斜板单臂弯举

作用：主要发展和健美肱二头肌。

要领：一手反握持铃，上臂枕在斜板上固定；另一手扶住板的末端，使前臂弯起至上臂靠紧，稍停后，伸直还原，如此重复，两手交替进行，如图2－3－4所示。向上弯起时吸气，放下还原时呼气。

提示：向上弯曲时尽量收紧肱二头肌，向前放下时尽量使臂伸直。

图 2－3－2

图 2－3－3

图 2－3－4

5. 坐姿单臂弯举

作用：主要发展和健美肱二头肌及前臂屈肌群。

要领：坐在矮凳上，上体略前倾，一手臂放于膝（或腿）上；屈臂时应向上，尽量弯曲至肱二头肌收紧，稍停；然后，慢慢放下至还原，如图2-3-5所示，如此反复，两手交替。向上弯曲时吸气，放下时呼气。

提示：身体不要前后摆动，屈肘时不借助外力。

6. 斜卧弯举

作用：主要发展和健美肱二头肌。

要领：两手各持一只哑铃斜躺在斜板上；用前臂和肘关节的力量，将哑铃向上举起至最高点，稍停；然后，慢慢向下放至两手臂伸直，如此重复，如图2-3-6所示。向上弯曲时吸气，向下伸直时呼气。

提示：身体尽量不动，单纯靠臂力完成动作。

7. 反握引体向上

作用：主要发展和健美肱二头肌，同时对发展肩、胸、背部肌肉也有作用。

要领：两手反握单杠，手背向前，握距与肩同宽，身体各部位伸直悬垂；两臂同时平稳用力拉起身体，直到下颏触到横杠为止，稍停；再用力控制做退让动作，慢慢放下至两臂完全伸直放松，重复再做，如图2-3-7所示。引体向上又分为颈前和颈后两种上拉；握法有正握和反握；握距分宽握、中握和窄握3种。引体向上时吸气，放下还原时呼气。

提示：身体上引时腰、腿放松，不靠摆振力或收腹上拉。

8. 颈后臂屈伸

作用：主要发展和健美肱三头肌。

要领：坐在凳子上（也可站着），上体正直，胸微向前挺，两手正握或反握杠铃，置于颈后处；肘关节朝上，两上臂向内收缩；上臂保持固定不动，用肱三头肌收缩，并用前臂上举的力量将杠铃或哑铃举至头顶上方，两臂充分伸直，稍停；再屈臂下落到颈后成预备姿势，如此重复，如图2-3-8所示。用力前吸气，伸直后呼气。

提示：肘关节不可外展并始终高于肩。

图2-3-5

图2-3-6

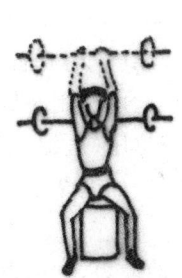

图2-3-7

图2-3-8

9. 仰卧臂屈伸

作用：主要发展和健美肱三头肌及胸大肌等。

要领：仰卧在长凳上，正握杠铃，两臂伸直与地面垂直；先利用前臂和肱三头肌力量，慢慢向头部方向弯曲呈 90°或更低些，这时上臂垂直固定，稍停；然后，用前臂和肱三头肌力量按原方向将杠铃向上举起，直至达到原来直臂姿势，如此重复，如图 2-3-9 所示。向上伸臂时吸气，向下屈臂时呼气。

提示：向下屈臂时动作要慢些，向上伸臂时也不要太快，上臂应始终保持与地面垂直状态。

图 2-3-9

10. 俯立臂屈伸

作用：主要发展和健美肱三头肌。

要领：两手或单手握橡皮条、拉力器或哑铃俯立，站距与肩同宽，上体与地面平行，上臂贴身不动；前臂向后向上尽量拉起至臂伸直，稍停；然后，再慢慢往回屈臂至原来姿势，如图 2-3-10 所示。如果单臂练习可单腿跪在凳子上俯身向前，一手扶在凳上或膝盖上，另一手拳眼向前持哑铃或手握橡皮带，上臂提起紧贴体侧，动作同双臂练习。伸直时吸气，还原时呼气。

提示：前臂后拉时，上臂应保持不动，尽量使臂部伸直，还原时动作要慢。

图 2-3-10

11. 站姿双臂胸前屈肘下压

作用：主要发展和健美肱三头肌及肘肌等肌群。

要领：两脚开立，与肩同宽，上体保持抬头、挺胸、收腹、紧腰，身体直立；两臂屈肘于胸前，两手正握住高滑轮拉绳横杠两端的把柄，手心向下，虎口相对，手腕必须与前臂保持直线状；两前臂用力伸肘向下拉压（压掌）至腹前，稍停 2~3s；缓慢退让还原至胸前，如此重复，如图 2-3-11 所示。用力前吸气，还原时呼气。

提示：身体不借助力，两前臂伸直时，两手腕要做"立腕压手掌"的动作。

图 2-3-11

12. 仰卧撑

作用：主要发展和健美肱三头肌、大圆肌等。

要领：两手背后直臂支撑在凳上，两腿并拢伸直，髋关节也伸直，上体保持收腹、紧腰，脚跟着地,身体成仰卧姿势;头正直或稍后仰;肘关节弯曲,使身体尽量下降,屈髋;到最低位后再向上伸臂将身体撑起成预备姿势,如图 2-3-12 所示。伸臂时吸气,放松还原时呼气。

提示:伸臂撑起身体时,应做到先撑臂,再伸髋,臂和躯干充分伸直。

13. 直臂后上拉举

作用:主要发展和健美肱三头肌、大圆肌、小圆肌、背阔肌。

要领:两脚左右平行开立,与肩同宽,身体挺直,两臂伸直下垂,体后握杠(或体侧握哑铃),拳心向前;收缩肱

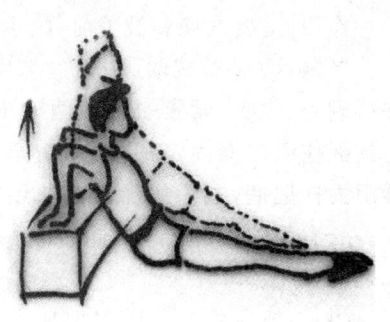

图 2-3-12

三头肌,两臂伸直用力向后上方拉至极限为止;同时,两腕尽量上翻,稍停;然后,按原路慢慢还原成预备姿势,如此重复,如图 2-3-13 所示。用力前吸气,还原时呼气。

提示:用力向后上方拉时,躯干不可前倾,始终保持正直。还原成预备姿势时,杠铃不可贴住大腿后部,离开大腿后部 3~5cm。

14. 腕屈伸

作用:主要发展和健美前臂屈伸肌群。

要领:坐在凳子上,上体微前倾,两脚踏实,脚间距离与肩同宽,大小腿夹角呈 90°。两手反握或正握杠铃,两前臂分别搁在两大腿上,手腕伸出膝部,悬空,放松下垂;两腕用力向上屈起至不能再屈肘时为止,稍停;然后再松腕放下还原成预备姿势,如此重复,如图 2-3-14 所示。用力时吸气,放松还原时呼气。

提示:练习中,前臂始终紧靠在大腿上不得移动,手臂要充分屈伸。

15. 站姿双手卷棒

作用:主要发展和健美前臂桡侧、尺侧腕肌及前臂肌群。

要领:两手正握或反握圆木,两臂向前平举(与肩平)。用一条约 40cm 长、5cm 粗的圆木块,系一条约 1m 长的绳子,绳子吊着的重物应离开地面;用指力将绳子卷上来又卷下去,如此重复,如图 2-3-15,自由呼吸。

提示:卷上和卷下算为一次,不要卷上来后让绳子自由放直。手腕运动的幅度要大。

图 2-3-13　　　　图 2-3-14　　　　图 2-3-15

16. 重锤握力器交替握

作用：主要发展和健美前臂、手部肌群的力量。

要领：面对器械两脚开立,与肩同宽,上体保持躬身、收腹、紧腰、挺胸,两臂下垂;左手大拇指握住练习器固定把柄,其余四指握住练习器阻力杠把柄,左手像虎钳似的用力做抓握动作;左、右手交替进行,如此重复,如图 2 - 3 - 16,自由呼吸。

提示：抓握练习器固定把柄和练习器阻力杠把柄时一定要充分贴紧;每组练到极限次数效果最佳。使用弹簧握力器时,应直臂用力抓握,不可屈肘摆动借力。

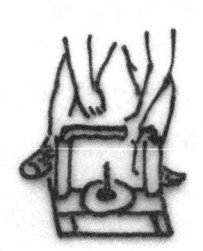

图 2 - 3 - 16

二、臂部肌群锻炼方法建议

胳膊肌肉的锻炼,重点应集中在上臂,以练肱二头肌和肱三头肌为主。其他的肌肉如前臂的屈肌和伸肌,只要适当安排 2～3 个动作就足以与上臂肌肉协调发展。这是因为在练上臂的同时,前臂也加入了运动,从而得到了锻炼。锻炼胳膊时应充分注意下列几点。

(1)两手交替练习和依次练习的项目,其负荷应完全相同,既要练屈肌又要练伸肌,只有这样,才能使臂肌发达对称。

(2)一般女性的锻炼,往往以增强臂力、提高肌肉的弹性和减缩多余的脂肪为目的。在锻炼中,练习重量常以中小重量为主,练习次数可多些。而男性的锻炼多数是以发达臂部肌肉、增强臂力为主要目的。练习重量应以大重量为主,练习次数可少些。

在进行系统的锻炼时,各阶段训练课的内容一般做如下安排。

第 1 个月的锻炼课安排:每块主要肌肉或肌群,如肱二头肌、肱三头肌、前臂肌群等,各选择 1 个动作,每个动作练 2 组。

第 2、第 3 个月的锻炼课安排:应根据上述各肌肉或肌群另选择动作,每个动作练 3 组。

第 3 个月至第 6 个月的锻炼课安排:每块肌肉或肌群可选择 2 个不同方位或不同器械的动作,每个动作做 2～3 组。

6 个月以后的锻炼课安排:应根据臂部肌肉的增长情况,每块肌肉或肌群选择 2～3 个不同的动作,每个动作练 3～4 组,最多不超过 5 组。

锻炼 1 年左右,一般臂围会明显增粗。但 1 年后,臂围的增长幅度可能要稍慢些,为进一步增强训练效果,1 年后的锻炼应根据实际情况,合理选择有效的动作进行练习,并应适当地增加运动量。

第四节　健美胸部肌群的锻炼动作

人们在追求健美的体型时,往往把挺拔、丰满、结实的胸脯看作是"人体美"的主要标志。它甚至象征着男性的力量和开阔的胸襟,更是女性性特征最重要的部位和人体形体美审视的触目点。它可使小伙子显得格外魁梧健壮,并为自己的挺拔宽厚的胸脯感到自豪。姑娘们则把挺拔饱满、润泽而富有弹性、坚挺不垂、富于曲线的胸脯看作"女性曲线美"的象征。练就宽厚的胸部,不仅可使体型变得健壮优美,而且有助于矫正低头含胸的缺陷,还可增强心肺功能,使人充满青春活力。

一、锻炼胸部肌群的常见练习

1. 平卧推举

杠铃仰卧推举,分为平板卧推(全面发展胸大肌)、正斜(也称上斜)板卧推(发展胸大肌上部位)、倒斜(也称下斜)板卧推(发展胸大肌下部位)3种。杠铃握法又分宽握、中握和窄握。宽握的作用是把胸大肌拉宽,窄握练习是把胸大肌隆起。

作用:主要发展和健美胸大肌、肱三头肌、三角肌等。

要领:仰卧在长凳上,躯干以后腰部到臀部呈"桥"形,即腰背用力收紧,挺胸收小腹,腰部离开凳面,只以上背肩部和臀部接触凳面;持铃两臂伸直,接着慢慢屈臂向下,将杠铃放到胸部第三肋骨处;然后,发力向上推举,两臂伸直至原来姿势,重复动作,如图2-4-1所示。也可以在卧推器上练习。开始时用鼻吸一口气,杠铃向下时慢慢用口呼气,但不要呼尽,如把气呼尽,胸廓收缩会显得无力。用鼻吸气时,用力向上推。

提示:试图推举时,胸大肌先收缩,然后才是手臂用力。推举起杠铃时,胸肌保持收紧,并意念胸大肌发力,做到挺胸沉肩。

 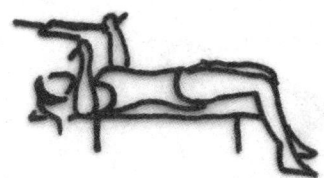

图 2-4-1

2. 斜卧推举

作用:主要发展胸大肌外侧、上部和上胸连接三角肌前束等肌群以及肱三头肌。

要领:仰卧长凳上,头、背、臀部平贴在凳面上,背臀呈"桥"形,两脚平踏在地面上;持铃后,先伸直两臂,杠铃放下至胸上部锁骨下沿处,稍停;然后,垂直向上推起至两臂伸直,如此重复,如图2-4-2所示。哑铃则放在两肩外侧。初练者还可在平推机上练习坐姿双手平推。杠铃放下时呼气,杠铃碰到胸部后吸气,用力上举时憋气,以扩大胸腔。

提示:放下杠铃要慢,吸气要充分,使胸腔尽量扩大,臀位不能离开凳面。

图 2-4-2

3. 仰卧飞鸟

作用：主要发展和健美胸部，扩大胸腔。

要领：仰卧在长凳上，两手各持哑铃，先向胸前举起至两臂伸直，手心相对；然后两臂分别向两侧慢慢分开，下垂（肘关节稍微弯曲）到最低点，稍停；接着，又由下向上还原到两臂举直，如此重复，如图2-4-3所示。此外还可做上斜飞鸟。分开向下时用鼻吸气，向上还原时用口呼气。

提示：两臂向身体两侧下降时应边降边屈肘，并使肘关节控制在110°～120°，但大臂应降至最低限度，以便将胸肌纤维充分拉开。为了便于集中胸大肌的用力收缩和放松，持铃要放松些，只要不脱手即可。

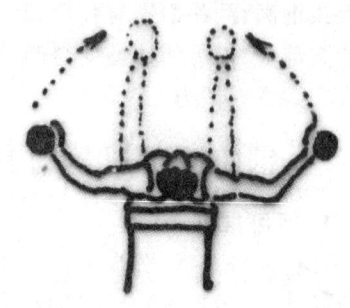

图2-4-3

4. 俯卧撑

作用：主要发展胸大肌、肱三头肌和三角肌群，可使胸部（乳房）丰满挺拔。

要领：双手分别紧握俯卧撑架或徒手撑地（手指向前），可采用较窄或较宽的支撑；身体俯卧腰挺直，头保持正直，两手相距一般与肩同宽，或宽于肩；从直臂开始，屈肘向下，背部要低于肘关节；然后，再撑起来还原，重复动作。如感觉轻松易做，可加高放脚的位置，使身体重心前倾，或背上放置重物，以此增加难度，还可采用正反波浪俯卧撑练习，如图2-4-4所示。屈臂向下时用口呼气，伸臂时用鼻吸气。

提示：动作过程始终保持头正、胸挺、腰直。

 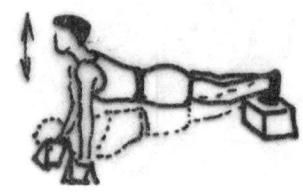

图2-4-4

5. 双杠臂屈伸

作用：主要发展和健美胸肌下半部、三角肌及肱三头肌群。

要领：两臂伸直支撑在双杠上，身体悬垂；开始时两臂屈肘，使身体下降至最大限度，稍停；然后，两臂同时平稳用力推起，直至肘关节伸直为止，如图2-4-5所示。屈臂时，动作稍慢，两肘外展，充分扩胸；伸臂时速度稍快，要夹肘、挺胸、抬头、收腹、不耸肩。可做施加助力或腰部负重或脚上负重的双杠臂屈伸。屈肘向下时呼气，向上撑起时吸气。

提示：不要借身体振摆助力完成动作。撑起时意念集中在胸部肌群。

6. 仰卧屈臂上拉

作用：主要发展和健美胸大肌、肱三头肌。

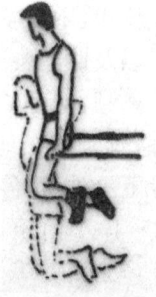

图2-4-5

要领：仰卧在长凳上，两手正握杠铃直臂胸前支撑，握距宽于肩；先慢慢屈臂放下过头后，然后慢慢拉起还原；如此重复，如图2-4-6所示。放下时呼气，拉起向上时吸气。

提示：练习时，主要用胸大肌和肱三头肌发力，腰部以下放松。屈臂放下时，应使胸腔完全扩张为止。

图2-4-6

7. 仰卧直臂上拉

作用：主要发展和健美胸大肌、三角肌及臂部肌肉力量。

要领：仰卧在长凳上，挺胸沉肩呈"桥"形，两手正握小杠铃；先将杠铃放于腿部位置，接着向上慢慢拉起；过头后，两臂伸直，慢慢下落到最低点，使胸部充分拉长伸展；然后，两臂用力向前上举起至手臂伸直还原，如此重复，如图2-4-7所示。上拉时用鼻吸气，还原时用口呼气。

提示：用腰背肌肉收缩力量控制身体平衡，用胸大肌的力量控制动作过程。

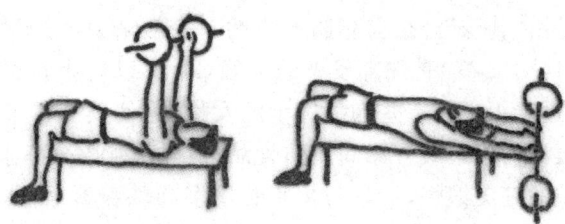

图2-4-7

8. 坐姿屈臂扩夹胸

作用：主要发展胸大肌和三角肌群，对塑造丰满挺拔的胸部、宽阔饱满的肩膀和高耸不垂的乳房有特殊效果。

要领：坐在蝴蝶训练器固定椅上，上体直立保持挺胸、收腹、紧腰的姿势；两臂屈肘，两前臂上举放在阻力器的护垫上，前臂与地面保持垂直，上臂与地面平行；以肩关节为轴，以两上臂为杠杆，两肘部同时用力水平向中间夹胸，使两个相分离的阻力器护垫尽可能地接触到

图2-4-8

一起，稍停，缓慢还原，如此重复，如图2-4-8所示。如无扩胸机，也可以用弹簧棒进行胸前内收练习。用力夹胸时吸气，当两个阻力器护垫相接触时稍停2～3s，缓慢还原时呼气。

提示：练习时一直要挺直身体，完成动作要圆滑、从容，不借助外力，内夹时意念胸大肌（如胸部乳房）发力，放松还原要和缓。

二、胸部肌群锻炼方法建议

1. 各阶段胸部肌群锻炼的内容安排

(1)初练至3个月的锻炼期:除掌握基本的动作要领外,主要应以发展胸部形状为主。可隔天练习,每周练3次,每次课选1~2个动作。此外,在练胸肌时最好同练背阔肌及大腿肌群结合起来,以取得更好的效果。

(2)3个月以后至1年的锻炼期:即第一阶段是3个月至6个月,第二个阶段是6个月至1年。一般在这个时期的训练中,主要以扩大胸腔、改变基本体型为主,促使胸肌发达,每次课练2~3组。

(3)1年以后的锻炼期:根据胸肌的发展情况,合理地选择发展不同部位的3~5个动作为一个组合。由于运动量逐渐增大,还要与身体其他部位的锻炼结合起来,每次课可选3~10个动作为一个组合,组合数为3~4组。

2. 胸部锻炼时,男、女的锻炼方法的区别

男性的胸部外形,根据部位可分为"外侧翼""下缘沟""上胸部"等。如改变"排骨"体型的锻炼,主要从发达胸大肌、扩大胸腔、增强呼吸系统功能着手,然后结合肩、背、臂和腿部等肌肉群进行锻炼。前3个月的锻炼,主要以发展胸部的形状为主,即先发达"外侧翼""下缘沟"的肌群,然后由"外侧翼"逐渐向"中间沟""下缘沟""上胸部"发展,把三角肌前束肌群联系起来,以形成宽厚结实的胸脯。

女性的胸部主要是由"乳腺"外覆盖脂肪形成的。一般来说,胸部的大小与遗传等先天因素有关。女性青春期(16~18岁)是胸部发育的高峰,20岁以后脂肪逐渐增多,如果女性荷尔蒙分泌较多,胸部往往过于肥大。有些胸部过小的女性,为使其变得丰满,采用按摩推拿的方法,收效甚微;也有的服用荷尔蒙或食用高脂肪食品,但会扰乱内分泌系统,引起严重后果。如果经常采用徒手或器械的健美锻炼,可以防止脂肪增多和乳腺萎缩,使胸部丰满而富有弹性,在锻炼时一般应以采用轻器械的练习为主。

开始锻炼胸部时,应先以扩大胸腔、增强呼吸功能着手,同时发达胸大肌的两侧翼和周围肌群,一般锻炼3个月以后,胸大肌用力收缩时,会有结实饱满的肌肉感,乳腺的弹性也会有所改善,但女性在进行胸部锻炼时还是应该注意以下几点。

(1)一般每周锻炼3次为宜,即隔天练1次。

(2)锻炼前要求选择2套或3套形体健美操为准备活动项目,至少活动15min。

(3)每次课可选择2~3个动作,每组所采用的重量以能举起8~12次为宜,如能超过12次,说明要适当加重;举不起8次,则应减轻重量。每次课的次数与组数应随训练水平的提高做适当的增加。

(4)如果重点要求是减缩多余脂肪或以增强肌肉弹性为主的话,每组锻炼的次数至少要有15次,最多不超过20次;如果重点要求是扩大胸腔或增强胸大肌或使胸部保持"挺拔丰满",可以按照常规要求练习。

(5)有些乳房发育过大或胸部脂肪过多的人,要使胸部健美,首先应从控制饮食着手,日常注意摄取低热能和低脂肪的食物;要减缩脂肪,必须积极参加各种体育健身活动,如游泳、跑步、竞走、打球、骑自行车等,再配合做侧重锻炼胸部的健美操,才能获得良好的效果。对胸部平塌、乳房较小的女性来说,应加强胸部锻炼,发达胸大肌,增强肺活量,扩大胸腔。如果在家里锻炼没有杠铃、哑铃,还可以用其他物品代替,同样能收到效果。

第五节 健美背部肌群的锻炼动作

背部肌肉宽阔、发达,不但使上肢强劲有力,给人以健壮、雄浑之感,而且能使躯干呈"V"字形,构成挺拔的体态,给人以美好的背影,也是现代男性健与美的综合反映。而女性背直腰硬,则是保持挺拔、丰满胸脯的有力支柱。尤其在审视现代女性美时,上背部宽于上胸部的"倒三角形"无疑使女性更具魅力和时代风采。

要想使躯干上部肌肉发达,重点是要加强对胸大肌和背阔肌的锻炼。值得注意的是,在健美训练中有的人只注重对胸大肌的锻炼,认为锻炼胸肌同时会影响到背肌,我们认为这种观点不全对。虽然锻炼胸肌会使背阔肌得到锻炼,但背阔肌面积大,要使背阔肌与胸大肌同步发展,或者说要想使背阔肌发展得快,必须做大量的专门练习,否则只注意发达胸肌,不做背阔肌专门练习,可能会导致胸廓畸形发展。例如,俯卧撑对健美胸部和肩部有很好的效果,对"后缩肩"和"鸡胸"体型有矫正作用,即可使肩前伸;但对于"驼背""含胸""翼状肩"缺陷者则不宜练习,因为做俯卧撑反而增大了缺陷效果。所以,发达胸大肌与背阔肌要交替进行,不可偏废。当然,在全面锻炼的基础上,各阶段可以有所侧重。

一、锻炼背部肌群的常见练习

1. 坐姿重锤颈后下拉

作用:主要发展背阔肌,其次对三角肌后束、肱二头肌、肱肌也有锻炼作用。可使肩膀、上臂部丰满、挺拔、结实、宽阔。对防治含胸、驼背、溜肩、窄肩等体姿有特效,还可防治腰酸背痛等症状。

要领:坐在综合训练器高滑轮背阔肌训练器下面的凳子上,用压腿架压住大腿,以便固定身体的位置而不致升高;两臂伸直,两手抓住背阔肌训练器的横拉杆的两端,手心向前,使背阔肌充分伸展开;背部肌肉收缩,边屈肘边下拉,直至横杆触及肩部为止,稍停;然后,两臂慢慢放松还原,如此重复,如图 2-5-1 所示。用力前先吸气,还原放松时呼气。

图 2-5-1

提示:主要是靠背阔肌收缩的力量和臂的力量将横杆下拉触及肩部,不得借用收腹、上体前倾下坠的力量。除颈后下拉外,也可拉至体前触胸,或是前后交替进行。

2. 单杠引体向上至颈后

作用:主要发展和健美背阔肌、冈下肌、大圆肌、肱二头肌及三角肌后束等。

要领:两手握住单杠,握距稍比肩宽,可采用正握或反握(初学者若力量不足,可采用此法);先用两臂和背部肌肉的力量向上引拉,使肩部尽量能触到单杠(初学者可采用体前引体向上,横杆超过下颌);然后,慢慢落至两臂伸直,成垂直的悬吊姿势,如此重复,如图 2-5-2 所示。上拉时吸气,下落时呼气。

图 2-5-2

提示：屈臂上拉时，不得摆振借力。能拉 15 次以上时，应在腰或脚上挂杠铃片或其他重物进行练习。

3. 俯立划船

作用：主要发展和健美背阔肌，同时对斜方肌、三角肌后束也有锻炼作用。另外，在做练习时为起到不同的锻炼效果，握距可做调整，不同握距如下。

(1) 窄握距：两手间握距约一掌宽，主要发展背阔肌上部，包括菱形肌、冈下肌、大圆肌和小圆肌等，使背部宽阔。

(2) 中握距：两手间握距与肩同宽，主要发展背阔肌中上部位，使背部宽厚。它适宜于初学者锻炼。

(3) 宽握距：两手间握距比肩宽一至二掌，主要发展背阔肌的中下部。

要领：两脚左右开立宽于肩，膝伸直或稍屈，站在杠铃的后面，距离约 30cm。向前屈体与地面平行，臀部后移，两臂伸直下垂宽握杠铃，挺胸，抬头，上体保持前俯；两臂从垂直姿势开始慢慢屈肘，将杠铃拉起做弧线上升，即沿小腿到大腿到腹部上升到乳头后稍停；再沿原路推回至双臂伸直悬垂的预备姿势，如图 2-5-3(a)所示。上拉时吸气，放下还原时呼气。

并握划船：锻炼部位同窄握距。握持器械把横杠一端套上杠铃片，另一端装铃片，支撑在地面，不使其活动。把横杠置于两腿间，然后开始练习。动作要领同其他握法，如图 2-5-3(b)所示。

提示：练习时，上体与腿部的角度不小于 90°。不得拱背弯腰，不得摆体借力。

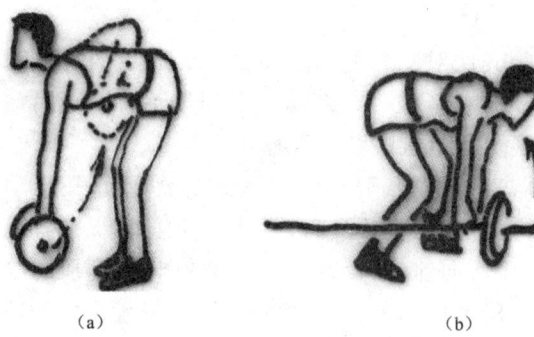

图 2-5-3

4. 俯卧提拉

作用：主要发展和健美背阔肌、三角肌后束、斜方肌、肱二头肌等肌群。

要领：俯卧在稍高的长凳上，两手握住凳下杠铃的横杠，握距与肩同宽；先两臂用力尽量把杠铃拉至板凳；然后，慢慢放下，如此重复，如图 2-5-4 所示。上拉时用鼻吸气，放下时用口呼气。

提示：两腿可放在凳上或踏在地板上，但要稳固放松，主要靠上背部力量拉铃。

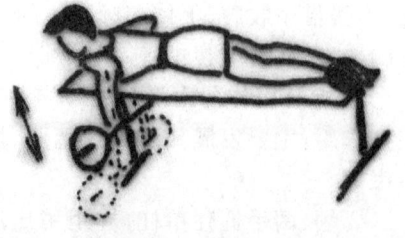

图 2-5-4

5. 屈体硬拉

作用：主要发展背阔肌，对大圆肌、斜方肌及手臂力量也有较好的锻炼效果。

要领：两脚左右开立与肩同宽；两膝弯曲，上体前屈，抬头挺胸，两臂伸直抓住杠铃，握距与肩同宽或稍比肩宽；上体和下肢固定不动，腰背肌肉收缩，背阔肌先用力，随之两臂边屈肘边提拉杠铃至胸腹前，稍停；然后，用慢速度将杠铃下放还原成预备姿势，如此重复，如图2-5-5所示。用力时吸气，还原放松时呼气。

提示：屈肘提拉杠铃时，肘关节向后上方展开，使背阔肌肌纤维充分拉长，以得到彻底和较深度的锻炼。练习前最好系上宽腰带，以起到加固作用，同时避免对腰的损伤。

图2-5-5

6. 坐姿双手划船

作用：主要发展和健美背阔肌及三角肌后束等肌群。

要领：坐在划船器移动式结构的座椅上，两手握住划船机双桨把手，上体直立，同时屈膝固定两脚；两臂向后拉划双桨，同时上体挺胸后仰，两腿蹬直，稍停2～3s；两臂向前推送桨柄，上体抬起直立，两腿屈膝还原，如此重复，如图2-5-6所示。用力前吸气，蹬直双腿后呼气。

提示：双臂划桨要有节奏，用力要均匀。双臂拉划时两脚要固定好，便于全身用力和两臂发力，意念要集中在背部肌群。

图2-5-6

7. 坐姿对握腹前平拉

作用：主要发展和健美背阔肌和上背部肌群。

要领：面向低滑轮重锤拉力器，坐在垫子上，上体直立，保持挺胸、收腹、紧腰，两臂伸直；两手分别对握住低滑轮拉绳的两个把柄，手心相对，虎口朝上，同时直膝，两脚固定；两臂向后方拉动牵引绳，两肘尖向后超过躯干的垂线，两肩胛骨要充分夹紧；当拉绳的两个把柄触及腹部外侧后，稍停2～3s，缓慢退让还原，如此重复，如图2-5-7所示。用力前吸气，还原时呼气。

提示：动作过程中上体不要前倾后仰借力完成。肌肉收缩要充分，意念要集中在背部肌群上，要防止猛拉或猛放动作。

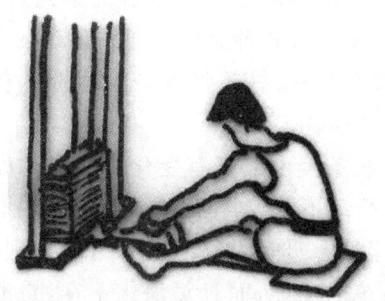 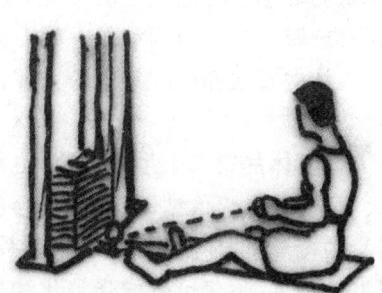

图2-5-7

二、背部肌群锻炼方法建议

1. 女性背部肌群锻炼方法建议

如前所述,女性应有一个背直腰硬的躯干,因为它是保持挺拔、丰满胸脯的有力支柱。加强背部肌群的锻炼,对纠正脊柱前屈和侧屈等有较好的矫正效果,同时还能有效地减缩背部和腰部的多余脂肪。

一般各阶段的锻炼安排是:

(1)在初级阶段主要应以掌握正确的锻炼背部的动作要领和改变背部的形状为主,其中,第1个月主要掌握背部练习的动作要领。

(2)2~3个月改变背部的肌肉形状,使之形成良好的形体。

(3)3个月至1年的锻炼主要是进一步改变背部的肌肉群和形状,巩固训练后所获得的形体,使肌肉坚实而富于弹性,胸部更为丰满挺拔,以体现出女性的"曲线美"。

(4)1年以后的锻炼主要应以加强背部重点肌肉群的锻炼为主。另外,在各阶段的锻炼中,要注意背部各肌群的平均发展。

2. 男性背部肌群锻炼方法建议

古人把"虎背熊腰"作为男性健美的标准,而现代男性则把"V"字形挺拔体姿作为衡量健美的尺度。人体的躯干是人体活动的支柱,人到中年、老年后,如果缺乏体育健身锻炼,背部肌群的萎缩或脊柱的老化就会提前,导致躯干变成"含胸前屈"体姿。如能经常进行锻炼,背部肌群就能保持良好的体态。一般男性的背部锻炼,应从背阔肌的训练着手,先使其宽厚和形成良好的体型;1年后,再根据各人的背部肌肉发展的特点,合理地安排重点锻炼部位。在锻炼课中,一般在1~3个月内,每次课可选2个动作,做2~3组;3个月至1年内,每次课可选2~3个动作,做5~8组。不论男女,发达肌肉的最佳次数都是每组8~12次;如果着重减缩脂肪者,次数可多些;如果着重在发展力量者,次数应少于8次。

第六节 健美腰腹部肌群的锻炼动作

当我们赞美某一个人"挺拔、利索"时,"挺"是指胸部肌肉丰满而结实,"拔"是指腰部细壮而拔直有力和重心高,"利索"则是指腰部动作灵活。人体躯干挺拔、利索,不仅是健与美的体现,而且具有重要的生理功能与运动功能。腰部是连接人体上、下两部分的枢纽,是人体做前后屈、体侧屈及旋转等各方面运动的一架万能轴承,承担着各种生活技能和运动技能的繁重工作。并且,在人体的腰腹部位又集中着人体消化、排泄、生殖等重要器官,可谓是人体内脏的一个大储藏箱。

腰部是人体躯体的第二个生理弯曲,更是女性线条美中最富有变化的部位。如果腰腹部脂肪堆积,大腹便便,不仅体型不美,而且会使人们行动不便、动作迟缓,给人以笨拙之感,甚至引起内脏器官功能紊乱、体虚乏力、心血管系统负担加重、体质下降,还有可能出现其他疾病。增强腰腹肌群的锻炼,不仅可以增强消化和排泄系统的功能,而且对消化不良、胃溃疡、胃炎、胃下垂和便秘等病症也有一定疗效。尤其对减缩腰腹部脂肪,更是一种很好的体育健身疗法。

要想使躯干强壮,就要发展竖棘肌、腰背伸肌以及股后肌群力量。要想使腹部曲线优美、肌肉结实而有力,就必须加强上腹部(腹直肌上部)、下腹部(腹直肌下部及髂腰肌)和腹部两侧(腹内外斜肌)肌群的锻炼。

一、锻炼腰部肌群的常见练习

1. 俯卧两头起

作用:主要发展和健美竖棘肌、腰背伸肌及股后肌群。

要领:俯卧在平板或垫子上,两腿并拢伸直,两手置于头的两侧上方或搁在背上;两手随背部肌肉收缩,两手臂、两腿夹紧同时向上抬起;接着,同时下落还原,如此重复,如图2-6-1所示。挺身时吸气,还原时呼气。

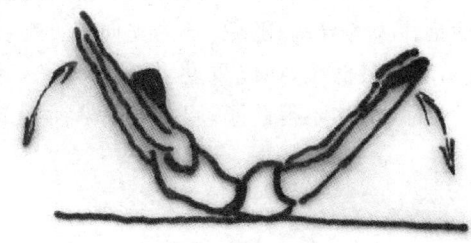

图2-6-1

提示:自然呼吸,不要屏气。身体尽量后伸,反弓越大,锻炼腰背肌效果越好。

2. 俯卧挺身

作用:主要发展骶棘肌和下背部肌群,对去除赘肉,美化腰部曲线和矫正驼背也有良好作用。

要领:俯卧,大腿搁在山羊上,上体悬空前屈,两手抱头,两腿伸直脚跟钩住肋木横杠或由同伴站在两脚之间用臂夹住两小腿;上体挺身抬起,直至最大限度为止,呈反弓形时,稍停;然后,上体下降,还原成预备姿势,如此重复,如图2-6-2所示。可徒手或负重练习。抬起时吸气,下降还原时呼气。

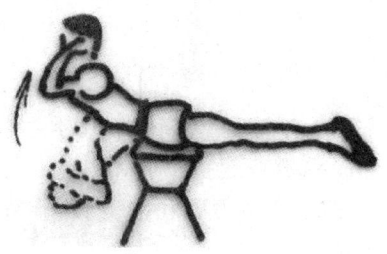

图2-6-2

提示:伸展充分,抬起略快,放下还原时要慢,意念集中在腰背肌群。

3. 直腿硬拉

作用:以锻炼骶棘肌为主,同时对发展背阔肌、冈下肌也有一定作用。

要领:两脚站距与肩同宽,两腿伸直,上体前倾,保持挺胸、抬头、紧腰,两臂伸直握杠,手背向前,握距略宽于肩;用腰背和腿部相协调的伸展动作,使全身慢慢站直,并把横杠拉至触及大腿上部为止;接着,用腰背肌肉力量控制向前下屈体,放杠铃到最低点而未触及地面时稍停,如此重复,如图2-6-3所示。素质较高者还可进行负重挥举练习。用力前吸气,将杠铃提离地面,使身体充分伸直后再调整呼吸。

提示:拉起时用力不可太猛,以免受伤。手只起握杠作用,要把主要力量集中在腰背部。臂腿要保持伸直,上体前屈时尽量弯曲,杠铃不触地,抬起上体时可稍后仰。

图2-6-3

4. 俯身展体

作用:主要发展腰背肌群力量,健美骶棘肌等腰部肌群,可去除赘肉,美化腰部曲线。

要领:肩负杠铃,两手握杠,手心朝前(手可以握住杠铃片),两脚开立与肩同宽;上体保持挺胸姿势,背部收紧,先慢慢向前弯曲约呈90°,稍停;然后,向上还原至站立姿势,如此重复,如图 2-6-4 所示。素质较高者还可进行负重俯身转体弯起练习。前屈时吸气,还原时呼气。

提示:两腿要直,膝关节紧锁,前屈时慢,还原时略快。

5. 负重体侧屈

作用:主要发展和健美腹内、外斜肌和髂腰肌群,减缩腰腹部多余脂肪。

要领:两脚左右开立与肩同宽,上体正直,一手直臂提哑铃或壶铃置于体侧,另一手屈肘在头后抱住头的异侧;随后,身体先向手握哑铃或壶铃的一侧屈体,直至最低位;再起立向另一侧屈体,直至最低位,如此重复,如图 2-6-5 所示。直立吸气,侧屈到最低点时呼气。

提示:身体不得前倾,腿直膝紧。手只起提铃的作用,不得用力上拉。

图 2-6-4

图 2-6-5

6. 侧卧弯起

作用:主要发展和健美腹内、外斜肌,减缩腰腹侧脂肪。

要领:侧卧在凳子(或垫子上),上体悬空,两手抱头,两脚伸入钉在凳子上的皮条圈内或由同伴按住双脚;随后,上体向侧上方弯起至最高点,稍停;然后,上体慢慢下落还原,如此重复,如图 2-6-6 所示。左侧练完,再练右侧。弯起时吸气,下落还原时呼气。

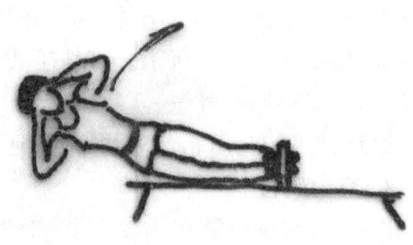

图 2-6-6

提示:器械和身体要固定好。侧弯起时不要转体,身体各部分紧张,弯起要充分。

7. 负重转体

作用:主要发展和健美腹内、外斜肌,髂腰肌及骶棘肌群,减缩腰腹部脂肪。

要领:两脚左右站立与肩同宽,挺胸,收腹,将杠铃置于颈后肩上,两手抓住杠铃片;随后,用腰腹力量带动上体和杠铃先向左转体,再向右转体,如此重复,如图 2-6-7 所示。水平较高者,还可进行负重旋转和负重屈体左右转体练习。自然呼吸,不要憋气。

提示:动作平稳而缓慢,左右转动时脚跟不得离地。旋转时会产生一种离心力,此时应用腹内、外斜肌的力量加以控制。

图 2-6-7

8. 俯卧转体挺身

作用：主要发展骶棘肌、髂肌、下腰背部等肌群力量和肌肉，减缩腰背部脂肪。

要领：同俯卧挺身，只是抬体挺身的同时，要使躯干转体90°左右，并左右交替扭转上体，如图2-6-8所示。抬体时吸气，下降时呼气。

注意事项：转体后稍停，放下复原时缓慢，使上体扭转充分。

图2-6-8

二、锻炼腹部肌群的常见练习

1. 仰卧起坐

仰卧起坐可分为徒手和持器械两大类。徒手仰卧起坐分平姿仰卧起坐与斜板仰卧起坐，平姿仰卧起坐又有直腿和屈腿之分。另外，还有屈臂于胸前、直臂于头上方两侧、双手抱头和两手放于体侧4种。平姿和斜板仰卧起坐又都可持器械进行练习。初练者应先易后难，即先做徒手的，后使用器械。

作用：主要发展腹直肌上腹部肌群，减缩多余脂肪，美化腹部曲线。女性经常做仰卧起坐，能预防子宫疾病。

要领：这里以平姿仰卧起坐说明动作方法。

仰卧在地板、垫子或平凳子上，两腿伸直并拢，脚钩住凳子上的皮带或叫同伴按住脚背；两臂在头侧上方伸直，用腹直肌收缩的力量，使上体向前坐起，尽力将头接近膝部；接着，上体后仰还原成预备姿势，如此重复，如图2-6-9所示。在向后仰卧的过程中开始吸气，当上体逐渐抬起至腹部有胀感时快速呼气。

提示：起坐时可快些，上体保持挺胸收腹，仰卧时稍慢，两腿保持伸直（开始练习时可以先仰卧在地板上做，如感到还有困难时，可借助两臂向上摆动的惯性，使上体坐起，等有一定基础后，再逐渐加大难度，如双手抱住头，仰卧斜板和颈后加重等）。

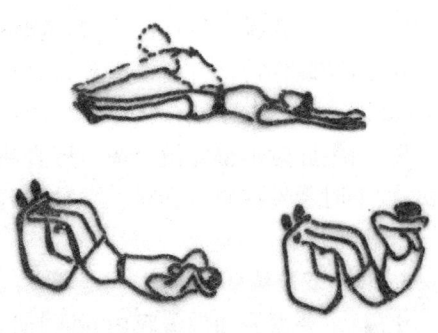

图2-6-9

2. 仰卧举腿

作用：主要发展腹直肌下部、髂腰肌及腿部肌群，减缩腹部多余脂肪。

要领：身体平卧在垫子或仰卧在斜板上（头高脚低），两腿伸直（也可屈），两手抓住上背后的垫子或斜板上端；上体不动，收腹举腿至垂直部位，稍停；收紧腹肌，然后慢慢回落，当两腿下落快要接近垫子或斜板面时再重复上举，如图2－6－10所示。上举时吸气，放下还原时呼气。

提示：上举时快，放下时稍慢，意念集中在下腹部肌群发力，上体和臀部不要抬离垫子。为了降低动作难度并延长运动时间，也可采用两腿轮流上举练习。

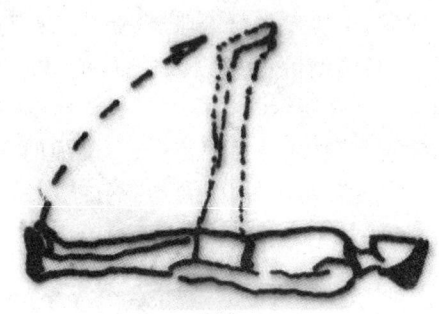

图2－6－10

3. 仰卧两头起

作用：主要发展和健美腹直肌、髂腰肌，减缩腹部多余脂肪。

要领：两头起有直臂直腿两头起和屈腿抱头两头起。这里以直臂直腿两头起为例。仰卧，两腿伸直并拢，两臂向上伸直于头上两侧，手心向上；上体和两腿同时向上举起，两手拍脚背，也可两手在两膝后击掌；两腿尽量向胸部靠拢，然后上体和腿回落，快要接触垫子时再快速上举，如此重复，如图2－6－11所示。用力时（亦可用力前）吸气，还原时呼气。

图2－6－11

提示：动作过程应尽量慢些，还原过程要用力控制。手脚相触时稍停最好，初学者频率可慢些，动作熟练后再逐渐加快动作频率。

4. 悬垂收腹举腿

作用：主要发展和健美腹直肌、髂腰肌等肌群，减缩腹部多余脂肪。

要领：两手正握单杠略比肩宽，两臂伸直，身体悬垂，两腿伸直并拢；腹肌收缩，两腿保持伸直向上举起，稍停；然后，两腿慢慢下放还原，如此重复，如图2－6－12所示。用力收腹前吸气，还原时呼气。

提示：举腿时不得先做预摆。可直腿上举，也可屈腿上举，上举速度稍快，放下时缓慢控制。直腿上举时脚背尽量靠近单杠，屈腿上举时，大腿尽量触胸。

5. 仰卧双腿绕环

作用：主要发展和健美腹内、外斜肌，减缩腹部多余脂肪。

要领：仰卧，两臂在头后伸直（或抓住头后侧的垫缘），两腿伸直并拢，沿逆时针方向，经头绕一大圈至开始位置，使整个腹部受到锻炼，还可以沿顺时针方向绕环练习，如图2－6－13所示。因为动作幅度大，最好采用自然呼吸的方法练习。

图2－6－12

提示：准备活动应充分，以免发生损伤。练习时，两手抓牢垫子边缘。

图 2-6-13

三、腰腹部肌群锻炼方法建议

在男性健美体型匀称发展的要求中,腹部肌肉线条是形体美的主要部位。所以,腰腹部的锻炼,除了减缩多余的脂肪之外,主要是发达腹直肌和腹外侧肌。

女性腹部的锻炼应根据不同的训练要求,采用不同的训练方法。

(1)对想减肥者,应进行腰周围的上腹、下腹、腹侧、腰背,甚至胸部、臀部和大腿上部等部位的锻炼,每周安排5~6天,每次训练课至少60min以上,并以有氧运动为主。各部位的训练组数和次数也应相应增加。有条件的人每天还可练习2次。

(2)对较瘦者,则采取加强重点部位锻炼的方法,以达到丰满体型、增强内脏器官机能的目的。对外形原就比较匀称者,则以加强力量和肌肉弹性的练习为主,使其能达到增强体质,保持健美体型的目的。

腰腹肌的健美锻炼应与其他部位肌肉的锻炼严格区别开来。特别要注意:每次课应选择2~4个动作;练习的组数约为3~5组;每组的次数不得少于20次;间歇时间最多不超过30s;每周至少安排2~5天。动作频率稍快,初练时动作难度要求不必过高,先徒手再持器械,有一定基础后不断增加训练难度和增加器械的重量。从运动生理学的能量供应与热量的消耗来说,腰腹肌的锻炼应安排在每次训练课的最后,这是腰腹健美的关键。

第七节 健美臀部肌群的锻炼动作

臀部是人体背面审美的焦点,是男性健和力的象征,是展示女性魅力最生动、最丰满的部位之一。女性的臀部、乳房和腰部是构成躯体曲线美的三大要素。丰满的胸部和后翘的美臀构成一种上下呼应关系,通过腰的柔和连接,交织成一曲起伏跌宕、丰满圆润的"三乐章",形成女性形体的韵律美。尤其臀部和髋部,更是人体的重心所在。男性的臀部则应有丰满、鼓胀、富有弹性和立体感的肌肉群,显现出男性的强健的力感和阳刚之气。塌臀、宽臀不美,臀部肥大或松弛下垂也不美,只有圆润、坚实的臀部才最具魅力。女性若要使体型丰满、匀称、苗条,让臀部获得理想的曲线,必须与腰、腹、腿的训练结合起来,因为女性的肩、胸、腰、腹、臀、腿的曲线共同构成了"女性人体美"。如果臀部瘦削、干瘪、无肌肉弹性或臀部太小,通过系统的训练可使臀部肌肉发达起来,并逐渐塑造成丰满结实的臀部。反之,如果臀部肥大或松弛下垂,亦可以通过健美训练加以修塑。俯卧直腿后上举、负重弓步蹲等练习是美化臀部曲线的好方法。

一、锻炼臀部肌群的常见练习

1. 俯卧后举腿

作用：主要发展臀大肌、背肌和股后肌群，美化臀部曲线。

要领：上体俯卧在跳马或高长凳上，两手抓住马身或凳边，两腿并拢伸直，自然下垂；后背肌、臀大肌用力收缩，两腿膝关节保持伸直，向后上方举起，至大腿与俯卧物水平面的夹角为 30°左右为止，稍停；接着，两腿慢慢下落还原，如此重复，如图 2-7-1 所示。腿后上摆时吸气，还原时呼气。

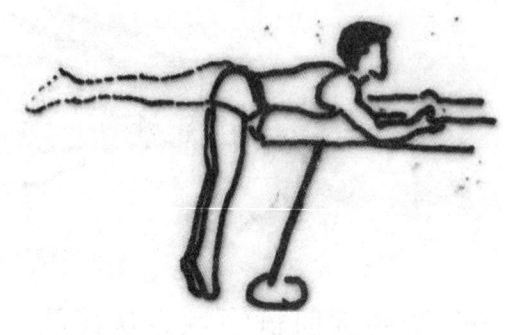

图 2-7-1

提示：两腿伸直绷紧，尽全力收缩后上举，下落时控制缓慢还原。

2. 俯卧交替后举腿

作用：主要发展臀部肌肉及力量，减缩多余脂肪。

要领：俯卧在垫子或长凳上，双手抱握器械两侧或置于垫面；然后，伸直两腿交替用力向后上摆起，直至最高位；还原后再做，如图 2-7-2 所示。自然呼吸。

提示：上摆时尽力向上举腿至极点，然后慢慢放下，通过退让性动作来发展臀部肌肉。能轻松完成时，足部或小腿可绑上沙袋练习。

图 2-7-2

3. 站姿直腿前举、外侧举、内侧举、后举

作用：主要锻炼臀部和大腿部肌肉群，减缩多余的脂肪层，是锻炼臀部曲线的系列动作。它同时对促进和改善排泄系统功能有较好的效果。为了提高训练效果，可在脚踝上绑重物（0.5～2kg）。

要领：由于这 4 个动作做法简单容易，此处省略，如图 2-7-3 所示。一般举腿用力时吸气，放下还原时呼气。

提示：上体始终保持挺胸、收腹、直腰姿势，不准前后左右摆动借力。注意力应集中在髋关节上。用力点（意念）在臀部和大腿部的肌群，膝关

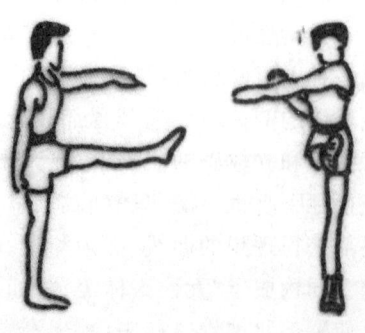

图 2-7-3

节和足弓部必须绷直,不准弯曲。直腿举起和放下,动作要平稳缓慢,不要利用大腿摆动的惯性举起。

4. 站立支撑后摆腿

作用:主要发展臀部、腰背部肌群,减缩臀部多余脂肪,防止臀部下垂,美化臀部曲线。

要领:足负重,两手扶墙、肋木或扶山羊;然后,向后摆腿至最高处,复原后再做,如图 2-7-4 所示。后上摆时吸气,还原时呼气。

提示:后上摆方向要正,注意力集中在髋关节、骨盆和臀部肌群。直腿后摆起时,头部应后仰,摆腿至最高点,使臀部肌肉群感到彻底收紧,并稍停 2~3s,平稳放下,不要依靠惯性摆动。为了提高锻炼效果,可在腿踝上绑上沙袋或重物。

图 2-7-4

5. 站姿负重伸大腿

作用:主要发展臀、腿部肌群,减缩臀部多余脂肪,使臀部浑圆丰腴,坚实上翘。

要领:面对臀腿部训练器单腿站立,脚套拉力器,两手扶住固定把手;用力向后上方伸摆大腿(紧张臀大肌),稍停;直腿慢慢放下还原,左右腿交替练习,如图 2-7-5 所示。还可进行负重弓步蹲练习(此略)。用力前吸气,放松还原时呼气。

提示:动作过程中,上体要保持挺直,练习时腿尽量向后上伸摆、举,同时向后伸大腿时用力要均匀,意念集中在臀部肌群发力。同时,也可以用上述器械进行外展大腿、内收大腿等练习(此略)。

二、臀部肌群锻炼方法建议

图 2-7-5

胸、腰及臀部是女性曲线美的核心。调查研究表明,女性腰臀围比例达到 7:10 被认为是最完美、最理想,也是最具吸引力的比例关系。修塑臀部并使臀部结实圆凸的最好办法,一是发展臀部肌肉,如臀大肌、臀中肌和臀小肌;二是减缩全身和臀部多余的脂肪。在锻炼中,对要求达到减缩脂肪、增加肌肉弹性或发达肌肉群的锻炼者们来说,由于锻炼部位相同,动作方法基本是相同的,只是负重的重量,练习的次数,练习的组数,动作速度、频率,动作幅度的大小以及训练的强度、密度和运动量有所区别。

(1)对重点要求减肥者和增强肌肉群弹性者,应采用最多不超过 60% 的重量标准(指这个动作能举起最大重量的百分比)进行练习,练习次数可做到极限的最后一次。锻炼时注意力一定要集中在所练的肌肉部位,动作速度、频率可稍快些。

(2)对重点要求发达肌肉者,应采用最高为 85% 左右的重量标准进行练习,练习次数应比减肥者少些,组与组的间隔时间一般要比减肥者长些,组数要少些。通过一定时间的锻炼后,课程的内容可根据自己的特点进行合理选择,并根据体力和力量的增长情况适当增加负重的重量。

(3)在锻炼课的安排中,一般前 3 个月选择 1~2 个动作,每个动作可做 2~3 组,对重点减肥者还可适当增加。3个月后,除根据自己的特点选择动作外,每次训练课最多不能超过4个动作,每个动作练习的组数和次数可与前3个月基本相同。

第八节　健美腿部肌群的锻炼动作

如果说把人宽阔、厚实的胸部比作是"门面",挺拔、结实的腰部比作是一架"万能轴",那么强健、有力的双腿应视为"中流砥柱"。线条流畅的双腿不仅是健美体格的基础,而且是维持运动和生命活力的有力"武器"。在正常情况下,除了运用外力和机械之外,能使人产生位移的唯一办法是靠双腿的运动,所以腿是组成人体的重要部分。不论男女,大腿应以股四头肌健壮有力、结实丰满、棱角分明、肌肉显著为美;小腿则以腿肚鼓凸适中、呈纺锤形的为美,而腓肠肌与比目鱼肌构成的腿肚又是腿部审美的重点。然而,要想使双腿既苗条修长和重心高又强健有力,只有积极参加健身健美锻炼,做专门练习才能达到这一目的。

一、锻炼腿部肌群的常见练习

1. 坐姿腿举

作用:主要发展和健美股四头肌。

要领:坐在综合训练器腿举架的凳上,背部紧靠在凳背上,两手抓紧凳子两旁的握把,两腿屈膝,脚踏放在腿举架的斜板上;两腿用力前蹬至两腿充分伸直为止,稍停;然后,用大腿力量控制,慢慢屈膝还原成预备姿势,如图2-8-1所示。一般用力时吸气,放松还原时呼气,重量过大时可适当憋气。

图2-8-1

提示:练习前应根据腿的长短调整好坐凳与腿举架斜板的距离。一般来说,以坐在凳上,屈膝,两脚自然踏放在斜板上成左右的夹角为好。

2. 下蹲起

作用:主要发展股四头肌、小腿三头肌和臀大肌等肌群,减缩多余脂肪,美化臀腿曲线。

(1)前蹲:将杠铃放在胸前做下蹲起立的动作叫前蹲。其要领是:两手握住放在深蹲架上的杠铃,屈肘将杠铃放在锁骨上;然后,负铃向前走两步,离开深蹲架后保持挺胸、直腰姿势慢慢下蹲(两腿可分开或并拢),至大小腿夹角小于90°后再起立,如图2-8-2(a)所示。

(2)后蹲:将杠铃放在颈后慢慢下蹲而后起立的动作叫后蹲。其要领是:两腿左右开立同肩宽,将杠铃放在颈后肩上,双手屈臂在肩外侧抓握杠铃杆,手心向前;上体保持挺胸、收腹、抬头、紧腰,平稳屈膝下蹲,当蹲至大小腿折叠时,稍停;然后,上体保持正直、挺胸、塌腰,两脚用力蹬地,伸腿起立还原成预备姿势,如此重复,如图2-8-2(b)所示。

(3)半蹲:将杠铃放在颈后下蹲至大小腿夹角呈100°左右(或90°以上)叫半蹲。它能负更大的重量,故对大腿股四头肌的刺激作用也更大,同时对锻炼小腿三头肌和躯干的支撑力也有一定作用,如图2-8-2(c)所示。

下蹲起的呼吸方法较特殊,一般重量轻时,用力时吸气,放松时呼气。重量重时,预备姿势

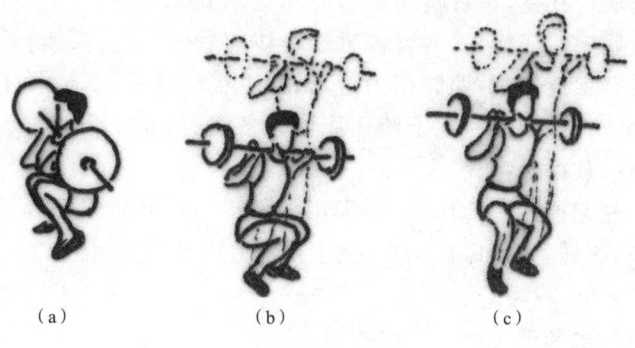

图 2-8-2

时先行换气,再吸气,同时憋气(不吸满)做屈膝下蹲动作,至完全下蹲稍停时,即做短促呼气和吸气,同时伸腿起立,至还原直立时换气。

提示:加强保护、帮助,防止伤害事故发生。在腰间系一条宽腰带可起到保护和加固腰部的作用。整个动作全过程不得弯腰,起立时意念股四头肌发力。如果在发展股四头肌的同时,还想发展臀大肌和背肌群时,也可采用弓步蹲、持铃(壶铃、哑铃)下蹲,前后持铃(壶铃、哑铃、杠铃)硬拉等动作练习。如果两腿发展不均衡时,还可采取单腿负重(哑铃和杠铃)深蹲或半蹲的动作练习来加以克服。

3. 坐姿腿屈伸

作用:主要发展和健美股四头肌等肌群。

要领:坐在综合训练器腿部屈伸架的凳上,两手在体侧后抓住凳边,上体稍后仰,两大腿固定,两小腿放松悬垂,脚背及踝关节钩住腿部屈伸架的下轱辘;然后,股四头肌用力收缩,两小腿向前上方举起至两膝关节充分伸直为止,稍停;然后,仍用股四头肌力量控制使小腿慢慢下放,还原成预备姿势,如此重复,如图 2-8-3 所示。亦可采用绑沙袋、穿铁鞋的方法在凳子上练习。用力时吸气,放松时呼气。

提示:负荷要适当,以免引起损伤,伸膝要缓慢而充分,意念要集中在股四头肌上,放下时也要慢。

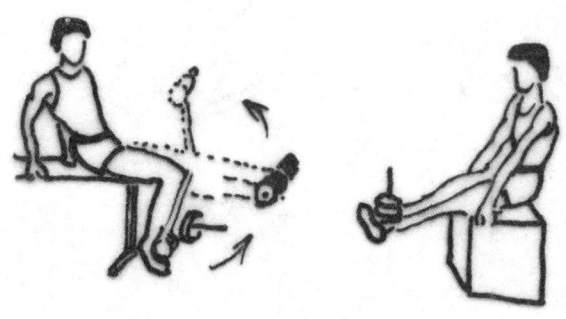

图 2-8-3

4. 跨举

作用:主要发展和健美股四头肌等肌群。

要领:两脚骑跨杠铃,左右脚间距与肩同宽或宽于肩;屈膝下蹲,上体正直,保持挺胸、立腰、抬头,两臂伸直于身体前后,双手正反握杠铃;开始练习时,两臂保持伸直,两腿用力蹬地,两手将杠铃提起,至两膝充分伸直为止,稍停;然后,再屈膝下蹲还原成预备姿势,如图2-8-4所示。用力时吸气,放松时呼气。

提示:两手只起握抓杠铃作用,不得用力硬拉。整个动作不得弓背弯腰。上体不得扭转,必须保持正直,把主要精力集中在大腿上。

5. 仰卧腿举

作用:主要发展和健美股四头肌等肌群。

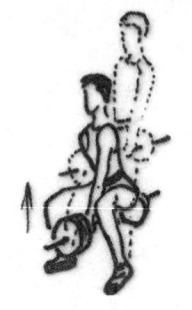

图2-8-4

要领:身体仰卧或斜躺在腿举架的靠背板上,两腿斜上举起,屈膝,两脚掌朝斜上方蹬在阻力板上;两腿用力向斜上蹬阻力板,直至两腿完全伸直,同时尽力收缩股四头肌群,稍停;然后,慢慢屈膝让阻力板下降到预先卡定的高度,如此重复,如图2-8-5所示。重量较轻时自然呼吸,重量大时则要注意用力时吸气,放松时呼气。

提示:腿举架上阻力板的下降高度要预先卡定并与身体合适。

6. 斜架负重蹲起

作用:主要发展和健美股四头肌。

要领:背靠在斜架蹲起训练器上,两腿并拢,屈膝下蹲(尽可能蹲得深些);接着两腿用力伸膝蹲起,向上扛起重力架,直至两腿完全伸直,同时尽力收缩股四头肌群,稍停;然后,缓慢还原,如此重复,如图2-8-6所示。伸腿前吸气,伸直时呼气,并注意根据需要调整呼吸。

提示:在完成动作过程中,上体必须保持挺胸、收腹、紧腰的姿势,不准松腰弓背。下蹲时要缓慢,使股四头肌在紧张的状态中逐渐伸长,直至两腿呈全屈膝蹲状态。蹲起时,腰臀部要有向前顶的意识,不准利用屈膝反弹力量做伸膝蹲起动作。伸腿起立至两腿伸直时,必须使大腿股四头肌群彻底收紧。

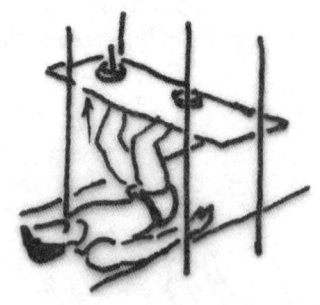

图2-8-5　　　　　　　　　　　图2-8-6

7. 俯卧腿弯举

作用:主要发展股二头肌、半腱肌、半膜肌及臀大肌等肌群,减缩多余脂肪,美化臀腿部曲线。

要领:上体俯卧在综合训练器腿部屈伸架的凳子上,两手抓住凳边,两腿伸直,脚后跟钩住屈伸架的上轱辘;慢慢地尽力屈膝弯举,当屈至不能再屈时,保持此姿势数秒钟,并尽力收缩大腿后肌群达到高度紧张状态;然后,慢慢下放,还原成预备姿势,如此重复,如图 2-8-7 所示。小腿向上弯举时吸气,放下还原时呼气。

提示:后肌群收缩时屈腿要充分,放下时要缓慢。

 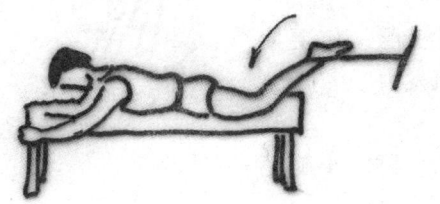 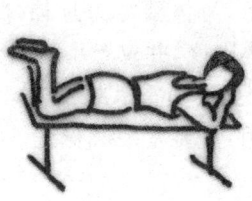

图 2-8-7

8. 对抗弯举

作用:主要发展和健美股二头肌、半腱肌、半膜肌。

要领:练习者俯卧在长凳上,抬头,两腿伸直并拢,两臂屈肘,两手抓住板凳前端,同伴站在练习者的后面,两手分别按住练习者两脚后跟;练习者两小腿同时平稳用力向后弯举,同伴则给以适当的压力,直至小腿完全弯曲为止,稍停;腿部后肌群继续收紧,同伴双手用力,将练习者两小腿向下压,练习者两小腿收缩力量慢慢减小,直至将膝关节压直贴紧凳面为止,如此重复,如图 2-8-8 所示。弯举时吸气,放松还原时呼气。

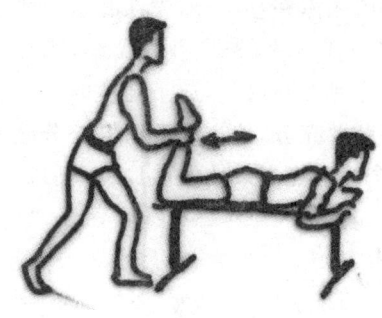

图 2-8-8

提示:练习者屈小腿时,大腿保持不动。两人要相互配合,同伴所给的压力要适当,使练习者通过努力而能完成动作;同伴用力下压练习者的腿时,练习者腿部收缩用力也应适当。

9. 站姿负重提踵

作用:主要发展小腿后部(小腿三头肌)肌群,减缩多余脂肪,美化小腿曲线。

要领:将杠铃置于颈后肩上,两脚自然开立,两脚掌站在垫木上,脚跟露在垫木外;随后,以小腿肌肉群的力量,使脚跟向上踮起,至小腿腓肠肌彻底收紧,稍停;然后,慢慢放下脚跟还原,如此重复,如图 2-8-9 所示。向上提踵时吸气,放下时呼气;或用力提踵前吸气,动作完成后呼气。

图 2-8-9

提示:提踵要充分,不能借助惯性力量向上提踵。完成动作时不要屈膝、屈体,意念要集中在小腿三头肌群上。初练者可不用垫木,水平较高者可在前脚掌下垫一块 5~10cm 厚的木块以加大练习难度,提高训练效果。

10. 练习架提踵

作用:主要发展小腿后部(小腿三头肌)肌群,减缩多余脂肪,美化小腿曲线。

要领：斜靠在练习架上，肩部顶住阻力臂，两脚平行直立，两足相距约 10cm；用力向上踮起，停留数秒，连续做 20 次左右，主要发展小腿三头肌上部，如图 2-8-10 所示。用力前吸气，静力时停，还原时呼气。

提示：身体要尽力顶伸，膝、髋、踝一定要伸展到最大限度，并意念小腿三头肌发力。

11. 坐姿负重举踵

作用：主要发展和健美小腿后肌群（小腿三头肌）。

图 2-8-10

要领：坐在座式小腿练习器上，两手握好把手；然后，用力向上提脚跟至最高点，再复原，如图 2-8-11(a)所示。也可坐在凳上，两脚掌踏在垫木上，脚跟露在垫木外，先在膝盖上垫上毛巾等软垫物；然后，将杠铃片或其他重物放在垫上，两手握稳杠铃片，先将脚跟踮起，稍停；然后，慢慢放下还原，如此重复，如图 2-8-11(b)所示。脚跟踮起时吸气，放下还原时呼气。

提示：举踵要充分，使小腿后肌群充分收紧。要感到重量集中到脚趾上，做动作时脚尖稍稍外分。这个练习能有效地发展比目鱼肌。

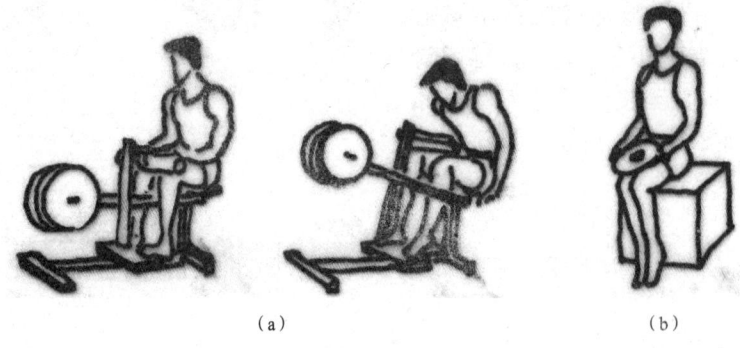

(a)　　　　　　　　　　(b)

图 2-8-11

12. 壶铃蹲跳

作用：主要发展和健美小腿三头肌、股四头肌等。

要领：练习者全蹲后，双手握住重物（大壶铃等）；然后，伸膝，抬上体，屈足，伸脚尖，使身体垂直向上跳起，如图 2-8-12 所示。用力蹬伸时吸气，下蹲时呼气。

提示：下蹲时臂直、腰直，跳起时下肢各关节充分伸展。

除上述动作外，还可采用仰卧腿举足屈伸、骑人提踵、屈足顶杠等练习锻炼小腿三头肌。

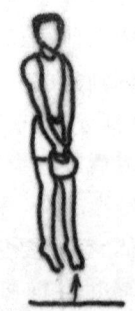

图 2-8-12

二、腿部肌群锻炼方法建议

(1)腿部肌肉块较多,从健身健美角度出发,一般以大腿前面的股四头肌和小腿后面的小腿三头肌为主,以股二头肌等肌群为辅。女性腿部的锻炼主要是以减缩多余的脂肪、增强肌肉弹性、美化腿部线条为主。男性腿部的锻炼主要以发达肌肉群、增长肌肉力量为主。下肢肌群能承受的负荷和运动量比其他肌肉群要大得多,尤其是股四头肌。腿部能承担的负荷能力,一般超过体重的几倍。

(2)在安排训练时,一般男性在前 6 个月的训练中,应适当降低动作难度,每次课可安排 1~2 个动作,大腿做 3~4 组,小腿做 2~3 组;在 6 个月至 1 年左右时,动作难度可适当增加,每次课可安排 1~2 个动作,做 4~5 组;1 年以后,大腿锻炼一般安排 2~3 个动作。女性一般可多安排一些徒手和轻器械练习,动作的组数和次数要比男性多,组间休息时间要短些。不论男女,如属于单纯性腿部肥胖者,其锻炼方法、练习次数、组数、负荷、间歇时间等均可按照常规的减肥和体型修塑方法进行。

(3)腿部力量和肌肉增长有其客观规律,在开始的 1~2 年内,增长速度较快,以后越来越慢。到了一定程度时,增长曲线往往上下起伏,好像到了生理极限。根据遗传学的研究结果,腿部肌肉力量的极限所出现的时间最高点是受遗传因子影响的。因此,可以说每个人的生理极限是有差异的。有些人练来练去腿部肌肉都不会怎么长,就是这个原因。在这种情况下就必须采取不同重量、不同站距、不同角度、不同方法等进行多组数和多次数的练习。腿部的潜力是很大的,锻炼者只要不怕艰苦,坚持练习,腿部力量和肌肉都会逐渐地得到增强和增长,一定会拥有挺拔、美观、强健、有力的双腿。

第三章 现代健身健美训练的负荷理论与经典法则

第一节 健身健美训练的负荷原理与运用方法

健身健美的整个训练过程实质上就是一个由不适应→适应→再不适应……波浪式发展、螺旋式上升的提高过程。而每一次由不适应到适应的循环过程的完成，都应进行强制的训练，也就是说，要用最大负荷去打破机体的平衡，才能使机体向更高的方向发展。从运动绩效的要求来看，成绩是健身健美平时训练成效的集中体现，也是比赛时激烈的竞争需要会使机体发挥承担最大负荷的能力。所以，要达到现代竞技的高水平，在平时训练中，就要挖掘出自己的一切潜在能力。为达到此目的，唯有用最大负荷刺激才行。当然，最大负荷刺激不可无限制地一味增加下去，它应根据练习者锻炼年限的不同、训练水平的不同、机体承受负荷强度能力的不同，进行合理地安排、调节，同时也应根据训练计划、各阶段训练任务的不同而有所侧重，做到既要突出运动负荷强度的特点，又要考虑诸多的不同因素。下面将健身健美训练的负荷理论与运用方法简述如下。

一、运动负荷

运动负荷是人体在运动训练中所能完成的生理负荷，亦即各种身体练习或心理练习对练习对象机体所施加的训练刺激。在度量标准上，负荷包括负荷量和负荷强度两方面。负荷量是指负荷对机体刺激的数量。负荷强度则是指负荷对机体刺激的深刻程度。负荷强度与负荷量互为依存，相互影响，负荷量是负荷强度提高的基础。在实践中，两者的合理组合是构成适宜训练负荷的重要条件。衡量负荷量和负荷强度的指标有两类：一类称为外部指标或称物理指标；另一类称为内部指标或生理指标。根据健身健美训练的特征，负荷量的训练学度量指标一般为练习的时间、练习组数、试举次数、练习的总距离、负重总重量等。负荷强度的训练学度量指标有练习的密度、动作的难度、幅度、质量、负荷量，以及练习的速度、冲击力大小、高度、组间和动作间隔时间等。度量生理负荷的指标常有心率、血压、肌力、体重、最大摄氧量等生理指标，以及血红蛋白、血乳酸、血尿素、尿胆原、尿蛋白等生化指标。

从刺激和反应的生物学规律来看，练习者在训练中所承受的运动负荷，实际上就是给予练习者机体承担一定强度，重量越大，刺激越大，机体反应也越大。经过恢复，效果也就越大。但是，在训练中过于强调对机体的刺激强度或刺激频率，不仅不能促成对机体更大的反应，反而会使反应减小，甚至引起运动性的过度疲劳，造成运动损伤，影响正常的训练和比赛。因此，坚持大运动负荷训练，应根据练习者的年龄、性别、体质、训练水平而有所区别。尽量把运动负荷安排在接近练习者机体承受的负荷极限,以达到刺激肌肉的目的。总之,在运动负荷的刺激下,如果练习者的生理机能反应良好,运动成绩提高得快,这样的运动负荷就是科学的、合理的,离开这一点单纯地研究运动负荷问题是无任何意义的。因此,在训练中对于负荷强度的大小和刺激频率的快慢,应考虑以下几点:

(1)运动负荷应适合于机体的可接受性,也就是要充分考虑负荷的个人特点,这是相对性的。

(2)运动负荷安排的节奏,要有连续且有不断加强的过程,也就是说要保证机体生物学适应过程能顺利进行。

(3)运动负荷的内容要有合理的比例。也就是说要具体体现各阶段训练计划,且有固定的训练课的落实、实施。

(4)运动负荷量和强度要有适宜比例。

(5)运动负荷量与强度的大小及强度刺激频率、节奏的安排,要有强有力的措施得以保证,要确实能提高与创造优异成绩,不能华而不实。

二、训练适应

所谓训练适应就是指通过运动训练使机体与施加负荷的外界环境不断取得平衡的过程。适应既是生物活动的基本规律之一,也是实现训练进步的生物学基础。

在健身健美训练中,引起适应过程的外环境变化包括:施加训练负荷、改变训练内容、变换训练环境与条件等。例如,在健美训练过程中,机体对训练负荷的反应总有一个从不适应到适应的过程。健美训练者在系统训练的开始阶段,或在承受一个新的习惯的训练负荷后,机体反应往往相当强烈,疲劳过程也比较深,会出现嗜睡,肌肉酸痛,体重减轻,安静时脉搏、血压偏高等不适应现象。经过一段时间的训练后,上述不适应现象消失了。机体各种活动取得协调,运动器官和内脏器官的机能及其恢复能力都得到提高,安静时出现各种机能节省化现象,训练时表现出相对较高的运动能力,完成训练计划后反应程度较小,恢复过程缩短,机体形态结构发生协同性变化等,即是机体对训练负荷已经产生适应,机体各方面均获得积极改善的表现。

三、恢复

恢复是指人体在运动锻炼结束后,各种生理功能和能源物质逐渐恢复到甚至是超过运动前状态的一段功能变化过程。

根据运动生理学原理,恢复过程一般可分为3个阶段:第一阶段,运动时能源物质消耗,体内能源物质逐渐减少,各器官系统的机能水平逐渐下降;第二阶段,运动停止后,消耗过程减弱,恢复过程开始占优势,能源物质和各器官系统的机能能力逐渐恢复到原来水平;第三阶段,运动中消耗的能源物质在运动后一段时间内不仅恢复到原来水平,甚至超过原来水平,这种现象称"超量恢复"或"超量代偿",超量恢复保持一段时间后则会恢复到原来水平。超量恢复是健身健美乃至一切运动项目训练适应的基础。超量恢复的程度与时间取决于运动消耗的程度,在一定限度内,肌肉接受负荷刺激的量越大,程度越深,消耗过程越激烈,超量恢复就越明显。实践证明,在超量恢复时段参加训练或比赛,能够因为起点较高而获得良好结果。

为了达到超量恢复的效果,在健身健美训练中要注意两点。

(1)机体在健身健美运动中必须要承受一定的或足够的生理负担,造成一定的疲劳(即加强异化,促进同化),才能达到目的,没有消耗的运动,不可能产生好的健身效果。

(2)运动后必须有合理的恢复、休息与营养,这是造成超量恢复的前提条件,但过分的疲劳对机体健康也是不利的。

四、健身健美锻炼中运动负荷的运用

（一）健身健美训练运动负荷的特点

健身健美训练运动负荷的特点是以中大强度为主,周训练次数多、训练课时间长、负荷总量重,而且主要受训练的强度、组数、次数、时间、密度以及练习动作性质等因素的制约,如表3-1-1所示。

表3-1-1 运动强度的相关因素

负荷强度	重量(%)	次数(次)	速 度	主要作用	适应对象
大	90～100	1～6	慢、中	发展力量	中、高级
中	70～80	8～12	慢、中、快	发展肌肉、发展力量	初、中级
小	65	16以上	中、快	降脂、增长肌肉耐力	脂肪型初级者

注:重量(%)为本人力所能及的最大重量;次数,为一组的练习重复次数;速度,指一次动作的快慢。

如表3-1-1所示,不同强度的组合其训练效果不同。因此,选择正确的训练强度是有效发达肌肉的关键,特别是对有些刚开始从事健美训练的练习者尤为重要。以训练水平的高低来衡量初、中、高级运动员的训练时间和周的训练次数,是运动负荷特点的又一特征。初、中级水平者每次训练课时间约1～1.5h,周训练次数3～5次不等;而高水平运动员则以局部肌群或某一块肌肉的训练来衡量训练课时间和周的训练次数,训练课时间一般约1.5～2h(有时达2.5h),周训练次数在9～12次不等。训练负荷量是以肌肉纤维受到重点刺激的总量为特征。从形式看,单个动作上举的负荷量并不大,但单个动作重复上举的负荷量和重复组数所构成的负荷量远远超过其他项目。

综上所述,大运动负荷训练有使机体疲劳加深、恢复时间加长的特点。因此,作为一名健身健美教师或练习者,了解运动负荷的特点,训练后的机体恢复措施(如训练后整理与放松活动,各种有助恢复的按摩手段),是调动锻炼者的训练积极性和提高训练质量的重要保证,否则就很难坚持长期的大运动负荷训练。

（二）健身健美训练运动负荷的安排与调节方法

1. 健身健美训练运动负荷的安排方法

健身健美锻炼的核心负荷形式是渐进性超负荷。渐进性超负荷有两个含义:一是锻炼负荷必须超过生活中的正常负荷水平;二是在进程上后来施加的负荷必须超过前面施加负荷的水平。

在超负荷的大前提下,一般可用负荷强度的训练目标,以负荷量限制训练程度,以组间间歇和训练频率保证机体恢复、提高。正常情况下,1～4RM负荷强度的主要练习目标是增长绝对肌力与体力(RM指运动时重复做的最大数值,表示强度和重量,例如4RM代表做最大强度的动作4次);6～12RM负荷强度主要目的为:发达肌肉、壮肌增块,较合适的应用是初、中级水平 8~12RM，高级水平 8~10RM，高级后水平 6~8RM 等；15~20RM 主要为发达小肌群、增进肌肉线条和弹性及减脂；20~30RM 则有助于雕琢肌肉、增进肌肉质量、增强心肌功能以及减缩体内脂肪等。在负荷量安排上，对于胸、背、大腿等大肌肉群，初级水平以每部位总组数 1~3 组为宜，中级水平 6~9 组，高级水平 12~14 组，高级后水平 16~18 组。而对于肩、肱二头肌、肱三头肌、前臂、腹部、小腿等小肌群，初级水平以每部位总组数 1~2 组为宜，中级水平 3~6 组，高级水平 8~10 组，高级后水平 12~14 组。至于组间间歇，在平时训练活动中，一般可为 60s，强度较大时可延长至 90~120s，最多不超过 180s；在赛前训练中，由于其他负荷因素的变化，间歇时间可缩短为 30~45s，但一般不少于 10~15s。在训练频率上，提倡每部位重复训练的休息时间至少要有 48h，强度与量大者需延长到 72~100h 的休息时间，为此建议的周训练次数为 3 次，或 4 次、5 次、6 次，乃至 10 次、12 次的分化训练等。

在考虑运动负荷的安排方法时，主要注意两个问题：一是如何掌握运动负荷（主要是数量和强度）大小，中、小运动负荷的范围以及各种不同运动负荷中的各个因素；二是如何安排和搭配各种不同的动作，是选择集中刺激，还是全面影响。所以，负荷的组合与运用也需因时、因地、因人而异。

2. 健身健美训练运动负荷的调节方法

在影响运动负荷大小的几个因素中，数量和强度是两个主要因素。时间与数量有密切关系，一般来说，数量多时间就长，因而通过数量基本可以反映出时间因素，而密度一般变化不大。在几个因素之间，关键是如何处理好数量与强度的关系。运动负荷大小总是因人、因时而异，很难提出一个统一的标准。关于运动负荷的数量掌握与调节方法，不外有下面几种方式：

(1)加大运动负荷的方式：增加量，减小强度；增加量，保持强度；增加量，增加强度；保持量，增加强度；减小量，增加强度。

(2)减小运动负荷的方式：减小量，保持强度；减小强度，保持量；量和强度均适当减小。

在上述几种方式中，究竟采用何种方式，要视训练时期、训练任务以及练习者的习惯不同而变化。但健美运动负荷的增加依然遵循量变到质变的一般规律，总是先有组数、次数、总重量等数量的增加，然后才会转化为强度的增加。如果没有一定量的积累，而是硬拼强度，那不仅达不到发达肌肉的目的，而且容易造成损伤或导致伤害事故的发生。

(三)健身健美训练负荷练习动作的安排方式

不同发达肌肉动作的安排主要有 3 种类型。

1. 全面影响(刺激)肌肉

此种安排方式适合初级训练者。一次课内几个动作的选择，要兼顾到对身体各部位肌肉的全面影响，既有发展上肢肌肉的动作，也有发展下肢肌肉的动作。这种安排方法对身体各部位的肌肉都能刺激到，但对任何一个部位的肌肉刺激不深，肌肉围度增长缓慢。

2. 分部位影响(刺激)肌肉

此种安排方式适合中级训练水平者。一次课内几个动作的选择，对身体 2~3 个部位肌肉有影响，安排时可有上肢肌肉动作，又可有下肢肌肉动作。这种对身体各部位肌肉有选择地刺激的方法，对肌肉的刺激较全面，效果也较好，肌肉围度增长较快。

3. 集中影响(刺激)肌肉

这是国内外优秀健美运动员训练中采用的一种安排方法。其特点就是一次训练课中的几个动作相当集中地刺激身体某一部位的肌肉，又称"孤立训练法"。这种方法对肌肉刺激深度较深,能较快地增长肌肉的围度和提高竞赛成绩。其缺点是对身体的局部肌肉刺激过分集中,容易造成局部肌肉负荷量过重,甚至出现局部肌肉劳损。因此,采用这种安排方法应该慎重而仔细。

第二节 健身健美训练的主要原则

现代健美运动训练的原则,是根据健美运动训练活动的客观规律确定的组织训练所必须遵循的基本准则,是人们不断总结健美训练的成功经验和失败教训,并借助相关学科的理论和进行科学研究的结果,是依据现代健美运动训练的性质、目的、任务、规律和特点等进行的综合与概括。完整地掌握和综合运用健身健美训练原则,有助于现代健美训练的内容、手段、方法的拓展运用。为此,本章特选择几个重点原则加以介绍。

一、多年系统训练原则

(一)多年系统训练原则释义

多年系统训练原则是指持续地、循序渐进地组织健美运动训练过程的原则。此原则的确立与运动训练过程连续性和阶段性的基本特征密切相关。它一方面指出健美运动员在一般情况下,必须循序渐进地而不是突变式地增加运动训练负荷,另一方面也指出了健美运动员只有经过长时期、持续的训练,才有可能攀登健美运动的高峰。

多年系统训练原则是依据机体生物适应的阶段确立的。人体在训练负荷下的生物适应过程,不仅是长期的,而且也是阶段性的。运动员的机体对一次适宜健美训练负荷的反应,可分为工作、疲劳、恢复、超量恢复和训练效应消失等几个阶段。在较长的时间跨度内,如几个月至一年的训练过程中,运动员的机能变化同样经历着不同的阶段,这就是健美运动竞技状态的形成、保持和消失的3个阶段。健美运动员必须经历这一过程,才能够一步步地走向竞技健美运动的巅峰。

(二)贯彻多年系统训练原则的训练学要求

1. 健全多年运动训练体制

健美运动员多年系统训练活动,一定要有健全的训练体制做保障。相应对策如下:
(1)制订健美运动员不同年龄阶段系列训练大纲。
(2)建立与多年专项训练各阶段基本任务相适应的竞赛制度。
(3)建立和健全相应的运动训练奖励制度,鼓励大学、中学的健美学校和体育院校的教师、教练员及运动员认真完成健美基础运动训练任务。

2. 建立和强化正确的健美训练动机

动机是人们经常以愿望、兴趣、理想的形式表现出来的激励个体行动和维持其行为,并导向某一目标的一种心理过程或主观因素。只有具有强烈的运动训练动机,才会主动积极地坚持多年的系统运动训练。

3. 制订科学的训练计划

根据运动员的生理解剖特点,尤其是青少年生长发育规律和运动技能形成的规律,科学地制订多年训练计划。

4. 社会为健美运动训练提供有力的保证

有力的社会保障是保持系统运动训练必不可少的重要条件。健美运动员的学习、工作、经济收入、家庭等各方面的状况,都对其训练活动有着重要影响,这些问题的有效解决,必然会给运动员的训练提供极大的支持。

5. 按阶段性特点组织健美运动训练过程

健美运动训练过程的组织实施,必须遵循其不同阶段的特点,有步骤、有顺序地进行,这一顺序是按固有的程序排列的,如全程性多年运动训练依次分为基础运动训练阶段、专项提高阶段、最佳竞技状态阶段和竞技状态保持阶段等。

6. 训练应系统,目标要明确

从一个刚开始从事健美训练的初学者成长为优秀运动员需经过7~8年或更长的时间。在进程上,运动员应严格遵循打好基础,发展强大的肌肉;美化形体,发展小肌肉群;精雕细琢,强化竞赛意识等规律,即训练要系统,目标须明确。

7. 循序渐进是提高训练质量的关键

人体各器官机能的改善,肌肉的发达及竞赛技术动作的形成都要经过一个逐步提高的过程,否则,欲速不达,适得其反。

8. 保证训练的连续性、连贯性

健美训练的连续性、连贯性,是要求学生或运动员不能随意中断训练。因为,一旦训练的系统性遭到破坏,机能水平就会下降,肌肉就会逐渐消退。所以,运动员在训练中要确保多年规划、年度计划和每个训练时期中具体计划的周密性,尽力杜绝中断训练。

二、周期性训练原则

(一)周期性训练原则释义

周期性训练原则是指周期性地组织健美运动训练过程的训练原则。它是根据健美运动员生物节律的变化规律、竞技状态形成与发展的周期性规律,以及运动竞赛安排的周期性特点,按一定的动态规律,循环往复、逐渐安排专项训练内容和负荷量与强度应遵循的准则。

物质运动的周期性规律是周期性原则的科学依据。每一个新的运动周期,都不是上个运动周期的简单重复,而应是在原有基础上螺旋式地提高到一个新的水平。健美运动员竞技能力的提高,明显地表现出周期性的特征。在一次负荷下,健美运动员机体能量消耗产生疲劳,然后解除负荷,逐渐得到恢复,通过超量恢复机制,使得运动能力得到提高。在这个基础上再给予下一次负荷,又开始了一个新的负荷周期。每一次适宜的负荷都会引起机体的适应性变化,多次适宜负荷的刺激,就会引起机体发生多次的适应性变化。在这一变化过程中,运动员的运动能力不断得到提高,竞技能力不断地向良好的方向发展。与此同时,健美运动员的心理能力也有很大提高,并保持相对稳定的状态,各个系统之间保持着高度的协调性,从而进入一种良好的竞技运动状态。然而,健美运动员的机体不可能始终保持各个系统之间的高度协调,生理和心理能力的表现也不可能始终处于巅峰状态。在健美运动的专项训练过程中,由于人体的负反馈机制的存在,在一段时间内保持较高竞技状态之后,就需要休息、恢复和补偿,以消除生理和心理上的疲劳。可见,竞技状态的发展过程即构成了一个训练的大周期,如表3-2-1所示。

表3-2-1　竞技状态的发展与大周期训练相应的阶段划分

竞技状态发展过程	生理学基础	任务	时期
形成	适应性机制(对训练负荷的应答性提高)	发展一般和专项竞技能力,促进竞技状态的形式	准备期
保持	动员性机制(动员心理、生理能力的潜能,各系统高度协调)	提高专项竞技能力,发展稳定的竞技状态,创造新的优异成绩	比赛期
消失	保持性机制(机体拒绝继续高强度工作)	积极恢复,消除心理、生理疲劳	恢复期

当竞技状态消失,运动员通过积极的恢复消除心理、生理上的疲劳之后,即可重新进入新的训练周期。

(二)贯彻周期性训练原则的训练学要求

1. 选择适宜的训练周期类型

贯彻健美运动训练周期性原则时,要考虑选择适宜的周期类型。例如,确定年度健美运动训练安排时,采用单周期、双周期,还是多周期。为了适应不同任务而采用的周训练性质可划分为基本训练周、赛前训练周、比赛周,或是恢复周等。

2. 科学地掌握健美运动训练各种周期的序列

在时间维度上可将训练周期分为多年训练周期、年度训练周期、大训练周期、中训练周期、小训练周期以及日训练周期等。按照周期学说,一个大周期包括一个准备期、一个比赛期和一个恢复期,也就是一个竞技状态形成、保持和消失的完整过程。视竞赛安排,一个年度周期中可包括两个或更多的大周期。但现代健美运动训练的组织和实施,一般通过小周期得到落实。由于人们的基本活动通常以周为单位,因此,现代健美训练活动也多按周进行,时间为 7 ± 3 天。

3. 注意健美运动训练周期之间的衔接

将一个完整的健美运动训练过程划分为若干较小的周期之后,往往会忽略各周期之间的联系和连续性。但整个健美运动训练过程中不同的时间跨度的周期组成了一个连续发展的过程,故在现代健美运动训练的过程中应特别注意周期之间的衔接。

三、适时恢复训练原则

(一)适时恢复训练原则释义

健美训练适时恢复原则,是指适时消除运动员在训练中所产生的疲劳,并通过生物适应过程产生超量恢复,提高机体能力的训练原则。

人体机体能力和能量储备由训练负荷后暂时下降和减少的状态恢复到负荷前水平的过程,称为恢复过程。在健美运动员能量储备恢复过程中,补偿的能源物质在一段时间内超过原来水平,这种过程叫作超量恢复。如果超量恢复持续一段时间后又降回到原有水平,这就是一次负荷后恢复的整个过程。超量恢复的原理告诉我们:在一定限度内,负荷越大,消耗越多,其恢复过程的时间跨度就越大,超量恢复也就越显著。健美训练所引起的超量恢复效应,是运动能力与水平不断提高的物质保证和理论基础。

在健美运动训练中,科学地掌握调整恢复的时机,对运动训练效果将产生重要影响。在健美训练中,如果运动训练负荷对机体的刺激达不到适宜的深度就调整恢复,那么健美就达不到效果。反之,如果健美运动训练负荷过度,也会给健美运动员带来生理和心理上的危害。

(二)贯彻适时恢复训练原则的训练学要求

1. 准确判断健美运动员的疲劳状况

(1)从健美运动员的外部表现观察判断。

如果观察到运动员出现动作无力、错误多、动作规格下降、反应迟钝等情况时,就可初步判定运动员的疲劳已达到一定深度,再询问运动员的自我感觉,就可进一步判断其疲劳的程度。

(2)指导运动员采用自我感觉法判断疲劳程度。

若运动员的机体还没有从上次负荷中完全恢复过来,又一次接受超量负荷,就会导致运动员机体产生持续性的疲劳。其自我感觉四肢无力、肌肉僵硬、力不从心、胸部发闷等,虽然进行了积极的休息,但仍得不到缓解。此时,运动员应主动请求教练员减少负荷,以避免产生更深度的疲劳。

(3)采用生理、心理测试的方法判断疲劳程度。

在健美运动训练过程中,还可以采用生理、心理测试的方法判断疲劳程度。生理指标测定的具体方法通常有膝跳反射阈值测定法、肌张力测定法、心电测定法、肌电测定法、体位血压反射测定法、脑电测定法等。心理指标测定的方法有自我恢复感觉表(Rating of Perceived Recovery,简称 RPR)和自我疲劳感觉表(Rating of Perceived Exertion,简称 RPE)方法。

2. 适时消除运动疲劳

(1)运用营养学恢复手段消除疲劳。

训练导致能源物质消耗增多而出现疲劳,为了及时消除疲劳并产生超量恢复,训练后应科学地补给各种营养素和运动营养品。在补给食物的数量和质量上要适宜地搭配,其中各种维生素和多种微量元素对健美运动员的恢复以及消除疲劳将起到非常重要的作用。

(2)运用医学、生物学等恢复手段消除疲劳。

训练结束后,运动员的肌肉内存有大量的乳酸等人工代谢产物,与此同时,健美运动员的心理也有不同程度的疲劳。为了消除代谢产物和心理的疲劳,可采用一些理疗恢复手段,如含氧浴、氮水浴、蒸汽浴、按摩、电兴奋以及放松训练、自我暗示、气功等方法手段消除疲劳。

(3)运用训练学恢复手段消除疲劳。

采用积极休息的方式进行恢复和调整,主要包括调节训练间歇的时间和方式、变换训练内容和环境、调整负荷的强度和量,以及采用一些轻松的练习方式等。

四、有效控制训练原则

(一)有效控制训练原则释义

健美运动有效控制训练原则是指对健美训练过程实施有效控制的训练原则。在训练过程中,为了保证运动训练能够依照训练计划所设计的方案正常运作,并确保现代健美训练目标的实现,教练员必须准确而有效地监控运动训练的各种因素,例如运动负荷的量和强度,训练的内容、手段和方法等,并根据生理指标的变化,适时地进行训练因素的调整。

现代控制论是实施有效训练的理论基础。要想取得运动训练的成功,必须对训练对象在训练过程中的变化施加合理而有效的监控,以确保运动训练朝着既定的方向前进。完整的健美运动训练控制体系应具备以下几个基本环节：

(1)施控主体(教师或教练员等)和被控对象(学生或健美运动员等)。

(2)控制信息(讲解、示范等)和前向信息控制通路。

(3)反馈装置、反馈信息(健美训练效果等)和反馈信息控制通路。

教师或教练员要根据上述几个基本环节,采取相应对策,科学地调整训练计划。运动员也要根据自己的情况,调整健美技术动作,更改训练方法,建立自我反馈。运动员只有采用"步步反馈",最后才能实现训练的最终目标。

运动员的竞技水平往往受训练因素、情绪和社会交往、训练条件、营养条件、场地和气候、个人的生物规律、意外的伤害,以及比赛中非可控因素导致比赛结果的改变等因素的影响,教练员只有对不断变化的训练过程实施有效的监控,才能实现所制订的训练计划和目标。

训练信息是实施有效训练控制的重要依据。训练信息反映运动训练系统本身的各种特征和状态。健美运动训练信息的运用主要表现在以下几个方面：

(1)对运动员的训练过程与状态的诊断。

(2)了解和掌握运动训练过程的进展状况。

(3)测定选材对象的有关信息,为科学选材提供依据。

(4)利用赛前和赛中所获取的相关信息,有效地组织战术调控。

(5)改进工作,不断地创新技术、战术以及训练的手段和方法。

(6)运用各种信息对健美训练过程进行多学科综合调控等。

(二)贯彻有效控制训练原则的训练学要求

1. 科学地制订健美运动训练计划

对健美训练过程实施有效控制的重要前提是科学地制订健美运动训练计划。只有科学地制订健美运动训练计划,才有可能实施有效的控制,并围绕预先确立的各种指标进行训练。

2. 对健美训练信息的采集和运用要高度重视

健美教师、教练员、科研人员、管理人员等要对动态变化中的运动训练过程实施有效的监控。通过生理学、心理学、生物力学、生物化学以及运动训练学的各种诊断方式,采集大量的运动训练信息,并根据这些信息及时做出决策,调整训练计划、内容、方法和手段,使训练过程同运动员本身的实际情况相协调,以确保取得良好的运动训练效果。

3. 通过生理生化指标科学监控

训练期间,血睾酮和皮质醇比值的变化可反映合成代谢同分解代谢间的关系。训练中,运动员机能状态、训练效果好时,血睾酮和皮质醇比值较小；当机能下降或身体对力量训练不适应时,血睾酮和皮质醇比值上升,停止训练后可能又下降。因此,在健美训练中可以选择用血睾酮和皮质醇比值作为训练适应效果的评定指标。此外,运动员的即时心率、血乳酸值、血色素等也是监控运动训练的重要指标。

第三节 健身健美训练的经典法则

方法是实现目标的途径之一。在健美运动中,方法同样是训练系统中最重要的"软件"之一。训练法则是训练原则在训练方法上的具体贯彻与运用,是编排训练课程、拟定训练计划、进行运动训练可借鉴的方法。限于篇幅,本节将着重优选并介绍部分世界经典训练法则体系在健美训练实践中的运用及其规律。

一、渐进性超负荷训练法则

(一)渐进性超负荷训练法则释义

渐进性超负荷训练法则是指循序渐进地增加训练负荷,不断给机体以超出习惯承载但经努力可以承受的负荷量、强度及密度等"超负荷"的刺激,使机体特别是肌肉获得"超负荷补偿"或称"超量恢复"效应,从而不断提高其机能能力与运动水平。

超量恢复程度与运动负荷等成正比。机能潜力的消耗是恢复过程的刺激物,在一定限度内,消耗越多,恢复过程越强烈,超量恢复程度就越高。健美训练的超负荷即为实现突破常量的消耗,以提高超量恢复的程度,从而提高机体机能能力和体格水平。

(二)渐进性超负荷训练法则的应用

在健美训练实践中,渐进性超负荷训练法则主要通过逐渐增加试举重量、加大动作难度、提高练习的组数及每组试举次数、调整组与组之间的间歇以及训练课之间的间歇等来贯彻实施。例如,训练胸大肌,练习动作先采用平卧推举,然后是上斜卧推、仰卧飞鸟、双臂屈伸等;试举重量可以先安排50kg,渐增到52kg,55kg,60kg等;练习组数先1组,再2~3组,甚至4~5组等;组间间歇时间先2~3min,逐渐减少至90s,至60s,以至30s,甚至更短;课间间隙先72h,再48h,等等。实践中,在调控运动负荷时,所有练习因素既可单一调节,亦可统一调节。

应用渐进性超负荷训练法则的注意事项:理想的状态并非一蹴而就,而是要遵循人体生理机能活动能力变化的规律,在一个训练周期内或是在一次训练课内,乃至在整个训练生涯中都必须遵循由低到高、由小到大的原则合理地安排与调适运动负荷。如此,方可保证机体循序渐进地、可持续地、不断地发展。

二、孤立训练法则

(一)孤立训练法则释义

孤立训练法则是指在训练某部位肌肉时,尽可能排除协作肌的作用,使目标肌肉最大程度地单独(孤立)获得运动负荷的集中刺激,以达到重点发展及突出该部位肌肉的目的。

运动解剖学告诉我们,任何动作除了有收缩发力完成该动作的肌肉外,还需其他肌肉的协作才能完成。身体不同部位的肌肉在不同动作中所起的作用各不相同,根据肌群在动作中的作用,可分为原动肌、对抗肌、固定肌和中和肌5类。直接完成动作的肌群叫原动肌,其中起主动性作用的叫主动肌,帮助完成动作或在动作某个阶段收缩的次要的原动肌叫副动肌或次动机。与原动肌作用相反的肌群叫对抗肌。在动作过程中,固定原动肌所附着骨骼的肌群叫固定肌或稳定肌。用来抵消某些肌肉部分运动方向或功能,以保证其他部分运动方向或功能的肌肉叫中和肌。例如,"弯举"动作中肱肌、肱二头肌、肱桡肌和旋前圆肌等是屈肘关节(弯举)的原动肌,其中,肱肌和肱二头是主动肌,肱桡肌和旋前圆肌是副动机,肱三头肌和肘肌是对抗肌。在肩关节处固定肱骨的伸肌群和屈肌群为固定肌等。在健美训练中,我们一般将完成动作的主动肌作为该动作重点训练的主要肌群或称为目标肌群。

（二）孤立训练法则的应用

在训练实践中，孤立法则要求的是集中主动肌的收缩力量来完成动作，尽量减少中和肌、固定肌及副动肌的协作作用，使主动肌接受专门的强化刺激，以突出训练效果。斜板弯举之于肱二头肌，坐姿腿屈伸之于股四头肌等皆为该类练习。随着训练水平的不断提高，专门意识的不断增强，"孤立法则"的运用也会发生变化。比如，同样的练习动作，初练者可能要用许多肌群的参与来完成，而训练水平较高者由于控制能力、专注性及意念的成功运用则可用单一肌群孤立地完成它。所以，孤立动作是个相对的概念，是对应于采用大重量、利用多部位肌群共同完成的"基本动作"而提出的练习方式。在实践中，孤立动作训练法则更多的是一种动作要求的精神和技术规格。

应用孤立训练法则的注意事项：孤立训练法则是训练各阶段都要运用的一项重要法则，其在不同水平训练阶段的运用各有侧重。初级阶段孤立动作练习主要用于壮大各部位肌肉块，了解主动肌的解剖学位置及其功能，在逐步建立神经肌肉联系的过程中实现局部肌群的强化刺激，为更高水平的训练奠定基础。到中级阶段，其作用除了继续为增大各部位肌肉块服务外，训练者应有能力把每块肌肉看成一个"独立单位"，掌握其独特的训练方法及发展方向，将硕大连片的肌肉"分割"开来，使各自的形态清晰起来。在编制课程计划时，要有的放矢，针对体格形态选择练习运用，如用仰卧飞鸟发达胸大肌来分离由上斜卧推造成的三角肌前束与胸大肌上部连片的状态等。到高级阶段或赛前阶段，孤立法则的主要作用是结合意念，采用动作对局部肌肉或肌肉的局部进行精雕细刻的集中刺激，使之发展成最理想的状态。同时，通过肌肉在训练中的反应与感觉来提高控制和充分展现肌肉的能力。

三、顶峰收缩训练法则

（一）顶峰收缩训练法则释义

顶峰收缩训练法则是针对动作技术提出来的一种规格要求和练法。顶峰收缩法则系指当某个动作做到肌肉收至最紧张、最短的极点位置时，刻意保持并再加收缩，使肌肉在该位置有 $1\sim2s$ 的彻底收紧状态。顶峰收缩是顺应肌纤维特性，提高肌肉训练效率的重要技术细节之一，同时也是突出肌肉线条的一个重要训练方法。

顶峰收缩状态时由于代谢废物不易排出体外，故较易产生疲劳或肌肉酸灼感。从可持续训练角度出发，动作技术上的顶峰收缩一般以 $0.5\sim1s$ 的停顿为宜。

（二）顶峰收缩训练法则的应用

在健美训练中，一个反复强调的要求是："训练动作的全过程要有质量。"它是指每次试举都必须有一个彻底收缩和充分伸展的过程。在这一过程中，受训的肌纤维应受到有力的刺激或自我强化，以保证动作的完整、效率和质量。顶峰收缩法则运用于动作全过程的收缩顶点，除了强化收缩效能外，最主要的是补偿性作用，以保证动作的质量。在练习过程中，由于肌拉力角在关节运动的全范围内不断变化，所以肌拉力在肌肉收缩过程中也不断变化；开始收缩时拉力最大，随着收缩时间的延长而减小，再随着肌肉的缩短而减小。为了使肌肉在拉力减小时也能受到较强的训练，当肌肉收缩到极点时主动地强化收缩，便能达到期望的训练效应，因为"主动收缩"也是肌肉壮大的机理之一。有资料证实，若动作没做到位或肌肉没收缩到顶点就还原放松，其训练效果最多只能达到 $80\%\sim90\%$。

在训练中,顶峰收缩法则应贯彻到动作的每次试举中。这也是动作技术规格所要求的具有普遍意义的动作程序。该法则除了包含以上所说的效能外,还具有突出肌肉尖峰、显示肌肉纹理和线条的功效。

顶峰收缩法有如下练习方式:第一是体现在常规动作中,收缩后须退让性还原,以延续、保持其效能。第二是动作开始时,先让肌肉进行快速或爆发性的等张收缩,到动作到位、肌肉收紧后,再固定不动,转入持续的静力收紧状态。第三是将完整的动作分段,在较短的过程中达到肌肉收缩并进行顶峰收缩,如训练股四头肌时由半蹲开始,站立后再用力收紧股四头肌等。

应用顶峰收缩训练法则的注意事项:在实践中,为了保持顶峰收缩的功效,有时得了解动作结构,以改进动作。比如,用"弯举"训练肱二头肌,一般情况下当大、小臂夹角达最小时,肱二头肌将不再受力,克服的办法为:一是控制角度,使之收到大小臂夹角约 50°时进行顶峰收缩;二是改进器械,使肌肉收到最短时也能感受阻力的刺激;三是改变体位,使阻力和顶峰收缩的合力在肌肉最短时仍可作用其上。

四、金字塔训练法则

(一)金字塔训练法则释义

金字塔训练法则,亦称锥形训练法则。它是一个重量与次数对应变换的概念,即在练习过程中逐渐增加试举重量,同时相应减少试举次数的一种渐增重量训练法。

金字塔法有 3 种基本形式:塔尖式,即小负荷—中等负荷—大负荷—极限负荷—大负荷—中等负荷—小负荷;塔身式,即小负荷—中等负荷—大负荷—大负荷—中等负荷—小负荷;双塔式,即小负荷—中等负荷—大负荷—中等负荷—大负荷—中等负荷—小负荷。

运动生理实验及运动训练实践证实,采用极限重量的 80%~90% 和 60%~70% 训练均可使肌肉增大,力量得到提高。在训练过程中,肌肉在克服阻力时,参加工作的运动单位越多,效率就越高。而参加工作的运动单位受中枢神经系统发出的神经冲动频率与强度的影响,频率越快、越强烈,动员运动单位参加工作的越多。神经冲动频率的快慢和强度又受刺激强度的影响,刺激越强,冲动发出的频率和强度就越大。所以,大负荷强度是保证训练效果的关键,从发达肌肉的目标来说,适宜的大负荷为 2~6RM 以及 6~10RM。如果负荷强度太大(极限重量的 90%以上),试举次数少,那么总能量消耗也少,且又以无氧代谢供能为主,因而对发展肌肉体积意义不大,但对提高肌肉力量的作用显著。

(二)金字塔训练法则的应用

在健美训练中,负荷重量的变化及试举次数的增减是加深肌肉刺激的主要方法之一。金字塔法则除具有这一作用外,还有先通过小负荷练习以充分动员神经系统及内脏器官,克服机体惰性,提高肌肉的温度,防止运动损伤的发生;在同部位练习的不同组次将壮大肌肉和改善肌肉内协调功能的练习结合起来;兼顾训练快、慢肌纤维,减轻大重量训练心理压力等的作用。体现在课程计划中,金字塔法则所选择的负荷重量一般由极限重量(尽全力只能试举一次的重量)的 50%或 60%开始,逐渐加至极限重量的 80%或 90%。重量递增的幅度应根据实际情况确定,初练者宜在 3 组内完成一个动作的练习;中级水平宜在 3~4 组,最多 5 组内完成;高级水平宜在 3~6 组,最多 7 组内完成。

金字塔法则是一类而不是一个具体负荷安排,所以在实践中应根据其原则的具体情况具体对待,制订出行之有效的负荷形式。

应用金字塔训练法则的注意事项:在训练实践中,金字塔法则可运用在一个课程计划内的全部练习动作上,也可只用在几个,甚至一个练习动作上,关键是看是否需要和是否有效。

五、周期训练法则

(一)周期训练法则释义

周期训练法则也可称周期循环训练法则。它是指在全年训练或大周期训练过程中,应适时并循环采用不同的若干小周期进行训练,以保证机体处于良好的状态,避免受伤和过度训练,促使训练水平不断提高。

周期训练法则是指以训练周期为基本单元进行的周而复始、循环往复的训练与提高的过程,它与循环训练法不同。循环训练法是指依次完成课程计划内每个动作练习的训练组织形式,适用于初学者、减脂和女性训练,常用的有单循环、双循环等,二者不可混淆。

在长期的训练过程中,训练的内容、动作、方法、手段、负荷强度及负荷量等总是反复使用的,当训练者在该负荷水平上通过反复训练获得适应以后,身体的形态及机能水平就会得到相应的提高。然后,又在新的起点上,按照新的要求,用新的训练内容、方法、手段、动作及运动负荷等进行新的反复训练,使机体获得进一步的、新的运动刺激。这就是一种周期性的不断循环提高的训练过程,直至达到训练目标。

(二)周期训练法则的应用

正常情况下,周期训练法则将全年训练分为两个周期,即"平时训练周期"和"赛前训练周期"。平时训练周期主要采用较大强度,进行以发达肌肉及"集中增强薄弱部位肌群"为目的的训练。赛前训练周期主要是使肌肉发展到"巅峰"程度,突出肌肉线条,完善体格,完善竞技动作,以充分满足比赛的需要。对多数健美训练者来说,最初2~3年(甚至更长时间)的训练是以"平时训练周期"方式为主,间或插入休整期,为以调节训练和机体发展的节奏。平时周期中包含各类小周期。

周期循环训练的历程一般如下:开始训练的第一个月采用每周3个课程,即每周的一、三、五或二、四、六。每个课程均为单循环负荷方式,即每个动作各做1组,3个课程在周内循环。第一个月计划完成后,宜休息3~4天,进行恢复或调整,而后进入第二个月计划。第二个月应在第一个月的基础上提高训练要求,除适当增加重量外,更重要的要引入"多组数"或"连续组数"法则进行训练,即在课程计划不变的情况下,每个动作需进行连续2组的训练刺激。第三个月亦然,但必须在试举重量或次数上有所变化,此阶段还应提高准确协调试举重量与次数的能力,即需知道自己各个部位练习动作的"RM"值,如知道自己80kg可试举5次,50kg可试举9次等。这3个月即为一个训练周期。其中每个月、甚至每周均可视为一个周期。休息和休整性活动一周后,即可进入以分化训练课程为形式的周计划为主的循环训练,目的是既增加训练强度,又能使同一肌群得到2次课间的充分恢复。此阶段若采用的计划课程一直有效,则不必更改训练因素。若感觉该课程确实不合适或机体发展出现"停滞"状态时,则需改换新的课程进行训练。这是健美训练中的重要经验,要灵活运用。一个课程的施用期即可视为一个训练周期,周期之间需有一个休整周期,尤其是大重量训练周期后更应安排较长时间的休整期。一般情况下,一个课程可使用2~3个月,即一个课程周期长2~3个月,调整一周后即可进入新的课程周期进行训练。如此循环往复,直至进入赛前训练。

每年只参加一次大赛的运动员的全年训练计划中,平时和赛前训练分别为9个月和3个月(或以半年为周期,平时4~4.5个月,赛前1.5~2个月)。赛前多以孤立动作为主,并逐渐增加局部肌肉的综合训练组数,缩短组间间隙时间,增加每块肌肉的周训练次数,同时采用各种方法强化比赛所需。赛后休息一段时间后,再进入平时训练周期进行训练。

应用周期训练法则的注意事项:周期训练法则所提示的是一种系统性较强的训练体系,周期循环训练法同时也是健美运动长年训练活动的主要模式之一。因此,在日常训练安排中必须预先制订好各阶段的循环训练内容,保质保量地完成计划规定和各个训练单元,更重要的是应该注意验证循环计划的效果,并在训练实践中进行及时的调节。

六、退让训练法则

(一)退让训练法则释义

退让训练法则也叫反重力训练法则。它是指在试举动作的回落还原阶段中,用力抵住器械重量指向地心的作用力,使肌肉在克服重力的退让过程中,仍然受到最大限度刺激的一种训练方法。

运动解剖学将肌肉工作分为两大类:一类是向心工作、离心工作和静力工作;另一类是等张收缩和等长收缩。其中离心工作就是反重力训练过程中肌肉工作的主要方式。离心工作是指肌肉在向心工作阶段克服器械重量,完成顶峰收缩后,仍保持紧张受力状态,逐渐退让,进行有意识的负重伸展活动,直到回到起始位置的一种运动方式,在此过程中肌肉变得较长、较强、较硬。由于这种活动方式是以极限的肌肉力量对抗重力,动作缓慢,相关肌群处于强迫性的被拉紧状态。因此,它除了能加大肌肉发达力度、全面提高肌肉质量及增强人体工作能力外,主要是用于改进肌肉工作的薄弱环节,突出肌肉的棱角和线条。但这种收缩方式会带来更多的肌肉疼痛,甚至损伤,因此,除了与其他练习同时运用外,不提倡多用。

(二)退让训练法则的应用

在健美训练实践中,对于每次试举动作,一般上举过程需2~3s,还原(离心收缩)过程需3~4s。若在重点采用反重力训练法时,则要求还原过程延长到6~8s至8~10s,甚至10~15s,以充分训练工作肌群及拮抗肌群,使其达到"饱和、坚实"的"爆胀"感,实现高效训练。

退让训练法一般有以下几种练习方式:①预先采用正常的动作速度做几次动作,然后稍加重量以不规则的方式(如借力)将器械举到位,再以退让性肌肉用力方式将动作还原至预备姿势。例如弯举,先用8~12RM负荷做6~8次试举,然后用6~8RM负荷,借用腰背及摇摆力量将器械举至大小臂夹角小于50°,再以肱二头肌及肱三头肌的协同力量做退让性还原动作,重复4~6次即可;②当采用的负荷重量超过本人最大负荷时(不得超出20%),由同伴帮忙将重量举到顶点位置,然后用自己的肌力缓慢伸展还原,一组做4~6次,最好不超过3组,该方法一周练1次即可;③训练四肢肌肉时,先用双臂或双腿完成向心工作,然后以单臂或单腿完成反重力离心收缩练习。比如,做双臂单哑铃头后臂屈伸时,用双臂将哑铃上举至臂伸直,收紧肱三头肌1s后,再以单臂肱三头肌退让性伸展等。

应用退让训练法则的注意事项:退让训练频率不宜过大,否则易导致过度疲劳和运动损伤。单独使用也不宜过多,一般应与其他练习形式交替或结合使用。

七、预先疲劳训练法则

(一)预先疲劳训练法则释义

预先疲劳训练法则也称预热训练法则和先期疲劳训练法则,即在进行某部位肌肉训练时,先用"孤立"动作对该部位肌肉进行刺激"预热",使其先产生一定的训练效应,然后再用"基本"动作进行强化,以达到对该部位肌肉的彻底训练,使之产生"饱和"反应。

在身体运动中,任何一个简单的动作都是由两个以上肌肉参与完成的。所谓"基本动作"和"孤立动作",就是依据这一特性,以肌肉参与动作的数量多寡而区分的。强调"意念"活动,也是为了克服练习时肌肉的泛动性,提高动作对肌肉的专指性,从而提高训练效率。

(二)预先疲劳训练法则的应用

从训练效果上说,"基本动作"和"孤立动作"各有侧重。在训练的初、中级阶段,基本动作是壮大肌肉、提高训练能力和体能的主要措施。到中、高级阶段,除了采用孤立动作加强对重要肌群的训练外,仍需用基本动作来保持和不断增大肌肉块。我们或许有这样的经历:当采用需要胸大肌和肱三头肌等同时发力举起重量的"卧推"来训练胸大肌时,尽管动作规范,意念集中,但胸大肌仍未产生酸胀反应,而肱三头肌却"竭尽了全力"。为了强化胸大肌的训练,我们就得采用孤立动作"仰卧飞鸟"预先对其进行训练刺激,使之产生一定的训练效应和"疲劳"状态,然后再用"卧推"来强化,以产生最佳训练效果。这个"仰卧飞鸟"练习就是预先疲劳训练法则的运用。

在课程安排上,预先疲劳训练法一般有两种编排方法:一种是"孤立动作+基本动作"的复合组形式,例如,训练胸大肌采用仰卧飞鸟[(6~8)RM/(6~8)次]+卧推[(6~8)RM/(6~8)次]×3组等;另一种是孤立动作与基本动作的前后序列练习形式,例如,训练背阔肌采用哑铃单臂划船[(6~8)RM/(6~8)次]×3组+杠铃俯立划船[(6~8)RM/(6~8)次]×4组等。预先疲劳训练法则的训练效应,体现在后一动作(基本动作)对前一动作(孤立动作)效应的利用和叠加上。这是该法则运用成功与否的关键,须充分重视。

应用预先疲劳训练法则的注意事项:在训练实践中,若非采用预先疲劳训练法则,正常情况下一般应把基本动作作为主项安排在前面,把孤立动作作为辅项安排在后面。当然,不同的训练阶段其比重各不相同。由于先期的"疲劳"已经削弱了基本动作练习的相关肌群的平衡状态,因此,采用预先疲劳法训练时,尤其是做基本动作阶段,要特别注意训练安全,最好能结伴进行练习。

八、分化训练法则

(一)分化训练法则释义

分化训练法则也叫分部训练法则。它是根据练习者的训练能力和训练目标,将全身肌肉"分而治之",按部位分别安排在不同课次中进行训练的方法。分化(部)训练法是保证全身各训练部位均可获得较为充足的训练时间、刺激强度及负荷量的方法之一。

负荷强度和练习次数是构成运动量的主要因素,只有运动量超出原水平时,才能使机体产生适应性变化,出现超量恢复,显现运动效果。在一定限度内,对某一部位肌肉施加的训练强度越大,练习的组数与次数越多,收效就越大。从这个意义上说,分化训练就是使身体各部位均可得到大运动量刺激,而又不会给机体带来过度疲劳的计划安排和课程编排。

(二)分化训练法则的应用

采用分化(部)训练的第一步,是要科学划分和确定"分化"周期内每课练习的部位或肌群。目前采用的划分方法一般有:①上下分化,即胸、肩、上背、臂同课,大腿、小腿、腰腹同课;②四肢与躯干分化,即上臂、前臂、大腿与小腿等安排在一节课内进行,胸、背、肩和腹部安排在另一节课进行;③上、下肢与躯干交叉分化,即把上肢与躯干某部安排在同一节课内训练,再把下肢与躯干之另一部分安排在另一节课内训练;④以肌肉用力特点进行的分化,即动作过程以"推"为主的部位,如肩部颈后推举、胸部卧推及肱三头肌推举等安排在一起练习,以"拉"为主的部位,如背部划船、肱二头肌弯举等安排在一起练习等。这种安排是按动作的用力特点而不是按部位进行的分化训练,如用头后臂屈伸练肱三头肌则可划归为"拉"一类,腿部深蹲可划归为"推"一类,腿屈伸则为"拉"一类,若同时采用,则宜按另类分化进行安排。

根据训练目标和目的,在训练实践中,可依据和选用以上划分方法制订"分划"训练计划,如三天"分化"训练、四天"分化"训练、五天或六天"分化"训练,是指将身体大致分为3个部分,每周训练3次,每次重点练一个部分。它较适合初练至1年(或6个月)的训练者,类同"三课周循环训练"安排,即周一或周二练课程一,周三或周四练课程二,周五或周六练课程三等。不同的是,"分化"训练每课均有重点,除薄弱部位外,3个课程重叠的内容极少。

四天"分化"训练指每周训练4次,周一、周四执行一个课程,周三、周五执行另一个课程,周二、周六、周日休息。课程一、二分别强化训练身体的不同部位或肌群,若课程一主要训练胸、肩、肱三头肌、小腿三头肌、腹直肌等,课程二则须重点训练大腿、肱二头肌、背阔肌、斜方肌、前臂伸屈肌、腰背肌及腹外斜肌等。四天"分化"训练是中级水平训练者最基本的训练手段,效能卓著。运动量的安排大致如下:每个部位选用2~3个(或稍多)动作,每个动作做3~6组,负荷强度为极限重量的60%~80%,每组做6~10次或4~8次,每课训练持续时间为约1.2~2h。一般2个月可调整一次计划内容,或更换已适应的练习动作等。

五天或六天"分化"训练多见于赛前训练,它是一种高密度的训练方法,每周训练5天或6天。五天"分化":周一、周三、周五练甲计划,周二、周四练乙计划;或周一、周三、周五练乙计划,周二、周四练甲计划。六天"分化":周一、周四,周二、周五,周三、周六分别练甲、乙、丙计划,周日休息,或周一、周三、周五练甲计划,周二、周四、周六练乙计划,周日休息,或周一、周二、周三、周四、周五、周六各练一个计划,周日休息等。

应用分化训练法则的注意事项:分化训练将构成健美训练生涯的绝大部分内容,一定程度上代表着健美训练的主要方式,尤其是分化训练对机体局部与整体所产生的效应与感受上的差异容易误导训练者,因此,在分化训练过程中必须特别注意协调好运动与营养、休息及恢复之间的关系。

健身健美训练的经典法则还有很多,如双分化训练法则、三分化训练法则、优先训练法则、持续紧张训练法则、渐降重量训练法则、兼顾训练法则、动作多变训练法则、本能训练法则等。特别是在器械设计日益人性化、功能更加清晰的健身文化及环境中,一些练习动作和训练元素就像我们所认识的一个个汉字,但认识汉字的我们若未加勤学苦练并不都能写出一篇篇优美和意义深远的文章来。韦德法则体系就是一篇将训练因素合理而有创意地组织起来的文章,对于大师的文笔、境界,作为初练健身的大学生们,尽管我们可能一时难以达到,但读懂它,进而准确地运用它就是一种了不起的收获,在此基础之上,我们终将会写出辉煌的篇章来。

第四章　现代健身健美训练和膳食的最优化方法与方案

第一节　健身健美训练的最优化方法

在健身健美训练实践中,技术性方法主要是指各种各样锻炼肌肉、修塑体型的方法,或作用于整个体型、肌肉组织,或有选择地作用于某些局部肌肉群,为不同的健美训练目的和健美训练任务服务的具体操作方法。

按负荷内容的联系可将健美训练的技术练习方法分为动力训练法、完整训练法、分解训练法、动作优先训练法、动作多变训练法、渐增负荷训练法、负荷增减训练法、循环训练法、程序训练法、意念训练法等;按负荷与间歇的关系则分为负荷固定训练法、持续训练法、间歇训练法、动作组合训练法和重复训练法等;按能量代谢特点可分为无氧代谢训练法、混合代谢训练法及有氧代谢训练法等;按外部条件分则有语言训练法、示范训练法、助力训练法、加难训练法及模拟训练法等。以下是我国常用的健身健美训练方法。

1. 动力训练法

动力训练的特点是人体在运动中,通过肌肉的收缩和放松来克服和控制阻力以实现锻炼效果。健美锻炼的多数动作皆服从动力学原理。正确选用重量、组数、次数、速度及间隔时间是贯彻动力训练法的关键。

2. 动静结合训练法

动静结合训练法的特点是在一次动作练习过程中,动中有静,也就是说动力性动作练习过程中,要安插有动作停顿的"定格"动作,甚至出现几次"定格",每次"定格"一般要持续 4~6s,以达到所练肌肉群有轻微颤动的程度。这种训练方法比单纯使用健身器械(如哑铃、拉力器和杠铃等)的静力训练法的效果更佳。

3. 定量间歇训练法

定量间歇训练法指一个动作在一次训练课中所用的重量、练习组数与每组次数基本固定,组与组之间按照一定的间歇时间进行练习,直至练完全部动作为止。

4. 退让训练法

退让训练法是动力训练的一种形式,是健美运动中最具特色的主要训练方法之一。其特点是肌肉做离心收缩。当肌肉收缩后,慢慢地克阻还原,让肌肉始终处于紧张用力状态,从而加深对肌肉群的刺激。

5. 动作优先训练法

动作优先训练法指在平时的训练周期中,允许健美训练者根据自身体型和体质状况,优先安排锻炼身体某些薄弱或不够匀称部位的练习动作,以保证有充沛的体力、高度集中的意念来完成高质量的动作,提高训练效率。

6. 动作多变训练法

动作多变训练法指在平时的训练周期中,目标肌群因习惯于某种固定的动作方式、角度、重量、次数以及某程序的排列,而导致效率低下时所采取的经常变换动作、运动量和训练程序,以使肌群不断感受新异刺激,增加训练的兴奋性,避免枯燥乏味感,提高训练效果的方法。这一方法应始终贯穿于整个训练过程中。

7. 动作组合训练法

动作组合训练法指选择一种或多种训练器械,并根据其特点,采用2~3个训练作用相近或方法相近的不同动作,组成一个循环练习,以训练相同部位或不同部位的肌肉群。动作组合训练法主要有超级组合和复合组合两种形式。一般来说,体能水平高的可选择3个以上动作进行组合练习,体能水平低的选择2个动作即可。每组动作组合可练习3~5个循环,每组之间间歇2~3min,每个动作练习8~15次为宜。

8. 循环训练法

在健美训练实践中,循环训练法可以设计成发展力量、速度、协调能力、爆发力、肌肉耐力、增强心肺功能以及去脂减肥等具有综合功能的不同方法。把多个锻炼身体不同部位的动作按一定的顺序编排好,训练者按事先编排的内容、程序,逐项依次练习至完成所有动作的练习法即为循环训练法。

循环训练法有时间固定增加重复次数的方法、重复次数固定缩短时间的方法、重复次数固定不断增加负荷量和改变动作难度的方法3种。

循环训练法对初学者或训练水平较低者以及女性特别适宜。

第二节 健身健美训练的最优化方案

按规律、有计划是健身健美训练的重要形式。在时间序列或实际训练水平上,一般将健美训练分为初级阶段、中级阶段、高级阶段和高级后阶段。各阶段各有目标,除在运动负荷、训练频度上的差异外,几个阶段的总体训练方案基本相同。而训练计划性质上,则有平时训练、赛前训练两个大类。

一、健美训练方案的编制原则与方法

健美训练方案是指预先为健美训练做出的总体规划和具体安排。编排训练方案是科学、规范化训练的第一步,也是获得最佳训练效果的前提和保证,其具体编排原则与步骤如下。

1. 确定全身各部位肌肉群的训练顺序

(1) 遵循大肌肉群先于小肌肉群的训练顺序。这有两个含义:首先是对大肌肉群进行训练,小肌肉群从中得到训练。或者说,在大肌肉群得到发展的基础上,再安排小肌肉群训练,而不应过早地进行小肌肉群的训练。如腕弯举动作不可先于肘弯举的训练动作,也不应盲目地做大量分离练习。如训练大腿股四头肌群的首选练习是负重下蹲动作,而不可先做坐姿负重伸小腿的动作练习。其次是在一次训练课中,应将大肌肉群练习安排在前,否则会由于小肌肉群出现疲劳,而影响到大肌肉群的训练。如臂屈伸动作练习不应先于仰卧推举动作练习,否则会由于肱三头肌群的疲劳,而影响到胸大肌群的正常训练。

(2)不宜连续进行两个相同性质的动作练习,如卧推动作和推举动作就不宜连起来练习。其目的是让参与运动的肌肉群能得到足够的休息,以避免目标肌群因连续工作而引起过度疲劳或伤害事故。

(3)全身各部位肌肉群训练的顺序,一般宜大肌肉群(如胸大肌、背阔肌和臀肌、股四头肌)编排在前,上臂、前臂练习居中,小腿、踝和腹肌编排在后。或上肢练习编排在前,下肢练习编排在后。

2. 各部位肌肉群训练的安排方法

在制订全身各部位肌肉群周训练顺序分配表时,必须保证做到以下3点。

(1)全身各部位肌肉群的训练要有顺序。

(2)每个部位的肌肉群,在一周以内应得到2次以上的训练。

(3)每周除了保持全身各部位的肌肉群都有训练机会外,还必须让每一部分肌肉群有1天以上的休息时间。全身各部位肌肉群周训练顺序分配如表4-2-1、表4-2-2所示。

表4-2-1 每周健美训练3次肌肉部位分配表

星期	健美训练肌肉部位及顺序
星期一(二)	胸大肌群(乳房)、三角肌群、肱二头肌群、肱三头肌群、大腿肌群、臀部肌群、小腿肌群、腰腹部肌群
星期三(四)	胸大肌群(乳房)、背阔肌群、肱二头肌群、肱三头肌群、大腿肌群、臀部肌群、前臂肌群、腹肌群
星期五(六)	胸大肌群(乳房)、心脏肌群、背阔肌群、肱三头肌群、肱二头肌群、前臂肌肉群、小腿肌群、腹肌群

表4-2-2 每周健美训练4次肌肉部位分配表

星期	训练肌肉部位及顺序
星期一(二)	胸大肌群(乳房)、背阔肌群、三角肌群、肱三头肌群、肱二头肌群、小腿肌群
星期二(三)	心脏肌群、前臂肌肉群、大腿肌肉群、臀大肌群、腹肌群
星期四(五)	背阔肌群、腰肌群、胸大肌群(乳房)、三角肌群、大腿肌群
星期五(六)	心脏肌群、肱二头肌群、肱三头肌群、小腿肌群、臀大肌群、腹肌群

二、健美训练方案范例

根据健美训练阶段的特点、要求以及实践效果,下面列举了健美训练的两个方案,其形式、要求、内容与方法等模式仅供参考。在健美训练阶段的前6个月可采用方案一,后6个月可以采用方案二的形式。方案中所列举的"健美动作"需根据自己身体的变化与知觉来定期变换和调整。更高阶段的计划结构与此类似,只是分化得更细致,周训练次数有所增加而已。

1. 健美训练方案一

(1)训练时间:每次训练课时间为1~1.5h。

(2)训练次数:每周训练3次。

第四章　现代健身健美训练和膳食的最优化方法与方案

(3)训练任务:学习和掌握健美动作的技术要领与训练方法;进行适应性的全面身体训练;提高身体素质,增强体能。

(4)训练项目及运动负荷分配见表4-2-3。

表4-2-3　健美训练方案一

星期	顺序	动作名称	组数	重量/次数	主要健美部位
星期一 星期三 星期五	1	徒手热身操	1	5～10min	活动全身肌肉关节
	2	俯卧双臂屈伸	3	$\dfrac{12\sim15\text{RM}}{10\sim12\text{次}}$	胸大肌群(乳房)
	3	站姿双臂持铃反握弯举	3	$\dfrac{12\sim15\text{RM}}{10\sim12\text{次}}$	上臂肱二头肌群
	4	躬身双手持铃上拉	3	$\dfrac{12\sim15\text{RM}}{10\sim12\text{次}}$	背部肌群
	5	仰卧撑挺身	3	$\dfrac{12\sim15\text{RM}}{10\sim12\text{次}}$	上臂肱三头肌群
	6	坐姿颈前向上推举	3	$\dfrac{12\sim15\text{RM}}{10\sim12\text{次}}$	肩部肌群
	7	站姿肩上负重深蹲起	3	$\dfrac{12\sim15\text{RM}}{10\sim15\text{次}}$	腿部肌群
	8	仰卧直腿上举	4	$\dfrac{20\text{RM}}{15\text{次}}$	腹部肌群
	9	放松慢跑、按摩肌肉	1	3～5min、5～10min	放松全身肌肉
备注	重量单位为千克(kg)				

2. 健美训练方案二

(1)训练时间:每次训练课时间为1.5h。

(2)训练次数:每周训练4次。

(3)训练任务:巩固健美动作的技术要领与训练方法;发展全身主要肌肉群;提高身体素质,增强体质。

(4)训练项目及运动负荷分配见表4-2-4。

三、执行健美训练方案时应注意的问题

(1)要集中精力完成健美训练方案中的动作,认真对待每次试举。

(2)练习结束后,记录使用器械、选择的重量、完成的组数、次数情况。例如:①站姿持铃前平举(哑铃)3组×(15RM/12次),能够完成用"√"表示;②平卧双手持铃推举(杠铃)3组×(15RM/10～12次),难以完成用"×"表示;③站姿双手持铃反握弯举3组×(15RM/12次),轻松完成用"★"表示;④下次课将"×""★"的负荷量进行适当的调整。

(3)每个动作力求准确到位,练后要感觉所练部位肌肉群有酸、胀、饱满的效果,这种效果越强烈越好,但应在48h后恢复。

(4)训练之前必须做准备活动。使身体从松弛状态调整过渡到训练所需要的紧张兴奋状态,把全身肌肉关节活动开,使身体发热,以避免受伤。

表 4-2-4 健美训练方案二

星期	顺序	动作名称	组数	重量/次数	主要健美部位
星期一 星期二 星期四 星期五	1	徒手热身操	1	5~10min	活动全身肌肉关节
	2	躬身双手持铃上拉	3	$\frac{12\sim15RM}{8\sim12次}$	背阔肌群
	3	站姿持铃前(侧)平举	3	$\frac{12\sim15RM}{8\sim12次}$	肩部三角肌群
	4	平卧双手持铃扩胸(仰卧飞鸟)	3	$\frac{12\sim15RM}{10\sim15次}$	胸大肌群(乳房)
	5	坐姿托肘双手反握弯举	3	$\frac{12\sim15RM}{10\sim15次}$	上臂肱二头肌群
	6	站姿双手持铃躬身展体	3	$\frac{12\sim15RM}{12\sim15次}$	腰背部肌群
	7	站姿双臂胸前屈肘下压	3	$\frac{12\sim15RM}{12\sim15次}$	上臂肱三头肌群
	8	坐姿重锤双臂颈后下拉	3	$\frac{12\sim15RM}{10\sim15次}$	肩背部肌群
	9	坐姿双腿负重蹬伸	3	$\frac{12\sim15RM}{10\sim15次}$	腿部肌群
	10	仰卧屈膝起身	4	$\frac{25RM}{20次}$	腹部肌群
	11	站姿双手卷棒	4	$\frac{30RM}{25次}$	前臂部肌群
	12	放松慢跑,按摩肌肉	1	$\frac{3\sim5min}{5\sim10min}$	放松全身肌肉
备注		重量单位为千克(kg)			

(5)训练结束后,要做放松练习和全身按摩。皮脂含量超标者可增做 15~30min 的有氧练习。洗热水澡,可帮助尽快消除肌肉紧张和疲劳。

(6)次日晨起要测量基础脉搏,如果每分钟增加 5 次左右,说明你的身体仍能适应下次练习,如果增加 10 次以上,则应视具体反应调整运动负荷。

(7)健美训练方案中的部分内容,既要重复旧的动作,又要学习新的动作;既可增减动作组数、次数和重量,也可根据自己的体会,在同一部位肌肉训练过程中调换同性质的动作,给肌肉以新异的刺激。如原来做平卧持铃推举的动作可换成平卧双手持铃扩胸或平卧拉力器扩胸的动作。

(8)必须定期调换健美训练方案,并保持练习一个训练方案直到感到没有进展时为止,这样才能保证健美训练获得全面成功。

四、周期健美训练的性质及要点

在训练方案即训练计划的框架中,不同目标的训练活动各由不同的因素构成。因此,在竞技健美训练中,不同性质的训练周期同样具有不同的训练原则与训练要求。

1. 平时训练周期的训练原则与要点(表 4-2-5)

表 4-2-5 平时训练周期的训练原则与要点

原则	以发达肌肉、增长肌肉块、增进体力为主;大重量、少次数、少组数、长间歇、强刺激;训练负荷轻、重交替;有氧训练 3~4 次/周,每次 20~30min;采用基本动作的比重较大
要点	中、大重量负荷:90%MW~(50%~60%)MW,定期安排≥100%MW 的重量训练日;少次数:6~8 次,最多 8~12 次,最低 4 次;少组数:大肌群 3~4 个动作,总组数 12~14 组,小肌群 3~4 个动作,总组数 8~10 组;少动作:大肌群 3~4 个,小肌群 2~3 个;长间歇:60s,不超过 90s

2. 赛前训练周期的训练原则与要点(表 4-2-6)

表 4-2-6 赛前训练周期的训练原则与要点原则要点

原则	保持肌肉块、缩减皮脂、增进肌肉线条;中重量、多次数、多组数、短间歇、密度刺激;有氧训练 5~6 次/周或更多,30~45min/次;多角度刺激目标肌,孤立动作比重较大;结合采用韦德法则安排训练
要点	重量负荷稍小,≤80%MW,最低 40%~50%;多次数:大肌群 12~15 次,小肌群 15~20 次;多组数:大肌群 4~5 个动作,总组数 14~16 组,小肌群 4~5 个动作,总组数 10~12 组;多动作:大肌群 4~5 个,小肌群 3~4 个;短间歇:30~45s,不超过 60s

第三节 健身健美膳食的最优化方案

营养是现代健身健美运动尤其竞技健美训练中最重要的组成内容之一。在相当程度上,膳食方案是达到健身健美锻炼效果和竞技健美巅峰的重要途径之一。故健美界有"七分吃三分练"之说,但目的不同吃法各异。

一、不同活动目的热量需求

极轻体力活动:37~40kcal/kg$_{体重}$·d(1kcal=4.2J);轻体力活动:41~43kcal/kg$_{体重}$·d;重体力活动:50kcal/kg$_{体重}$·d 以上。

二、不同锻炼目的热量需求

1. 健美增肌的热量需求与合理比值(≥50kcal/kg $_{体重}$·d)
蛋白质 15~20%;碳水化合物 60~65%;脂肪 20%。
2. 减脂瘦身的热量需求与合理比值(30kcal/kg $_{体重}$·d)
热量需求比值为蛋白质 20~25%,碳水化合物 55~60%,脂肪 15%。
减肥者应减少总热量的摄入,且能量摄入要小于能量的消耗:
轻度肥胖每月减 0.5~1.0kg,每天少摄入 125~250kcal;

中度肥胖每周减 0.5～1.0kg,每天少摄入 500～1000kcal。

此外,控制食量不等于禁食,如果摄入糖、脂肪过少,"脂库"中储存的脂肪转化为热量一时难以满足人体的正常活动需要,就会导致低血糖,出现头晕、心悸、乏力等症状。因此,控制饮食既不能禁食也不能减得太快,要逐渐减少。食量控制应以有饥饿感又能保持正常活动的精力、体力为宜,一般是逐步降低到正常需要热量的 60%～70%。

需要说明的是,运动是减脂和消耗热量的最佳方法。每减少身体中 0.454kg 的脂肪,需消耗 3500kcal 热能。如果一个人每天有 500kcal 的能量的负平衡,那么每周可以减少 0.454kg 的脂肪。建议每周减少体重的最大数量为 0.454～0.908kg,即每周减脂 0.5～1kg 较适宜,因此,每天的能量负平衡不宜超过 1000kcal。研究还证明,男性减少体重后若保持 3 次/周,每次消耗 500kcal,35～60min 的有氧运动,体重反弹最少。

3. 健美竞赛的热量需求与合理比值

一般将常规的赛前 12 周分为 4 个阶段,依据不同目的和时期执行此膳食计划。

(1)增肌期(第 1～3 周,同健美增肌)。

(2)维持期(第 4～6 周,≥39～44kcal/kg$_{体重}$·d)。蛋白质 15%～20%,碳水化合物 60%～65%,脂肪 20%。

(3)减脂期(第 7～9 周,≥35～38kcal/kg$_{体重}$·d)。蛋白质 20%～25%,碳水化合物 60%～65%,脂肪 15%。

(4)快速减脂期(第 10～12 周或赛前 1 周)。

快速减脂期的热量需求为 30～33kcal/kg$_{体重}$·d,蛋白质和碳水化合物基本上维持上阶段量,视实际情况可适当增加碳水化合物摄入量和减少脂肪摄入量。

赛前一周的营养方案如表 4-3-1 所示。

表 4-3-1 赛前一周营养方案(供参考)

营养成分 \ 比赛前	第 6 天～第 4 天	第 3 天～第 1 天
蛋白质	70%～80%	20%～30%
糖	20%～30%	70%～80%
水	多饮水	少饮水
钠	正常摄入	少摄入
钾	适当减量	适当增加

体脂的标准:非竞赛期在 15%～18% 之间;竞赛时体脂应控制在 8% 以下;优秀的健美选手可控制到 4%～7%。

三、不同人群的营养需求

根据最新研究成果,健身、营养专家们于 2007 年制订了不同人群蛋白质及健美训练者脂肪需求量的新标准。

1. 不同人群蛋白质的需求量

非从事锻炼人群需蛋白质 0.6～1.4g/kg$_{体重}$·d;增肌人群需蛋白质 2～3.4g/kg$_{体重}$·d;少年运动员需蛋白质 2～3.4g/kg$_{体重}$·d;减脂人群需蛋白质 2g/kg$_{体重}$·d。

2. 健美训练者的脂肪需求量

为保持较低体脂,健美锻炼者在膳食中,食物脂肪不应超过总热量的20%～25%。其中饱和脂肪占5%～10%,单不饱和脂肪酸占8%(适量橄榄油),多不饱和脂肪酸占7%。

四、不同体力活动热量消耗的简易计算方法(表4-3-2)

表4-3-2 体力活动分级及其热量消耗

分级	心率(次/分)	能耗(kcal/min)	分级	心率(次/分)	能耗(kcal/min)
极轻	<80	<2.5	轻	80～100	2.5～5
中等	100～120	5～7.5	重	120～140	7.5～10.0
很重	140～160	10.0～12.5	过重	160～180	12.5～15.0

五、不同食物提供热量的简易计算方法(表4-3-3)

表4-3-3 不同食物能量计算范例(下列食物均提供90kcal热量)

食物	重量(g)	食物	重量(g)	食物	重量(g)
米饭	75	蔬菜	500	豆腐干	50
瘦肉	50	水果	200	花生米	15
鸡蛋	50(1个)	烹调油	1汤匙	牛奶	160mL(2/3袋)

六、一般成年人的最佳早餐搭配

科学的早餐搭配应该是:1个鸡蛋+1杯牛奶(加一点麦片更好)+100g主食+1碟小菜(凉拌鲜蔬菜)。如果以肉食代替鸡蛋,食入量应为25～30g为宜。注意吃与锻炼同等重要,并根据身体需要适当增减饮食量。

需要提醒的是,维生素、矿物质、水及膳食纤维对任何人群都同等重要,它们除维持身体正常机能外,还有利于增肌或减脂,例如肝脏和肌肉要储存1kg的碳水化合物需要2.7kg水。

七、健美训练膳食指导性建议

(1)主要营养比例:蛋白质:碳水化合物:脂肪=(30%～35%):(55%～60%):(10%～15%)。

(2)进餐次数:平均每天进餐6～7次。

(3)食物种类:谷类食物以米饭、馒头为主;蔬菜以番茄、小白菜、芹菜梗、油麦菜、黄瓜为主;此外,芦笋、冬瓜、莴苣、芫荽、小红萝卜、菠菜、苦瓜、南瓜、白薯、红薯、山药、土豆、大蒜、海藻、绿豆芽、韭菜、辣椒、魔芋也可有选择地食用。水果以香蕉、西瓜和苹果为主;肉蛋类以牛肉、蛋清、无皮鸡胸、鱼、豆腐为主。

(4)烹调特点:肉类食物以水煮或清蒸为主,蔬菜以生吃为主,限制烹调用油和盐,以及含盐量高的佐料如酱油等。

表4-3-4是源于中国健美队训练实践的某一个健美营养膳食方案,仅供参考。

表 4-3-4　营养膳食方案不同餐次食物种类热量

餐　次	食物种类	热量(kcal)	蛋白质(g)	脂肪(g)	碳水化合物(g)
第一餐	蛋清、粽子	596	48	0.57	10
第二餐(上午运动前0.5h)	面条、菠菜(水煮)	354	13.2	0.3	74.7
第三餐(上午运动后1～1.5h)	鸡胸、米饭、青椒、芹菜(水煮)及其他蔬菜	493	62.9	9.1	39.5
第四餐(下午运动前0.5h)	鸡胸、芹菜及其他蔬菜	504	64.0	9.3	41.1
第五餐(下午运动后2h)	鸡胸、蛋清、胡萝卜及其他蔬菜	495	62.9	15.3	26.5
第六餐	鸡胸、蛋清、胡萝卜及其他蔬菜	338	52.6	6.5	17.5
加上营养品总计		3205	366	44	333
三大能量物质供能百分比			46%	12%	42%

"一高三低",即高蛋白、低碳水化合物、低脂、低盐(低钠),是该方案的基本特点。该方案在施行时的食物做法、进餐次数、进餐时间间隔及各餐热量分配方面均较为合理。但同时,该方案也有值得商榷之处,如上午运动前碳水化合物多、蛋白质少,这将减弱运动时脂肪的分解;而运动后蛋白质多,碳水化合物少,这会影响到运动后肌糖原的恢复,错过了最佳恢复时间;长期低脂摄入会导致脂溶性维生素和必需脂肪酸摄入不足,同时降低体内激素睾丸酮的合成;长期低盐(钠)摄入,会影响体内水分代谢以及细胞渗透压等多方面的功能,而这些与人体运动能力、肌肉生长又是密切相关的。制订健美训练膳食方案时可以此为鉴,但不宜照搬,并在此基础上行改良之举,以扬长避短。

第四节　健身健美赛前营养调配与训练计划建议

如前所述,我们一般将赛前训练定为8～12周并分为4个阶段。在执行此计划时应根据具体情况适时调整训练的负荷量和负荷强度,调整日常营养素的比例、食谱和有氧训练的运动量。

一、第一阶段的训练计划与营养调配(提高体能,1～3周)

1. 食谱建议

(1)蛋白质:每天按体重每千克摄入2g。
(2)碳水化合物:每天按体重每千克摄入4g。
(3)水:每天至少约4.5L水。
(4)减掉含有脂肪的食物。

2. 训练建议

(1)调整负荷强度和负荷总量(降至70%～80%,以利于拉线条、减脂)。
(2)增加有氧训练比例,每周至少3次,每次约30min。

二、第二阶段的训练计划与营养调配(体能有所改观,4～6周)

1. 食谱建议

(1)蛋白质:每天按体重每千克摄入2～2.5g,服饮一至数次蛋白粉饮料。

(2) 碳水化合物:每天按体重每千克摄入 3g。

(3) 水:每天饮水 6.82~9.09L。

(4) 严格控制含脂食物(注意选配)。

2. 训练建议

(1) 调整负荷强度和负荷量。

(2) 增加有氧训练,周训练次数为 5 次,每次约 40min。

三、第三阶段的训练计划与营养调配(进入比赛体格状况,7~9 周)

1. 食谱建议

(1) 蛋白质:每天按体重每千克摄入 3g,建议减少或停止服饮蛋白粉饮料。

(2) 碳水化合物:视体格状况,建议每千克体重每天摄入 2g。

(3) 水:每天 9.09L 水。

2. 训练建议

(1) 维持第二阶段的运动负荷。

(2) 进行规定动作练习(实际用静力性练习代替了有氧练习)。

四、第四阶段的训练计划与营养调配(最后调整阶段,10~12 周)

1. 食谱建议

(1) 蛋白质:基本上维持上阶段量。

(2) 碳水化合物:基本上维持上阶段量(视实际情况适当增加摄入量)。

(3) 水:维持上阶段量,赛前一天略减少饮水量。

2. 训练建议

(1) 反复练习规定动作。

(2) 减少负荷量。

(3) 视体格状况维持或增加有氧训练,必要时可增加桑拿浴等(赛前一天可进行桑拿浴,减少或不进行器械训练)。

五、赛前一周的训练计划与营养调配(表 4-4-1)

表 4-4-1 赛前一周每天的训练与营养安排(供参考)

项 目	竞赛前的天数(倒计时)					
	6	5	4	3	2	1
训练	正常	稍高	稍高	轻	轻	赛前准备
碳水化合物	低	低	低	最高	高	中
蛋白质	中	中高	中高	低	低	中低
水	高	高	高	中	中	低
钠	中	低	低	无	无	无
钾	低	低	低	中	高	中

注:钠起松弛肌肉的作用,钾起收紧肌肉的作用。

第五节 健身健美赛会膳食安排

举办健美比赛,赛会组织最主要的后勤工作之一就是安排竞赛期间的运动膳食。这里选用两份实用食谱,仅供参考(表4-5-1)。

表4-5-1 世界健美锦标赛运动员自助餐食谱范例

餐次 营养类型	早餐(6:30~8:00)	午餐(11:00~13:00)	晚餐(18:00~20:00)
蛋白质类	熟鸡蛋 蒸鸡蛋清羹 脱脂酸奶 水煮黄豆 淡水豆腐	水煮去皮鸡 熟鸡蛋 蒸鸡蛋清羹 清蒸鱼 水煮黄豆 淡水豆腐 水煮牛肉 清炒虾仁	水煮黄豆 淡水豆腐 水煮牛肉 熟鸡蛋
碳水化合物	煮花生米 煮土豆 煮玉米 黑面包	煮花生米 煮土豆 煮玉米 大米饭 黑面包	煮花生米 煮土豆 煮玉米 大米饭 黑面包
蔬菜类	番茄 清水生菜 生柿子椒 水抄芹菜 黄瓜	番茄 清水生菜 生柿子椒 水抄芹菜 黄瓜	番茄 清水生菜 生柿子椒 水抄芹菜 黄瓜
水果类	每餐必备,可选西瓜、哈密瓜、苹果、香蕉		
备注	(1)餐食配料:葱、姜、蒜、醋。 (2)尽可能减少盐的摄取量。 (3)减脂期间早餐以蛋白质、碳水化合物、水果为主;午餐以碳水化合物、蔬菜、水果为主;晚餐为蔬菜、水果为主。 (4)食量掌握在平时食量的60%。 (5)尽量减少植物油食入量,禁食用运动油和糖。		

第五章 现代健身健美运动竞赛表演与欣赏

健身健美表演与竞赛是建立在大众健身健美基础之上的高水平运动形式,是大众健身健美锻炼直接结果的反映。同时,健身健美表演与竞赛对丰富大众健身健美活动内容、提高人们对人体美的欣赏水平、陶冶人们情操以及提升锻炼方法等都有着积极的促进作用。

美学家认为,人体是一种高贵的存在,对它的关注将会在人们的心里唤起强烈的青春和生命的意识,那就是健身健美运动及竞赛。所以,把它从画家、雕刻家、小说家的表现形式中解放出来,活生生地推向健身房和竞技舞台,以启发人们更真实,也更浪漫地去认识自身、发现自身、超越自身,是对人类进步与文明的贡献。

男子传统健美[国际健美健身联合会(简称 IFBB)的比赛始于 1970 年]和古典健美(IFBB 的比赛始于 2005 年)及男女混合双人健美竞赛不同于其他体育项目竞赛的独特之处,就在于它是以人体本身作为评判目标,是以人体姿态和造型的美为追求目的的。健美比赛绝对不是孤立静止地展览体型和肌肉,而是要通过体型和肌肉的位移,即通过由此而产生的动感去追求整个身体的表现力和人体的动态美,同时呈现出非凡的壮实感和强劲的力感。运动员只有使自己的身体各个部分由内而外地充分显示出力度、强度和人体的美,才能充分地显示出人的生命的本质——优美雄壮而不可战胜。

而男女健体比赛(IFBB 的比赛始于 2012 年)、健身先生比赛(IFBB 的比赛始于 2005 年)、健身小姐比赛(IFBB 的比赛始于 1995 年)、男子和女子形体比赛(IFBB 的比赛始于 2002 年)、女子健身"比基尼"比赛(IFBB 的比赛始于 2010 年)、男子和女子健身模特比赛及时尚健身竞赛则因更贴近大众,而受到了广大年轻人的欢迎。它们源于健美,又区别于健美,它们既可以展示人体通过健身锻炼而获得的健美体格,又可以充分展示个人的运动特长和气质、风度,还可以挖掘人体健、力、美、智的潜能,故而备受人们推崇。

顺便说明一下,通过上述竞赛项目的设置及下文的评判标准便可窥见,当今对女性健与美的要求及评判标准发生了颠覆性的变化。也就是说,始于 1982 年的女子健美比赛,已被世界健美健身联合会于 2013 年用健体比赛取而代之。

由于健身健美表演与竞赛本身有着一种高度的气韵,因而它可以促使观赏者激动和陶醉。它不同于文学家用语言来描写人体,不同于画家用颜料来描绘人体,不同于雕塑家用刻刀来塑造人体,也不同于服装设计大师用衣饰来装扮人体,而是直接把活生生的人体,通过艺术化的姿态和造型推向前台、推向观众,以至让广大的观众直接感受到人的肉体的明亮和肉体的光辉,感受到一种具有真实的人体才能激活起来的荡人肺腑的审美气息。可以说,健身健美运动及竞赛是表现人体艺术的最高手段和最高层次。为了提高自身修养,广大社会青年和大学生们不妨也学习一点健身健美运动的表演技巧和了解一些裁判知识。

第一节　健身健美竞赛与表演训练

目前中国的健美健身比赛分为健美比赛(男子传统健美和古典健美及男女混合双人健美)、男子和女子健体比赛、健身先生比赛、健身小姐比赛、男子和女子形体比赛、男子和女子健身模特比赛、女子健身"比基尼"竞赛等。几类比赛虽各具特色和魅力,却也有着近似的体态展现与艺术追求。

一、健身竞赛与表演

依据健美健身竞赛规则,各项健身比赛分别主要有如下内容。

男子形体要着不同要求的平角健美裤进行3轮形体比赛。女子形体设有分体后交叉式"比基尼"和分体后交叉式自选"比基尼"等项形体比赛内容。以女子形体为例,其评分标准为:①先天骨架发育良好,肩宽、腰细、腿直,身体中心线中正,头、四肢和躯干比例协调;②形体正,背面呈"V"字形,侧观身体"S"形曲线适度,性别特征明显,各部分比例匀称,富有美感;③肌肉适度发达,线条清晰(比女子健体要求低,如果女子肌肉过于发达则要扣分);④皮肤紧致,肤色健康,皮肤光滑、均匀,妆容得体、端庄等;⑤步态自然、优雅,节奏准确,动作造型优美。整个动作表现自信、镇定。

健身先生、健身小姐设有形体、运动特长表演、晚(正)装展示(简称晚装展示)3项比赛内容。健身先生、健身小姐形体比赛的内容为:自然站立,4次向右的转体,在规定的位置、线路上造型、行走。运动特长表演指运动员以各种形式展示其个人运动素质和艺术特点等的综合能力。可以有表演伙伴协助表演,或使用安全的道具进行表演。晚装展示指按规定的位置和线路站立、行走等。例如,对健身小姐的评判标准,除对先天骨架、形体、皮肤、步态有专门要求外,对肌肉的要求只是:线条清晰,富有弹性(比女子形体要求低,如果女子肌肉发达反而要扣分)。

男子健身模特和女子健身模特设有形体、运动服装和华服展示3项比赛内容。

女子健身"比基尼"设有正向、左侧向、背向、右侧向站立及行走与定位造型等内容。例如,女子健身"比基尼"评判标准,除对体型、皮肤和肤色、仪态有专门要求外,对肌肉的要求只是形态紧致、外形美观(比健身小姐要求低,如果女子显现肌肉反而要扣分)。

(一)健身竞赛规定造型动作的学与练

1. 形体比赛规定动作的基本技术——自然站立

动作要领:自然站立,吸腹挺胸,头部正直,两眼平视前方,两臂垂于体侧,两脚并立,身体各部肌肉不得过度收缩[图5-1-1(a)];站立时展示全身肌肉线条的流畅和"V"形的外观,掌握重心,自下而上收紧身体、挺拔向上;在到达指定位置后,在尽可能短的时间内,先伸展后收缩、先放松后收紧、先呼气后吸气,充分展开背部肌群,收缩上臂、臀部、腿部等部位肌群,动作完成后保持一定时间并控制呼吸,进行连续小呼吸。

易犯错误:全身各部分肌肉收缩过度,僵硬或未收腹挺胸或松弛疲沓以及耸肩等。

训练提示:面对镜子按要领反复练习动作及表情;学会肌肉收缩与放松,使各部分肌肉群协调配合。

2. 形体比赛规定动作——4 次向右转体

动作要领:动作干净,角度精确;过渡自然流畅,转体过程不生硬,动作衔接自然,包括表情的连续性。

形体比赛正、背面站立[图 5-1-1-(a)(c)]:运动员并脚站立,吸腹挺胸,头部正直,两眼平视,两臂自然下垂于体侧,全身各部位肌肉不得过度收缩,从正、背面展示体型。

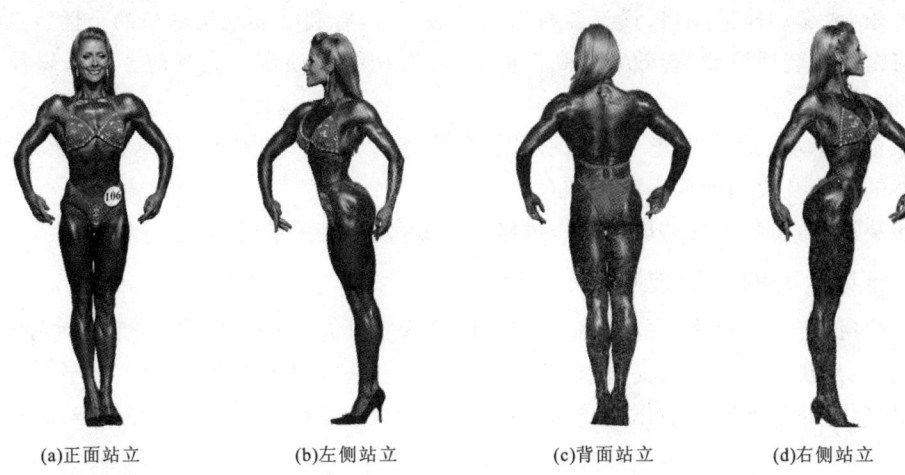

(a)正面站立　　　(b)左侧站立　　　(c)背面站立　　　(d)右侧站立

图 5-1-1

形体比赛左、右侧面站立[图 5-1-1-(b)(d)]:运动员侧向裁判自然站立,吸腹挺胸,头部正直,两眼平视,全身各部位肌肉不得过度收缩,从左、右侧面展示体型。

易犯错误:角度不到位没有展现出身体侧面的线条,转体过程中身体松懈、表情呆滞。

训练提示:面对镜子按要领反复观察表情、练习转体与站立动作,重点放在连接部分;多练习以锻炼肌肉为主的身体的控制能力。

3. 形体比赛规定动作——行走及自选造型

动作要领:步伐挺拔平稳、行走及表情自然,行走时要收腹挺胸,双臂自然摆动或扶于髋上,并展现出健康、时尚、朝气;路线准确,造型到位。

易犯错误:行走时身体起伏过大、左右摆动过大、髋部扭动过大,身体过于松懈,女子因竞赛用鞋而导致屈髋、屈膝的体态。

训练提示:对镜子进行行走的练习,适当增加舞蹈形体部分的练习,以纠正错误体态及不良身体习惯;女子适当进行身体柔韧的练习,并多穿着比赛用鞋进行行走练习。

建议:4 个规定位置上的自选造型动作很具观赏价值,它是一种体育与艺术综合能力的反映。因此,编排的自选造型要有艺术性和独创性,能充分展现个人健美的体态和个性特点。另因服装的限制,女子尽量不要选用身体位置过低的和单腿直腿举的造型动作。

4. 运动特长展示的动作规定

(1)编排:成套动作形式健康,编排新颖、流畅,富有激情,具有感染力。在成套动作中,以下各类型的动作每类至少出现一次,动作自行选择。

俯卧撑类:有分腿俯卧撑或俯卧撑、单腿或单臂俯卧撑、单腿单臂俯卧撑、夹肘或侧倒俯卧撑、后倒俯卧撑等俯卧撑类,以及俯卧撑转体 360°、俯卧撑腾空转体 360°等俯卧撑腾起类。

支撑类:有分腿支撑或分腿支撑转体,直角支撑或直角支撑转体,高直角支撑或高直角支撑转体,分、并腿水平肘撑或加转体,单臂水平肘撑或加转体等支撑类。

跳跃类:有直体垂直向上跳转360°、跳转180°成纵劈腿、跳转720°、自由倒地及自由倒地转体180°俯卧撑(身体向上腾空前倒手脚同时着地以俯卧撑动作结束)、自由倒地360°俯卧撑等,另外还有团身跳、屈膝跳、跨交换腿跳、剪踢跳等。

柔韧类:如高踢腿、垂直劈腿、纵劈腿、横劈腿、仰卧劈腿等。

(2)音乐:成套动作的风格、设计要与音乐和谐一致,有利于表现运动员的个性特点和技术风格,如有衔接要转换流畅,音效音质高低适宜,并有相配的动作与之呼应。音乐碟片只能有一首参赛曲目。

(3)表演:运动员通过成套动作展示出表演技巧,以高质量的动作展示运动能力,形神一致,以自然的表演及表情展现出激情和自信。

(4)服装道具:服装道具与成套动作风格相一致,禁止使用危险道具。

(二)健身竞赛的表演技巧

要在健身比赛中取得优异的成绩,具有适度发达的肌肉、健康的体格、比例匀称的骨骼、漂亮出众的容貌是获胜的必要前提,但表演技巧的好坏也是成败的关键。因此,在平时训练时就必须思考如何做好各种造型动作及成套动作,如何保持在各种状态下的良好体姿,展现优良的竞技水平。

1. 形体比赛的表演技巧

在行列中站立时,表情和姿态不容丝毫松懈。在赛场上的任何时候,运动员都要表现出自信、光彩照人的一面。

2. 运动特长的表演技巧

首先,在编排上有独特性、艺术性,同时要展现出与自己运动能力相匹配的技术水平,把个人的力量、柔韧、个性特征表现得淋漓尽致。其次,要选择与成套动作的风格、节奏、特点相匹配的乐曲,音乐要节拍清晰,旋律优美,具有激发、振奋人心的效应,并具欣赏价值。最后,运动员要全身心地投入到表演中。

3. 晚装(正装)展示的表演技巧

服饰要得体,符合个人的外型和气质。女子或仪态端庄,气质高雅;或清纯可人,阳光朝气;或魅力时尚,高雅大方,尽显个人风格魅力。男子要在展现个人健康形象时,充分地突显男性的阳刚之气。

4. 肌肤色彩的调配技巧

肤色的美化是健身竞赛的一个重要部分。健身运动员的肌肤色调必须符合规则的要求,棕色是运动员整体的色调,它使皮肤健康、显现光泽、富有弹性,能展现出运动员的健康魅力。每个运动员都有自己的皮肤色调,有的偏黑,有的偏黄,有的偏红,有的偏白。健身竞赛所用的油彩根据型号不同有深浅之分,就是为了调整和改变肤色的基调,遮盖瑕疵与缺陷。

(三)健身"比基尼"比赛基本动作及评判标准

1. 技术标准

(1)正向站立。

运动员吸腹挺胸、提臀、头部正直,肩膀向后打开,两眼与头部、身体同方向,平视前方站立;髋部侧移,同侧手叉(置)于髂嵴上;另侧腿微向前侧方移动,前脚掌撑地,同侧指、掌造型,手臂微屈自然下垂;身体重心、髋部和手臂适时交替移动,如图5-1-2所示。

(2)左侧向站立。

运动员向右转体90°,身体左侧转向裁判席,上身略左转,头部正直,目视裁判;右腿膝部伸直,全脚掌着地站立,右手叉(置)右髂嵴,收腹挺胸,提升左髋,左腿膝关节微屈,左脚略前伸,前脚掌撑地;左手指、掌造型,左臂微屈,自然下垂于身体中心线左后侧,如图5-1-3所示。

(3)背向站立。

运动员向右转体90°,将背部正对裁判员,双脚开立,双膝伸直,双臂自然下垂于身体两侧,掌心向下,或与地面平行,双肩后展;腰椎自然弯曲或轻微前凸,上背部挺直,抬头;上身和头始终面向背幕,不得扭转向裁判,如图5-1-4所示。

(4)右侧向站立。

运动员向右转体90°,身体右侧转向裁判席,上身略右转,头部正直,目视裁判;左腿膝部伸直,全脚掌着地站立,左手叉(置)于髂嵴上,收腹挺胸,提升右髋,右腿膝关节微屈,右脚略前伸,前脚掌撑地;右手指、掌造型,右臂微屈,自然下垂于身体中心线右后侧,如图5-1-5所示。

图5-1-2　　　　图5-1-3　　　　图5-1-4　　　　图5-1-5

2. 评判标准

(1)体型:骨架发育良好,形体匀称,头、躯干及四肢纵横向比例协调。

(2)肌肉:形态紧致,外形美观。

(3)皮肤肤色:皮肤健康、光滑、有弹性,没有脂肪球、橘皮组织及外科手术疤痕、痤疮或文身等。

(4)仪态:步态、站姿优雅,节奏自然,表演技艺纯熟;仪容端庄,形象健康、自信,富有个性魅力。

二、健美竞赛与表演

依据健美竞赛规则,健美竞赛性表演动作包括自然常态站立(含4次转向)、规定动作和自由造型动作3个部分。

(一)健美竞赛规定造型动作的学与练

1. 自然站立动作

动作要领:自然站立,吸腹挺胸,头部正直,两眼平视,两臂外展垂于体侧,两脚左右开立,各部位肌肉不得故意收缩。

易犯错误：全身各部肌肉故意收缩、僵硬，未收腹、挺胸或松弛疲沓、耸肩等。

训练提示：按要领面对镜子反复练习；学会肌肉收缩和放松；保持自然常态姿势行走，使各部分肌肉群协调配合。

2. 男子个人竞赛 7 个规定造型动作

(1)前展肱二头肌。

预备姿势：面向裁判员自然站立，而脚间距约同髋宽，吸腹挺胸。

动作要领：两臂经体侧上举至肩部高度，然后弯曲双肘，肘与肩齐平，两手握着拳，拳心向下，用力收缩肱二头肌及全身肌肉，吸腹形成空腔，如图 5-1-6 所示。

易犯错误：耸肩，吸腹挺胸不够；全身肌肉未收缩。

训练提示：按动作要领面对镜子反复体会；三角肌放松使肩部下沉；肱二头肌收缩后，再用力收缩全身肌肉；吸腹使胸腔上提，保持挺胸。

(2)前展背阔肌。

预备姿势：面向裁判员自然站立。

动作要领：两臂经侧向正前方伸展，然后沿弧形慢慢收回两臂，并屈肘握拳，拇指伸直置于胸廓下缘，吸腹形成空腔，用力伸展背阔肌，同时收缩全身肌肉，如图 5-1-7 所示。

易犯错误：耸肩，未收腹、挺胸；两肘过于靠后，使背阔肌无法展示；全身肌肉未收缩，尤其是腿部肌群。

训练提示：按动作要领面对镜子反复体会；三角肌放松使肩部下沉，这样更易展示背阔肌；双肘略朝前移，把肩部留在后面；收缩背阔肌的同时收缩全身肌肉。

(3)侧展胸部。

预备姿势：侧向裁判员自然站立，而脚间距约同髋宽，吸腹挺胸。

动作要领：以左侧为例，左肘弯曲，紧握拳，右手握住左手腕，左腿屈膝，前脚掌着地，吸腹挺胸，使左臂肱二头肌收缩隆起，同时收缩胸部及全身肌肉，所展示一侧的肩低于另一肩，如图 5-1-8 所示。

易犯错误：身体前倾或后仰，使胸部无法隆起；肱二头肌及腿部肌群收缩；未吸腹、挺胸，影响胸部收缩。

训练提示：按动作要领面对镜子反复体会；收缩胸部，将弯曲的大腿紧靠直立的大腿；展示侧的肩要低于另一肩，用力收缩肱二头肌；用力收缩大腿肌和小腿三头肌及全身肌肉。

图 5-1-6　　　　　　　图 5-1-7　　　　　　　图 5-1-8

(4) 后展肱二头肌。

预备姿势:背向裁判员自然站立。

动作要领:两腿前后开立,后腿自然弯曲,前脚掌着地,抬两臂,屈肘与肩齐高,两手握拳,拳心向下,收缩肱二头肌及全身肌肉,如图 5-1-9 所示。

易犯错误:耸肩,两肘尖上抬过高;两臂太向前内收;未吸腹挺胸及收缩全身肌肉。

训练提示:按动作要领面对镜子反复体会;三角肌放松使肩部下沉;两肘不能高于肩或不能太内收;吸腹挺胸,用力收缩肱二头肌及全身肌肉。

(5) 后展背阔肌。

预备姿势:背向裁判员自然站立,两脚间距约同髋宽,吸腹挺胸。

动作要领:两腿前后开立,后腿自然弯曲,前脚掌着地;两手以握拳或张开的方式置于腰部,髋关节略前顶,肘部张开,伸展背阔肌,同时收缩全身肌肉,如图 5-1-10 所示。

易犯错误:耸肩,未收腹挺胸;两肘过于靠后,使背阔肌无法展示;全身肌肉未收缩,尤其是腿部肌群。

训练提示:按动作要领面对镜子反复体会;三角肌放松使肩部下沉,这样更易展示背阔肌;双肘略朝前移,把肩部留在后面;收缩背阔肌的同时收缩全身肌肉。

(6) 侧展肱三头肌。

预备姿势:侧向裁判站立,两脚间距约同髋宽,吸腹挺胸。

动作要领:以右侧为例,左腿后移,自然弯曲,前脚掌着地,右臂贴体侧伸直,左臂经体后,手握住右手腕,收缩肱三头肌及全身肌肉,尤其是腿部肌群,如图 5-1-11 所示。

易犯错误:耸肩,未吸腹挺胸;肩部前移,肱三头肌展示不充分;身体前倾或后仰;弯曲腿的足趾未用力踮起。

训练提示:按动作要领面对镜子反复体会;三角肌放松使肩部下沉,上体略后仰,肩部略后移,背阔肌收缩顶住展示的肱三头肌;收缩全身肌肉。

(7) 前展腹部和腿部。

预备姿势:面向裁判员自然站立,而脚间距约同髋宽,吸腹挺胸。

动作要领:一腿前伸半步,脚尖着地,膝向外略分,身体重心置于后腿,微屈,双手置于头后部,收缩腹部、腿部及全身肌肉,如图 5-1-12 所示。

图 5-1-9　　　　图 5-1-10　　　　图 5-1-11　　　　图 5-1-12

易犯错误：身体前倾，影响腋部收缩；前伸腿肌，未收缩全身肌肉。

训练提示：按动作要领面对镜子反复体会；前伸腿脚尖着地，用力收缩小腿肌及大腿肌；吸气后缓慢吐气至闭气，收缩腹直肌及全身肌肉。

3. 自由造型动作

自选动作是由各种造型动作组成的配乐动作组合。动作数量不限，但必须包括全部规定动作，造型要有停顿，动作应自然、流畅。

比赛时间：男子个人为 60s；男女混合双人为 90s。

（二）健美竞赛造型动作的表演技巧

1. 自然站立与转体动作的表演技巧

健美比赛第一轮的"自然站立加向右转体 4 次"的动作似乎比较简单，实际上，要站好，要时刻保持良好的站姿也非易事。在赛场上曾见到过不少运动员，在行列中站着站着，就懒散疲沓起来，显得精神不振；特别是当站在后排时，以为可以放松一下；还有些运动员一肩高，一肩低，或是让其脊柱斜向一边，这样就会破坏身体的匀称状态，从而给裁判员一个不良印象。在赛场上运动员任何时候都不要表现出缺乏自信，畏畏缩缩；也不可狂妄自大，盛气凌人。

2. 规定动作的表演技巧

在完成基本的规定要求的前提下，可以基于个人的体格特点，做出利于展示自己长处的动作，应该找到最适合自己且仍符合规则的规定动作。若大腿前部肌肉线条很好，那就不必在做"前展双肱二头肌动作"时，把一腿横置在侧面，因为把两腿靠在一块，更能显示大腿前部的优势。同样的，在做"侧展胸部"和"侧展三头肌"时，两腿的位置也可以有所不同，但都要注意收缩腿部肌肉。很多运动员一做侧面动作就只注意显示胸、臂、肩，而把腿部忘记了。实际上裁判们在看完某个动作的重点部位之后，就接着看你身体的其他部分，而腿部占全身的一半，不论做任何动作，切记不可忘掉收缩你的腿部肌肉群。在做"后展肱二头肌"动作时，必须展开你的背部和肩部。许多运动员由于缩紧肩胛骨就无法展开背阔肌，这种形象显得很怪异。在这个动作中，你还有最好的机会来充分显示你的小腿发达状态。要把小腿转移向身后而不是身侧，同时还要收缩大腿的股二头肌。腿部要微屈，不要把腿部伸直。在做"前展腹部和腿部"动作时，并不要求运动员全力收缩腹部肌肉，也不需尽量把气呼出，而是用局部肌肉控制法来显示自己的腹部肌肉群。当然要尽力收缩腿部肌肉，也不要忘了收缩臂部肌肉。还要注意避免下列毛病：两肘夹得过紧和下颚下垂到触及胸部。

做规定动作时，往往会耗能很多，气喘不止。要学会对各种肌肉控制自如，并学会调整呼吸。在台上不要精神紧张，应时时面带笑容。

3. 自由（自选）造型动作的表演技巧

一般人在最初参加比赛时，往往模仿一些名手们的动作，这是正常的。但当你的水平和经验逐步提高到一定程度时，就应努力寻求和创编能充分表现出自己体格、个性、气质和感情特点的动作套路。

要做好任何造型动作，都必须掌握平衡和提高控制能力，这两者都是从动作经验中产生和增强的。如果没有良好的运动能力和强大的肌肉，就不要做幅度很大、转动猛烈的动作。在台上时，眼神要有意和观众、裁判相接触，造型动作应是出自内心的呼声、个性的表现、内在的感情流露。只有这样，才能架起同裁判及观众的思想和感情交流的桥梁。如能这样，则不论所获名次高低，都会体验到成功的愉悦。

三、健体竞赛基本动作与评判标准

男子健体为赤膊,着不透明、非紧身的黑色齐膝短裤参赛。女子健体则着分体后交叉式"比基尼"赛服参赛。女子健体规定动作与自由造型动作的比赛与健美类似,只是规定动作比健美竞赛少,女子侧展胸部等技术标准稍有改变,而肌肉发达程度要求相对较低。例如,女子健体规定动作中4次向右转体的评判标准是:要求先天骨架发育良好,肩宽、腰细、腿直,身体中心线中正,头、四肢和躯干比例协调;皮肤光洁、色泽适中;仪态端庄,行走姿态优美、自信,除此以外,对肌肉的要求是匀称发达,线条清晰,如果女子肌肉过于发达则要扣分。

(一)男子健体基本动作技术标准及评判标准

1.技术标准

(1)正向站立。

运动员面向裁判,自然站立,吸腹挺胸,头部正直,两眼与头部、身体同方向,平视前方。身体重心落在支撑腿部,同侧臂屈肘,手置于腰臀,另一侧腿侧伸,前脚掌撑地,同侧臂微屈肘自然下垂于体侧,适度扩展背阔肌,如图5-1-13所示。

(2)左侧向站立。

由正面站立向右转体90°呈左侧向站立;上身略左转面向裁判,左腿微屈支撑身体重心,左手放(叉)置于左髋臀部,右膝弯曲后伸,前脚掌撑地,右臂微屈肘,右手分指造型垂置于体前,适度收紧相关肌肉,如图5-1-14所示。

(3)背向站立。

由左侧向站立向右转体90°呈背向裁判站立,头部正直,两眼与头部、身体同方向,平视前方;身体重心落在支撑腿部,同侧臂屈肘,手置于腰臀侧,另一侧腿侧伸,前脚掌撑地,同侧臂微屈肘自然下垂于体侧,适度扩展背阔肌,如图5-1-15所示。

(4)右侧向站立。

由背面站立向右转体90°呈右侧向站立;上身略右转面向裁判,右腿微屈支撑身体重心,右手放(叉)置于右髋臀部,左膝弯曲后伸,前脚掌撑地,左臂微屈肘,左手分指造型垂置于体前,适度收紧相关肌肉,如图5-1-16所示。

图5-1-13　　　　图5-1-14　　　　图5-1-15　　　　图5-1-16

2. 评判标准

（1）骨骼发育良好，宽肩，高胸，窄腰，腿直，身体中心线中正，头、四肢和躯干纵横向的比例协调。

（2）全身肌肉发展均衡，左右对称，前后对应，各部位肌肉紧致有形、饱满，轮廓清晰、美观。

（3）皮肤光洁，色泽和谐、健康，没有外科手术或其他疤痕、斑点、痤疮或文身等。

（4）4个面向站立动作规范，行走自然、自信，节奏合理。

（二）女子健体基本动作技术标准及评判标准

1. 前展双肱二头肌

技术标准：面向裁判员站立，双腿开立，一侧脚掌撑地。吸腹成空腔，抬起两臂，弯曲肘部略高于肩，两手手指分开造型，用力收缩双肱二头肌及全身肌肉，如图5-1-17所示。

评判标准：肌肉质量、饱满程度以及尖峰高度；肌肉轮廓明显；肱二头肌与身体其他各部位肌群发展均衡、协调；整体造型规范、美观。

2. 侧展胸部

技术标准：侧向（以左侧为例）裁判员站立，右腿弯曲，左腿前伸，前脚掌着地。吸腹挺胸，双手掌心向下，手指伸直，右手压住左手腕，双臂伸直，用力收缩胸部及全身肌肉，如图5-1-18所示。

评判标准：胸大肌饱满、美观；胸、肩关联处分界明显、圆润；肩部、肱三头肌、臀、大腿及小腿肌群轮廓清晰，与胸部比例适宜；整体造型规范，凹凸有致，性别特征明显，形体美观，姿态优美。

3. 后展双肱二头肌

技术标准：背向裁判员站立，双腿开立，一侧脚掌撑地。吸腹成空腔，抬起两臂，弯曲肘部略高于肩，两手手指分开造型，用力收缩双肱二头肌及全身肌肉，如图5-1-19所示。

评判标准：肱二头肌轮廓清晰，形态美观；与肱肌、肱三头肌、三角肌间分离度明显；背面相关肌群适度发达、均衡；整体造型规范、美观。

4. 侧展肱三头肌

技术标准：侧向（以左侧为例）裁判员站立，右腿弯曲，左腿前伸，脚掌着地，左臂垂于体侧，右手经体后握住左手（腕），用力收缩肱三头肌及全身肌肉，如图5-1-20所示。

评判标准：肱三头肌适度发达，形状美观；相关肌群轮廓清晰；整体协调，造型规范、美观。

图5-1-17　　　　图5-1-18　　　　图5-1-19　　　　图5-1-20

四、健身健美竞赛准备与表演

(一)健身健美化妆

健身健美运动员的化妆区别于生活中的淡妆,称为"彩妆"。"彩妆"的画法有一定的规律,并需要特殊的化妆品。

(1)化妆品:人工棕色喷剂、棕色油彩(非油脂)、清洁乳、收缩水、粉底霜、胭脂、眼影、定妆粉、唇膏、睫毛膏、假睫毛、酒精胶等。色(油)彩和型号可根据需要而定。

(2)化妆用具:睫毛卷曲器、睫毛梳、眉毛刷、眼影刷、眉笔、眼线笔、唇线笔、腮红上色刷、上粉刷、海绵块、棉签、纸巾、毛巾等。

(3)处理体毛:胸中、臂上、腋下和大腿跟部的体毛不去掉,在健身健美造型表演时就会显得很不雅观,表演时需将其清除干净。镊子、剃刀、脱毛剂是清除体毛的方法,应因人因部位而用。

(4)化妆:包括面妆和肤妆。用化妆来调整和改变脸部的肤色,使之产生与脸部相统一的色调,是化妆的一个步骤。健身健美运动员的肌肤色调必须符合健美竞赛规则要求。

(5)发型:脸型、头型与发型的比例关系,发型与健美造型表演风格的相互关系,发型轮廓与气质个性的和谐关系等是健身健美运动员化妆的依据。其中,发型中的"型"是关键,不同的发型可以改变健美运动员整个外部轮廓,塑造不同的视觉形象。而发型的"色"则要求与健美造型的韵味相协调。

(二)后台热身准备活动

(1)热身:是指竞赛前的后台热身准备活动,即用徒手自抗力或抗器械阻力进行练习活动,使肌肉充血达到赛前应激状态的环节。

临出场前的热身准备活动,包括在对全身每个部位的肌肉群(大腿不要练)做1~2组轻重量、多次数练习,对薄弱肌肉群做4~5组多次数练习,以及把各种造型动作或整套自选动作按顺序复习一遍等内容。

(2)调整情绪:竞赛情绪的培养主要是克服不良情绪,使自己进入竞技应激状态。

(三)健身健美竞赛注意事项

健美竞赛性造型表演时尽量不要环顾观众,要集中精力于造型表演效果和感情状态,不能显得焦躁不安,对观众中的评头论足要不卑不亢。

如果比赛中出现了造型动作套路的表演错误或者遗忘了造型动作等情况时要镇定自若,继续表演。因为裁判员和观众并不知道你预先设计的造型动作套路的编排情况。有经验的健美运动员还会连贯地把动作衔接上,使观众看不出漏洞。无论谁出了问题,教练员都不要当场指责。走错了方向,自如地改过来即可;签号牌掉到了舞台上,任由它去,等竞赛演出结束以后再捡起来;假使舞台音响出了毛病或放错了音乐,就当有音响和自己的配乐曲一样继续走台表演;你的心绪不要受到干扰,整个心思要依然放在竞赛造型表演上,听从裁判长的临时调整。

当表演完谢幕后走进后台,确认观众看不到你时,健美造型表演才算结束,不要过早地松弛下来。

(四)征服裁判员的技巧

1. 把握裁判的评分标准

作为一名参赛的健美运动员或教练员,如果不清楚裁判的评分标准,想要赢得比赛、获得好成绩就会有困难。据了解,在参加全国性健美赛事的运动员和教练员中没有阅读过《健美竞赛规则裁判法》的人数大约占到92%,可见"法盲"人口之多。其实只要认真阅读学习《健美竞赛规则裁判法》,就能把握好裁判的评分标准。

一个好的裁判员在评分时,会从头到脚客观地观察运动员身体的发展情况。在比较规定动作时,裁判首先注视运动员所显示的主要肌肉群,然后会从头到脚观察体格的每一个部分,从整体印象开始进而观察肌肉群的发达程度,肌肉群的分离度,肌肉群均衡发展的情况,肌肉的密度和轮廓的清晰度。在比较自由造型动作时,观察运动员是否把肌肉、匀称、造型、肤色、外表、气质和音乐和谐地融为一体,表现出一个充满健、力、美的完整艺术形象。同时,裁判也会观察其他外观状况,如肤色是否协调,有没有斑痕、斑点、文身等皮肤缺点,头发梳理是否整齐,脚与脚趾等细微处是否清洁干净等。对于出现违规或违禁的造型动作,如运动员屈体背向裁判员展示臀部肌肉群的造型动作、面对裁判员两腿大开立接后仰下桥展示阴户部位的造型动作或是以拉扯赛服(裤)、夹塞裤裆显示臀(沟)部位肌肉群的造型动作也会被降低名次,甚至会被裁判长依法取消比赛资格。为此特别建议:

(1)场上与场下同样重要,有的运动员在场上表现得温文尔雅、彬彬有礼,可是下了场后就原形毕露,污言秽语,缺乏修养。这一切,都将映入裁判员的脑海,影响总体印象分。

(2)穿着打扮既要时尚也要突出个性,个性化的赛服(规则允许范围)能够展示欣赏品位和气质特征,并与别人区分开来,给裁判员留下深刻印象。

(4)要热情投入,情绪要饱满,千万不要萎靡不振、垂头丧气,令裁判员感觉没有朝气和活力,严重影响印象分。

2. 了解影响评分的可变因素

在公平公正的总原则下,裁判员在评分过程中有可能会因一些心理变化以及其他外在因素,而不可避免地出现评分上的波动和分歧。简单地说,评分可能会受以下一些因素的影响。

(1)不同的专业角度:在一次综合性的健美大赛中,裁判员可能是来自各个行业,有的是体育教师,有的是运动员,有的是非体育界的职员。他们从各自的专业角度出发,对规则理解角度不同,评分自然会有所不同。

(2)不同的喜好和倾向:即使是在同一类型的健美大赛中,裁判员的个人喜好和评分倾向也不可能都是相同的,这也是为什么在当前的大赛中通常都会采用去掉两个最高分和去掉两个最低分的方法来计算平均分的原因。

(3)评分心理的变化:一般来说,裁判员在评分时或多或少都会有这样一种心理的变化,那就是:先紧后松,先抑后扬。这是因为,一方面裁判员心里总期待着下面会有更好的运动员出现,另一方面,在给前面的运动员打分时没有参照标准而容易过于苛刻。

(4)评分的阶段性:在不同阶段,裁判员的要求也会有所变化。在初赛中裁判员主要是凭着第一印象给你打分,到了复赛阶段,裁判员会对你的自由造型动作的展示投以更多的关注,而在精英荟萃的决赛中,运动员们往往在体格外形和造型才艺上都不分上下。于是,裁判员们更多地就要考察运动员的内在素质了。对参赛运动员来说,越接近终点,你就越需要用脑子和实力来比赛。

(5)外部环境的影响:现场气氛、观众反应、主办者意见以及社会健美时尚的发展等都是影响裁判员评分的外部因素。

俗语说:"师傅引进门,修行在自身。"和人生一样,健美之路也是一个"充满分岔小径的花园",该如何走下去,最终还是要看自己。我们相信,只要具备了扎实的基本功、良好的健美素质,有一颗丰富而充实的心灵,再加一点点赛场上随机应变的能力,在健美之路上,等待你们的一定是鲜花和掌声。

第二节 健身健美竞赛规则与裁判法简介

根据比赛的性质、形式及其规格,一般将健身健美比赛分为职业赛、锦标赛、冠军赛、公开赛、邀请赛、选拔赛、沙滩赛、综合运动的专项比赛等几种类型,以及国际比赛、洲比赛、全国比赛、省市比赛、区域比赛、大学生比赛等多个层次。鉴于健身健美运动的特色,不论是开展健美比赛、健身先生比赛、健身小姐比赛,还是举办女子形体比赛和健身模特比赛等,组织不同性质、规格与规模的健身健美比赛基本上皆服从相同的规则、程序与要求。为了让大家更好地欣赏健身健美表演与比赛,特将健身健美竞赛的规则和裁判法进行简单的介绍。

我们知道,规则既是法则又是方法,裁判法既是方法又是裁判工作的程序与依据。从裁判操作的角度,评分、计分及其方法等是裁判法的主要精神、内容与导向。

一、健身健美竞赛的组别与级别

(一)健体和健身竞赛项目及分组

1. 男女健体比赛设 A、B、C 3 个组

男子健体:A 组(身高≤1.75m)、B 组(1.75m<身高≤1.78m)、C 组(身高>1.78m)。

女子健体:A 组(身高≤1.58m)、B 组(1.58m<身高≤1.63m)、C 组(身高>1.63m)。

2. 男女形体比赛设 A、B 2 个组

男子形体:A 组(身高≤1.75m)、B 组(身高>1.75m)。

女子形体:A 组(身高≤1.63m)、B 组(身高>1.63m)。

3. 健身先生、健身小姐比赛设 A、B 2 个组

健身先生:A 组(身高≤1.75m)、B 组(身高>1.75m)。

标准:

身高≤170cm:最大允许体重(kg)=[身高(cm)−100]+1(kg)

身高≤175cm:最大允许体重(kg)=[身高(cm)−100]+2(kg)

身高≤180cm:最大允许体重(kg)=[身高(cm)−100]+3(kg)

健身小姐:A 组(身高≤1.63m)、B 组(身高>1.63m)。

4. 健身"比基尼"比赛设 6 个组

A 组(身高≤1.60m)、B 组(1.60m<身高≤1.63m)、C 组(1.63m<身高≤1.66m)、D 组(1.66m<身高≤1.69m)、E 组(1.69m<身高≤1.72m)、F 组(身高>1.72m)。

5. 男女健身模特比赛设 A、B 2 个组

男子健身模特:A 组(1.73m<身高≤1.78m)、B 组(身高>1.78m)。

女子健身模特：A组(1.63m＜身高≤1.68m)、B组(身高＞1.68m)。

(二)健美竞赛组别与级别(按体重、年龄分级和分组)

1. 男子成年组(年龄＜50周岁)

(1)体重60kg以下(含60kg)。
(2)体重60.01～65kg。
(3)体重65.01～70kg。
(4)体重70.01～75kg。
(5)体重75.01～80kg。
(6)体重80.01～85kg。
(7)体重85.01～90kg。
(8)体重90kg以上。

2. 男子青年组(18周岁＜年龄≤23周岁)

(1)体重75kg以下(含75kg)。
(2)体重75kg以上。

3. 元老组(年龄≥50周岁)

(三)男子古典健美竞赛级别(按身高和体重分级)

(1)身高≤1.65m,体重(kg)≤[身高(cm)−100]。
(2)1.65m＜身高≤1.68m,体重(kg)≤[身高(cm)−100]+1(kg)。
(3)1.68m＜身高≤1.70m,体重(kg)≤[身高(cm)−100]+2(kg)。
(4)1.71m＜身高≤1.75m,体重(kg)≤[身高(cm)−100]+4(kg)。
(5)1.75m＜身高≤1.80m,体重(kg)≤[身高(cm)−100]+6(kg)。
(6)1.80m＜身高≤1.90m,体重(kg)≤[身高(cm)−100]+8(kg)。
(7)身高＞1.90m,体重(kg)≤[身高(cm)−100]+9(kg)。

二、健身比赛评分依据及评分方法

(一)健身先生、小姐竞赛评分依据

1. 健身形体(占50%)

(1)体形：呈倒三角体型；各部分比例匀称；富有美感。
(2)肌肉：身体各部位肌肉发达适度；男子富有力度，女子线条流畅；轮廓清晰，形状美观。

2. 运动特长表演(占40%)

(1)编排：整套动作的编排具有新颖性、独特性(40%)。
(2)音乐：音乐的选配具有完整性、独特性(30%)。
(3)表演：整套表演与音乐相融(30%)。

整个运动特长表演要求主体突出,有激情,富有表现力。表演套路应当包括力量因素、柔韧性因素、速度和节奏因素等。力量因素：如支撑分腿、并腿的各种造型,单臂俯卧撑等。柔韧性因素：如高踢腿、横叉、竖叉。速度和节奏因素：如各种移动、跳跃、翻转动作的速度与节奏。

3. 晚装展示(占10%)

(1)服装：与运动员的形象相符,服饰须为晚(正)装服系(40%)。

(2)形象:五官端正,化妆、发型、服饰与形象相融(20%)。
　　(3)气质:高雅(阳刚)、大方(20%)。
　　(4)仪态:仪容端庄、健康,站姿优雅(20%)。

(二)女子形体比赛的评分标准(或评分角度与方法)

预赛(着分体后交叉式"比基尼")将按照以下标准进行评分:
　　(1)裁判首先应该从选手的整体形象进行评分。这个过程要求从头部开始,依次向下,把整个体格考虑在内。评分由整体印象(考虑发型和容貌)、肌肉的整体运动发育、对称的体型、皮肤的条件和状态,以及运动员展现出的自信、姿态和气质等方面组成。
　　(2)体格的评分是评判通过训练达到肌肉的整体水平。肌肉群的外观要浑圆结实,少量体脂。体格既不能肌肉太多也不能过于消瘦,而且不能有明显的肌肉块或分格。肌肉过多或过于消瘦的体格,名次都会较低。
　　(3)评分还要考虑皮肤的松弛度和状态。皮肤的状态应该外表光滑、健康,不能有脂肪团。脸部、头发和化妆是运动员"整体形象"的组成部分;形象端庄大方,面部化妆得体,发型和整体气质相配是运动员"整体形象"的组成部分。
　　(4)裁判对运动员体格的评分要包括运动员整个表演,即从走上台的那一刻到走下舞台。任何时候,参加形体比赛的选手都要强调在展示动人的"整体形象"时是否有一个"健康的、适度的、运动形的"体格。

半决赛和决赛中选手着分体后交叉试自选的"比基尼"赛服。

裁判必须注意:选手在穿着泳装配高跟鞋与比基尼配高跟鞋时可能展示出不同的"整体形象"。因此,裁判必须保证本轮比赛要从一个"新"的角度进行评判,以确保依据每名选手本轮着装得到公平的评估。

(三)健身模特运动服装评分依据(或评分角度与方法)

健身模特设有形体和服装展示(运动夏装和晚装)两项内容,具体评分角度如下:
　　(1)整体评价选手应健康、美丽、时尚、动感,是具有魅力的优秀健身运动员和体育健身模特。
　　(2)气质应展示出健康女性、男性独特的风情和气质。
　　(3)运动服装的款式、色彩选择与运动员的形象相符,可携带相关项目的运动器材(赛前检查),整体搭配和谐独具风格。
　　(4)表现大方得当,展示出运动员的文化修养和独特神韵。

健身模特形体、运动服装和华服展示论累计排名分按 4∶3∶3 的比例相加为决赛得分。

(四)健身先生、健身小姐竞赛评分方法

1. 形体竞赛

　　(1)骨架比例:从前面、后面观察运动员身体脊柱的左右比例对称度,同时对比骨架整体与局部的协调程度。如脊柱两侧比例是否对称,上体是否呈"V"字形,躯干和四肢的长短比例是否协调等。从左、右侧面观察运动员上下肢体的比例是否对称,同时对比整体骨架与肢体形态协调与否。如身体重心高低,臀部和腿部长短是否协调,整体是否美观等。
　　(2)肌肉:女子肌肉评判标准:从前面、后面观察运动员身体各部位肌肉的发展、松紧度及轮廓。如肩、背、臀、腿部肌肉适度发达与否,肌肉轮廓是否清晰,整体是否协调、美观等。从左、右侧面观察运动员上下肢体的松紧度、轮廓及比例,以及胸、臀弧度。如臂部和腿部围度比

例是否协调,肌肉轮廓是否清晰,胸部和臀部的"S"曲线是否明显、有美感,以及臀部是否圆翘、整体是否美观等。

男子肌肉评判标准:从前面、后面观察运动员身体各部位肌肉大小和肌肉轮廓、线条的清晰度。如肩部、背部、臀部、腿部肌肉的围度要大、有力度,轮廓要清晰,整体要美观等。从左、右侧面观察运动员上下肢肌肉围度的大小及其比例、各部位肌肉轮廓等。如臂部和腿部围度及其比例是否协调,肌肉轮廓和线条是否清晰,整体是否和谐美观等。

2. 运动特长表演

(1)编排特点。

完整性:观察运动员整套动作配与衔接是否合理,过渡是否自然、连贯和流畅,前后能否相呼应。

独特新颖性:观察运动员整套动作的设计和衔接过程中,素材是否丰富,有无独特和创新内容,表演是否有个性和感染力。

(2)音乐特点。

完整性:考察整套乐曲音符高低、节拍强弱所构成的整体,如不同的乐曲经剪辑合成后的音乐旋律的音符高低、节拍强弱是否连贯、完整;独特性:是指整套乐曲主旋律的音符高低起伏及音乐节拍强弱所表现的明显特点。

(3)表现特点。

动作与音乐:考察音乐选配与动作造型的融合,如运动员的动作变化、节奏与音乐起伏和节拍强弱是否吻合,音乐与动作性质是否相一致等;个性表现特征:是指运动员表达音乐与动作融会的内涵时,其独具个人特点与风格的表现。

3. 晚装展示

形象展示,观察运动员脸型、发型与着装等形象修饰的相融性和独特性。形象、气质与服饰的选配要和谐、庄重、高雅。

三、健身竞赛内容及其计分方法与名次评定

(一)健身竞赛轮次及其比赛内容

1. 健身竞赛轮次

每一级别参赛运动员不超过 6 名(含 6 名)时,直接进入决赛;参赛运动员超过 6 名但不超过 15 名(含 15 名)时,参赛运动员将进行半决赛,半决赛的前 6 名运动员进入决赛;参赛运动员超过 15 名时,须先进行预赛,选出 15 名运动员进入半决赛。

2. 健身各轮次比赛的内容

(1)预赛:4 次向右转体,按规定路线行走并在指定的造型位置做身体造型动作。

(2)半决赛:4 次向右转体,按序号在规定线路上行走,并在指定的造型位置做造型动作;运动特长表演;晚装展示。

(3)决赛:4 次向右转体,按序号在规定线路上行走,并在指定的造型位置做造型动作;运动特长表演;晚装展示。

(二)裁判员评分方法

(1)预赛:每位裁判员选出 15 名入围运动员。依据临场裁判员的评分结果,选出 15 名选

手进入半决赛。比赛中,裁判长应指挥 3~8 名为一组的运动员做 4 次向右转体。

(2)半决赛:每位裁判员应对参加半决赛的 15 名运动员给出 1~15 的名次分,不能有相同的分值。造型动作和运动特长表演评分方法相同。

(3)决赛:每位裁判员应对参加决赛的运动员给出 1~6 的名次分,不能有相同的分值。健身体型、运动特长表演和晚装展示评分方法相同。

(三)健身比赛计分方法与运动员名次排定

(1)预赛:依据裁判员的评分结果,选出前 15 名选手进入半决赛。

(2)半决赛:按每位运动员的积分选定参加决赛的选手。裁判员为 11 名或 9 名时,去掉 2 个最高分和 2 个最低分,将其余 7 名或 5 名裁判员的分值相加;若设 7 名或 5 名裁判员时,应去掉 1 个最高分和 1 个最低分,将其余 5 名或 3 名裁判员的分值相加。积分最低的前 6 名运动员进入决赛。如遇健身形体、运动特长表演和晚装展示得分之和相等时,以健身形体的分值排名,不允许出现相同名次。

(3)决赛:按每位运动员在健身形体、运动特长表演和晚装展示获得的总积分排出 1~6 名;然后,将参加决赛运动员的半决赛和决赛的得分之和相加,得出该运动员的总分,分值小者名次列前。如遇运动员总分相等时,以在决赛中小分值多者名次列前;如再相等,以在半决赛中小分值多者名次列前,不允许出现相同名次。

四、健美比赛评分依据及评分方法

(一)健美男子个人的评分依据及方法

1. 健美男子个人竞赛评分依据

(1)肌肉:身体各部位肌肉发达、结实、饱满,肌肉线条清晰、精细,围度差显著。

(2)匀称:骨骼发育良好,各部分比例协调,全身肌肉均衡发展。

(3)造型:动作规范、协调,重点突出,富有美感。

(4)肤色:皮肤光洁,色泽和谐。

2. 健美男子个人竞赛评分方法

(1)肌肉。

肌肉围度:观察运动员身体各部位肌群围度的大小。

肌肉质量:观察运动员肌肉线条的清晰度、分离度、力度等,如皮脂要薄,肌纤维排列要清晰,密度要大。

肌肉状态:肌肉收缩和放松的围度差要大,形状美观;皮脂要薄;全身各部位的大小肌肉要均衡、协调。如在肌肉造型和非造型状态下,其围度和形状的变化是不同的,围度变化越大则说明肌肉质量越高;反之,围差越小或无变化,则其肌肉的质量不高。

(2)匀称。

骨架匀称:观察运动员躯体的左右对称比例、四肢与躯干的比例,如双肩高低、宽窄对称,脊柱无病理性弯曲,无"鸡胸""O"型或"X"型腿等。

肌肉匀称:观察运动员身体各部位的肌群布局和大小肌肉块比例,如肩部、胸部、臂部、背部、腹部、腿部肌肉的大小比例协调,形状、布局匀称。

(3)造型(规定动作造型评分方法)。

前展双肱二头肌：正面观察运动员肱二头肌的大小、形状，以及与前臂、肩部、胸部肌群的比例是否对称，再观察其他部位肌群的整体比例是否匀称、协调。

前展双背阔肌：正面观察运动员背阔肌伸展的"V"字的形状、大小，以及与肩部、胸部、腿部等肌群的比例是否对称，再观察其他部位肌群的整体比例是否匀称、协调。

侧展胸部：侧面观察运动员胸部的厚薄度，以及与肩部、臂部、大小腿肌群的比例是否匀称，再观察其他部位肌群的整体比例是否匀称、协调。

后展双肱二头肌：背面观察运动员肱二头肌的大小、形状，以及与肩部、背部、腿部等肌群的比例是否对称，再观察其他部位肌群的整体比例是否匀称、协调。

后展双背阔肌：背面观察运动员背阔肌伸展的"V"字的形状、大小，以及与肩部、背部、腿部等肌群的比例是否对称，再观察其他部位肌群的整体比例是否匀称、协调。

侧展肱三头肌：侧面观察运动员肱三头肌的大小、形状，以及与肩部、胸部、大小腿肌群的比例是否匀称，再观察其他部位肌群的整体比例是否匀称、协调。

前展腹部和腿部：前面观察运动员腹肌和腿部肌肉块的大小、形状，再观察与其他部位肌群的整体比例是否匀称、协调。

(4)造型(自由造型评分方法)。

造型：观察运动员肌肉造型的控制力，以及造型动作的规范和美观程度，如造型动作要准确流畅，并充分体现运动员肌肉的耐力、控制力和表现力等。

表演：观察运动员动作设计、编排与音乐选配的融合，以及与观众的神情交流，如整套动作的造型是否衔接流畅，造型与音乐的节拍是否相吻合，且根据音乐的旋律运动员眼神和手势与观众的情感交流是否得体，富于激情等。

(5)肤色。

皮肤：观察运动员皮肤的健康与光洁，如皮肤是否过敏，有疤痕、斑点、文身等。

色泽：观察运动员人工着色的深浅与整洁，如颜色是否均匀、整洁，擦油适量。

(二)健美男女混合双人的评分依据及方法

1. 健美男女混合双人竞赛评分依据

(1)匀称：男、女体格及各部位肌群和谐、相配。

(2)肌肉：男、女各部位肌肉发达、清晰、相配。

(3)造型：造型规范，动作流畅，配合默契，变化中蕴含统一。

(4)配对：外表、气质和谐，整体感强。

2. 健美男女混合双人竞赛评分方法

(1)匀称：观察配对运动员身体骨架的比例是否和谐；身体各大小肌群的比例和布局是否美观，如男女运动员的肩部宽窄，身体重心高低，四肢长短的匀称、协调，臂部、腿部围度的大小，腹肌的发达程度和形状，背阔肌扩张后大小的协调程度等。

(2)肌肉：观察配对运动员肌肉的形状、清晰度是否相配，如男女运动员肌束的长短、皮脂的厚薄、肌纤维的密度和清晰度的相近程度。

(3)配对：观察配对运动员身高、体型、脸型、发型、肤色、气质等整体是否和谐，如男女运动员身高、身体重心的比例是否协调，脸型、发型、皮肤颜色、气质是否相近，风格是否统一或互补等。

(4)配合：观察配对运动员的动作连贯、神情交融、音形和谐等整体的表现力，如男女运动员之间动作的配合是否协调,根据音乐的旋律配对运动员的眼神、脸部表情、手势的变化是否配合默契,神情交融是否恰到好处。

(三)健美单项特别奖的评分依据及方法

1. 健美单项特别奖的评分依据

(1)最佳健美表演奖:动作编排合理、流畅、创新;动作与音乐融合。

(2)男子最佳小腿肌奖:小腿肌群发达、清晰、形状美观。

(3)进步最快奖:首次参赛者获前6名的选手,可作为候选人;屡次参赛者在该届比赛与上届比赛名次相比,进步大。

2. 健美单项特别奖的评选方法

(1)最佳健美表演奖:①造型音乐,所选配音乐完整、新颖,如剪辑后的音乐,其起势、高潮、结尾旋律完整,独具特点;②表演艺术,音乐与造型、个性、气质一致,以及动作造型有独特性。如运动员选配音乐旋律的强弱与其个性、气质的吻合;表演动作与音乐节拍的吻合;其造型独具特点。

(2)男子最佳小腿肌奖:观察运动员小腿肌肉的围度、形状以及清晰度。如左右小腿肌肉的围度大、对称,皮脂薄,肌纤维清晰,肌束的长短适宜、美观。

(四)健美全场冠军评分方法

参照健美男子个人竞赛评分方法进行。

五、健美竞赛内容及其计分方法与名次评定

(一)健美竞赛轮次及其比赛内容

1. 健美竞赛轮次

(1)每一级别参赛运动员不足6人参赛时,直接进入决赛。

(2)参赛运动员超过6人但不超过15名时,参赛运动员将进行半决赛和决赛两个轮次的比赛。半决赛的前6名运动员进入决赛。

(3)参赛运动员超过15名时,须先进行预赛,选出15名运动员进入半决赛。此时,该级别的比赛将分为3个轮次。

2. 健美各轮次比赛的内容

(1)预赛:预赛分为两轮进行。第一轮4次转体,第二轮分组进行规定动作的比赛。比赛动作为前展双肱二头肌、侧展胸部、后展双肱二头肌、前展腹部和腿部。

(2)半决赛:参加半决赛的运动员呈单列并按序号排列,自然站立,做2次向后转体后,进行规定动作的比较评分。比赛动作为前展双肱二头肌、前展双背阔肌(仅男子有)、侧展胸部、后展双肱二头肌、后展双背阔肌(仅男子有)、侧展肱三头肌、前展腹部和腿部。

(3)决赛:决赛中,每个运动员将进行两个阶段的比赛。第一阶段,运动员按序号逐个入场,在音乐伴奏下做自由造型,其中决赛音乐长度中男子为60s,混合双人为90s。第二阶段,运动员在裁判长指挥下,统一做规定动作(男子7个和混双5个)的比赛,集体做1min不定位的自由造型表演。

(二)裁判员评分方法

(1)预赛:每位裁判员应在评分表中选出15名入围运动员。统计所有裁判员的评分表,选

出 15 名选手进入半决赛。比赛中,裁判长应以 3~8 名运动员为一组,指挥其同时做 4 个规定动作。

(2)半决赛:每位裁判员应对参加半决赛的 15 名运动员给出 1~15 的名次分,不能有相同的分值。

(3)决赛:每位裁判员应对参加决赛的运动员给出 1~6 的名次分,不能有相同的分值。

(三)健美比赛计分方法与运动员名次排定

(1)预赛:统计所有临场裁判员选出的各 15 名运动员,获得选择最多的 15 名运动员进入半决赛。

(2)半决赛:按每位运动员的积分选定参加决赛的选手。若裁判员为 11 名或 9 名,去掉 2 个最高分和 2 个最低分,将其余 7 名或 5 名裁判员的分值相加;若设 7 名或 5 名裁判员,应去掉 1 个最高分和 1 个最低分,将其余 5 名或 3 名裁判员的分值相加。积分最低的 6 名运动员进入决赛。出现积分相等时,小分值多者名次列前。

(3)决赛:按每名运动员在规定动作和自由造型比赛中获得的总积分排出 1~6 名。

六、健身健美竞赛服饰要求

1. 男子健美(古典健美)比赛服装要求

运动员应穿着单色、无光泽、不透明、得体、清洁的健美三角赛裤。赛服的颜色、面料、质地以及样式自选。赛裤须覆盖 3/4 臀部及整个下腹部。赛裤侧面宽度不得小于 1cm。三角赛裤上任何部位禁止使用衬垫和附加饰物。比赛时禁止穿鞋、袜。

2. 女子健体(女子健美)比赛服装要求

运动员应穿着单色、无光泽、不透明、清洁、得体的分体后交叉式的"比基尼"赛服。赛服的颜色、面料、质地以及样式自选。赛服必须能够展现腹部及背部肌肉,赛服必须覆盖 1/2 臀部及其正面部位。赛服任何部分禁止使用衬垫和附加饰物。比赛时禁止穿鞋、袜和佩戴框架式眼镜、手表、镯类、项链、耳环、假发、人造指甲,以及扰乱注意力的装饰物、装饰品等。比赛中禁止使用道具。头发可以做造型或垂至肩部,但不得遮住肩部和上背部肌肉。严禁任何改变身体部位、肌肉形态的固体或液态的义体植入。

3. 男女混合双人健美比赛服装要求

男女运动员比赛服装的规定适用于混合双人比赛。混合双人比赛的配对运动员服装的颜色、料质必须一致。

4. 男子健体比赛服装要求

预赛中,运动员应赤膊,着不透明、非紧身的黑色齐膝短裤。除制造商品牌标志外,赛裤上任何部分禁止使用衬垫和附加饰物(或含具有商业色彩的 LOGO 图案)。

半决赛和决赛中,运动员应赤膊,着不透明、非紧身齐膝短裤。赛裤的颜色、面料、材质、款式和风格自选,除制造商品牌标志外,赛裤上任何部分禁止使用衬垫和附加饰物(或含具有商业色彩的 LOGO 图案)。比赛时,禁止穿鞋、袜。

5. 形体比赛服装要求

(1)男子形体比赛服饰要求:第一轮着纯黑色平角健美裤,无装饰物;第二轮着单色平角健美裤,无装饰物;第三轮着自选平角健美裤,无装饰物。所有比赛禁止穿鞋、袜。

(2)女子形体比赛服饰要求:预赛中,运动员着分体后交叉式的"比基尼"赛服。赛服的颜由纯黑色、不透明、无花纹、无光泽的材料制成。

半决赛和决赛中,运动员着分体后交叉式自选"比基尼"赛服。赛服的款式、颜色、材料不限,禁止点缀悬垂性装饰物。"比基尼"赛服必须覆盖1/2臀部和整个下腹部。比赛穿高跟鞋,鞋底前掌厚度不得超过1cm;细根,后跟高度不超过12cm。禁止穿坡跟式高跟鞋和袜子,除第一轮要求高跟鞋的颜色是黑色且包住脚趾和脚跟外,其他轮次鞋的颜色与款式不限。

6. 健身比赛服装要求

(1)健身先生形体比赛服装要求:运动员应穿着不透明、无花纹、无光泽的纯黑色紧身平角短裤。赛裤侧面宽度不少于15cm,且必须覆盖臀部。赛裤上不得有任何衬垫、饰物或图案。禁止穿鞋、袜。

(2)健身小姐形体比赛服装要求:运动员应穿着不透明的分体式后交叉的"比基尼"赛服,赛服必须覆盖1/2臀部和整个下腹部。严禁穿丁字裤,赛服须得体。赛服的颜色、面料、质地、装饰和款式不限,可适度使用衬垫和装饰物。穿高跟皮(凉)鞋,颜色不限。鞋掌厚度不得超过1cm,细根,鞋后跟高度不超过12cm。禁止穿坡跟式高跟鞋及袜子。头发可以做造型,允许佩戴发型装饰品,但大小须适度。

(3)运动特长比赛服装要求:健身先生、小姐运动特长表演的服装须得体,式样、颜色和是否穿鞋不限。

(4)礼服展示服饰要求:健身先生西装、健身小姐晚装及混合双人礼服展示的服装必须符合正(晚)装礼服款样规定,服装的颜色和鞋的式样、颜色不限制。

7. 健身模特比赛的服饰要求

男、女体育健身模特形体及服装展示中的晚装展示比赛的内容、评分标准及服装要求等均与健身先生、健身小姐比赛中的这两项比赛相同;服装展示中的运动服装展示要求见《2012年规则裁判法》中体育健身模特运动服装评分依据。运动服装必须是夏装,比赛时按照规定线路行走,且赛前应进行排练。

8. 健身"比基尼"比赛的服饰要求

运动员应穿着不透明的分体式"比基尼"赛服,赛服的颜色、面料、装饰不限。赛服必须覆盖1/2臀部和整个下腹部,穿戴美观。严禁穿线状比基尼和丁字裤。比赛穿高跟鞋,鞋前掌厚度不得超过1cm,细根,高度不超过12cm,禁止穿坡跟式高跟鞋及袜子。

此外,还有其他规定:比赛时禁止佩戴框架式眼镜、手表、镯类、项链、耳环、假发、人造指甲等装饰物与装饰品。比赛中禁止使用道具。头发可以做造型或垂至肩部,但不得遮住肩部和上背部肌肉。严禁改变任何身体、肌肉形态的固体或液态的义体植入。

评判和欣赏健身健美时请参照最新竞赛规则与裁判法。

第二篇　经典健身休闲运动

第六章 徒步穿越运动

第一节 徒步穿越运动概述

一、徒步穿越运动的概念、特点与要求

（一）徒步穿越运动的概念

徒步穿越运动是指参与者携带背包、帐篷、睡袋等装备，借助一定的交通工具，但大部分旅行区域靠徒步行走的一种户外活动。期间可能跨越山岭、丛林、沙漠、雪域、溪流或峡谷等地貌的一种活动，徒步过程中参与者可以体验到大自然的美丽与危险。

一般的野外徒步穿越：徒步区域风光宜人，地形简单，住宿方便。

典型的野外徒步穿越：是在穿越者比较陌生、地形复杂多变、具有神秘感的地域进行，对徒步穿越者来说是对自我的挑战。因此，每一个参加者在出发前都要如实回答以下问题：你身体健康吗？你胆子小吗？在遇到危险时你会退缩吗？在别人需要帮助时你会伸出援助之手吗？……

（二）徒步穿越运动的特点

为什么有如此多的人喜欢这项户外运动呢？主要是因为徒步穿越具有三大特性：

（1）富于求知、探索性：徒步穿越者在每一次穿越活动之前，都要对徒步穿越地区进行了解。

（2）难度大，内容丰富：徒步穿越活动集登山、攀岩、漂流、溯溪、定向越野、野外生存于一身，是一项综合性强、难度较高的野外活动。

（3）对穿越者的要求较高：徒步穿越者要有良好的心理素质和道德水准，还要有团队精神，乐于助人。同时，穿越者必须掌握相关的知识和技能，并具备一定的天文、地理、生物、物理、化学等知识。

（三）徒步穿越运动的特殊要求

（1）徒步穿越之旅就是亲近自然，做一次环保的旅行是热爱户外运动者最起码的道德标准。保护自然的生态平衡也是大家的一份责任，有句话说得很好："除了照片什么都别带走，除了脚印什么都别留下。"所以，做一个旅行者，首先应该是个环保者。

（2）旅途中最大的问题就是垃圾处理，所以在徒步过程中产生的不可降解的无机物垃圾请用塑料袋包好，并带回城市处理，对于可降解的有机物垃圾可以就地处理。

（3）卫生问题，在自然界就地如厕时要远离水源30m，且在营地下风口，最好在方便地点用

土掩埋,以防止气味散发。

(4)野外用火、袭击野生动物、砍伐树木等都是破坏自然的行为。

(5)了解一些文物保护知识也是必要的,这样可以不购买受保护的出土文物,不有意或无意去破坏那些受保护或尚未开发的历史遗迹。

(6)在某些地区的旅馆,可能会有人以食用野生动物为盈利手段,把许多受保护的野生动物搬到了餐桌,比如穿山甲、野生蛇类、野生鸟类等,这是应该禁止的行为。其他的问题比如"某某到此一游"之类刻字最好也别留下。

二、徒步穿越运动的分类

按照徒步的地域可将穿越运动划分为以下 11 类。

1. 山地丛林穿越

山地丛林穿越林深路险,行走之前一定要搜集大量的资料,确定详细的路线,最好有向导。穿越其中可以领略到自然的千姿百态,走原始森林、过独木桥、吃野山果、听鸟唱、听兽嚎、看山泉瀑布。

2. 沙漠荒原穿越

沙漠荒原中时常大风骤起、荒无人烟、水源缺乏、气候干燥,出行前要在当地了解好情况,是否可以找到水源是穿越成功的关键因素。穿越其中可以领略到一种苍凉之美,也许还可以寻找到古人留下的痕迹。

3. 雪原冰川穿越

雪原冰川寒冷、缺氧,大风大雪总是没有预约就来了。行前一定要做好御寒的准备及路线的确定,了解行程中的天气情况。穿越其中可以领略到雪山的纯洁,峰顶在日出日落下的胜景。

4. 峡谷穿越

峡谷忽左忽右,道路崎岖。行前了解峡谷的线路是能否穿越出来最为重要的因素,找当地向导,了解谷里情况。穿越其中可以领略到溪流、怪石、奇松、山花营造的绝美风光。

5. 山岭穿越

山岭穿越时而攀越,时而探谷,时而涉溪。行前最好有张山势地形图,带好攀岩的装备,找个向导。穿越其中可以领略到攀岩的刺激、探谷的神秘、涉溪的乐趣。

6. 平原徒步穿越

平原徒步穿越的地方主要是一些好的风景区、古镇、遗址等,比较轻松、安全。行前有张地图,便可以走天下。徒步其间可以领略到田园的美景、古镇的古朴、遗址的沧桑。

7. 长城穿越

行走在山脊,行走在前人用血筑起的脊梁。行前了解长城的保护情况以及沿途的村落,不要人为破坏当地的环境。穿越其中可以领略到古人的伟大、历史的沧桑。

8. 草地徒步穿越

春天是草地徒步的最佳时节,穿越时要小心泥潭、沼泽。行前了解徒步区域的情况,找个好的向导最为重要。穿越其中可以领略到野花的烂漫、鸟类的舞姿、田野的空旷。

9. 环湖徒步穿越

环湖徒步穿越的行程就像圣徒的转山,为了一种信念,为了一种执著。徒步环湖需要准备的就是一张地图和所需的装备,沿湖一般都会有居民,只要了解他们的习俗,很容易和他们相处。环湖徒步可以领略到不同的美景,不同的民风。

10. 古道徒步穿越

不用说这是文化之旅,要想穿越古道,就得了解它的文化渊源,就得有强健的体魄去应付艰险的行程。穿越其中可以领略到前人的艰辛、历史的足迹,以及了解许多可歌可泣的故事。

11. 江河徒步穿越

完成这类徒步之旅,需要有莫大的勇气和耐力。徒步江河,跨越的地区多,行前一定要了解不同地区的风俗以及其他详细的资料。穿越其中你可以领略到大江大河的壮丽和气魄以及天水间的独特风光。

第二节 徒步穿越运动的组织要点

徒步穿越运动的组织主要需要遵循以下 3 个要点。

1. 要具有极强的团队合作精神

徒步穿越者要具有"一人为大家,大家为一人"的高尚风格。为了一个共同的目标,大家心往一处想,力往一处使,团结互助,共同前进。

在穿越中,集体的力量大于一切,每个人都要通过集体的合作才能战胜困难,共同分享成功的喜悦。集体穿越(2 人以上)是体现个人与他人相互协作的能力以及团队合作精神的好机会。一次成功的集体穿越除了要求个人的野外生存技能外,最重要的是团队合作的精神,尤其在恶劣艰苦的环境中,团队精神更加重要。

2. 要制订周密的徒步穿越计划

(1)目的明确:活动的目的、日期、集合场地、预计行动、投宿地、紧急联系方式、食物准备、装备准备、参加人员联系方法等,参与者应尽人皆知。

(2)核心得力:确定一个队长,并赋予他相当的权力,有民主也要有集中,这点很重要。

(3)分工具体:负责食品(准备干粮、掌管烹饪)、负责工具(清点帐篷、炉具、工具)、总管会计、负责医护、负责垃圾收集、负责向导开路、负责联系等人员的分工要明细,做到各司其职。

3. 要提高和加强穿行队伍的组织能力

(1)人数较多时要注意行进队形,队伍过长容易走失队友或有人出现意外而不能及时发现。

(2)所有装备和给养应根据个人体力及性别进行科学地分配背负,以便使队伍能保持一致的速度。

(3)如有队员受伤或生病,整个穿越计划必须做出应变,全体放弃或部分人带伤员撤离。

总之,一个好的徒步穿越计划,是穿越成功的一半,在穿越期间,每个队员都要服从队长的命令和履行自己的义务,并乐意帮助他人。

第三节　徒步穿越运动路线图的制作与使用方法

1. 利用 GPS 制作路线图

GPS 是 Global Position System 的缩写,即"全球卫星定位系统"。目前 GPS 已经越来越多地运用于徒步穿越和其他探险之中。尤其在地势开阔的沙漠荒野地带,GPS 的航迹路线和航线导航功能发挥着巨大的作用。

2. 路线图绘制方法

东经和北纬分别用 X 和 Y 轴标示,按照徒步中各点的 GPS 描述和高程数据将其在图中标出。在各航点的旁边标上徒步地名称和其他重要地点。

缺点:GPS 只有在接收良好的状态下,其航迹图记录才是一条连续的直线,但在密林之中,或进入高山的阻隔地带等原因,GPS 将无法定位。同时由于地球表面的不规则性,也决定了 GPS 的数据存在误差。由于在许多地带,GPS 无法显示更多的一些野外和城市的地图数据,显得非常不实用。

3. GPS 和地图的使用技巧

GPS、PS(指北针)和徒步地的地图同时使用,可准确定位,减少误差,确保穿越成功。

第四节　徒步穿越运动的方法与原则

一、徒步穿越运动的体能、心理及适应性训练

健康的体魄是徒步穿越最基本也是最重要的条件,因此,在大型的徒步穿越之前,进行体能及适应性的小区域徒步穿越训练是必修课之一。

选择与大区域徒步穿越相类似的徒步地区,这样针对性的训练会加深你对所要徒步之地情况的了解和对装备的要求,从中学会如何选择、使用各种装备及一些野外生存技巧等。在体能方面做一个严格的训练计划,使自己在耐力、力量上都有所增强。

(1)耐力训练:可以游泳、骑自行车、登山、长跑等。

(2)力量训练:可以每天坚持练俯卧撑、仰卧起坐、举哑铃、引体向上等,有条件的话可以去健身房。

(3)心理训练:可以攀岩、跳水、滑板及做常见险情的应急措施的训练等。

(4)体力分配:徒步穿越,体力是关键,有再多的户外技能,如果体力没有分配好,穿越只能半途而废。一般而言,在穿越途中尽量保持匀速,掌握节奏,按计划休息和进食。如果是集体徒步穿越,要根据大家途中的体力情况及时调整计划,必要时宁可延长穿越时间,避免不必要的体力透支,要为后来不可预见的意外情况保存体力。

二、徒步穿越运动旅行的五大要领

(1)身体:行走是全身运动,而绝不只是腿部运动,注意通过摆臂来平衡身体、调整步态。

(2) 足部：全脚掌触地，先是脚跟，然后到脚尖。
(3) 节奏：最好的速度是边走边聊而不喘，注意脉搏不要超过 90~120 次/分。
(4) 呼吸：调匀呼吸，避免岔气，一定要深呼吸。
(5) 背部：沉肩，保持背部挺直，用腹腔深呼吸。

三、徒步穿越运动的行走原则

徒步穿越靠的是双腿行走，因而在行走上同样有一些科学的方法。这些方法都是以节省体力且多行路以及安全行走为原则。

1. 起步宜缓

在乘车期间人处于低能耗状态，人体机能基本处于"休息状态"，如果一下车就剧烈运动会引发人体机能平衡失调。若出现心慌、头晕、缺氧、无力、休克等症状，应就地休息及做一些小的适应性活动，至少应在 1min 以上，尤其在高海拔山区，开始必须慢行，让机体逐步适应运动状态，然后才可加快步伐。

2. 大步行进

大步行进是指在旅途中比平常的步幅稍大的行走，其作用是在总体上减少步频，而最终节省体力。行走，是通过人双脚的摆动做功而达到人体的位移。在单位路程上减少双脚的摆动，就降低了人体体力的消耗。

3. 保持间距

集体行动多数情况下都会列队行走，从安全角度出发，队伍中队员之间应当保持一个合理的间距，一般是 2~3m，不论是在平路还是坡路上。由于队员中总会有人因各种原因暂停一下，如系鞋带、脱衣服、喝水等，有一个间距，暂停队员的行动就不会影响他人。如果此人的暂停原因需要较长的时间，应当有人陪伴着他（她），并通知前队（方）人员注意，一定时间后如果暂停人员没有跟上队伍，应停止前进，分头寻找。这又有一个安全距离要求，即暂停人员同队伍的安全距离，在白天，一般以 10min 行程以内为宜，夜晚在 5min 以内。

4. 精力集中

队伍在行进中，大家应当养成一个良好的习惯，即集中精力行走，不要边走边说笑、打闹。在爬坡及平路中应尽量少讲话，更不能大声地唱歌，这同样会消耗体力；在下坡时不能边下坡边观看风景。同时在整个行动中不要把工作及生活中的一些思想包袱、问题、烦恼带来，这样会出现走神及成为影响队伍整体情绪的一些不良因素。出来就是放松，就是忘却，这不仅是精神的需要，同时也是安全的需要。

5. 雨天行走防粘泥

雨天走在泥泞的道路上，最头痛的就是泥土粘脚的问题。如果能向当地农民买到草鞋就比较幸运。因为，草鞋比其他的鞋不易粘泥，且在爬坡时可以起到防滑作用。买草鞋时尽量买大的，可以套在自己的鞋外。如果没有草鞋就只好时不时地刮泥巴了，还要将鞋带系紧些，有些泥坑会将鞋子粘脱下来。在泥地里爬坡时最好用上鞋耙子或手杖。

6. 重心应稳定

在运动中，我们必须学会掌握好身体的重心，才不至于出现摔跤等情况。对于登山，上、下坡及其他一些特殊情况（如过独木桥）的重心问题就有必要学习掌握了。

7. 上坡与下坡要防滑

上、下坡是最为常见的行走活动,对于上小于45°的坡度时,一般不用借助任何工具,直接用双脚就可完成。上坡时人的重心应在脚的前掌部位,人的身体应稍微向前倾,如果是大于45°的坡,还要借助双手攀援路边的可以用的支点(如灌木、岩石等),或者借助登山手杖(用拐棍同样可以代替)。下坡时应当将重心放在后脚前端,同时降低重心的高度,即身体稍微下垂(脚部稍微弯曲),尤其在坡度大时。上、下坡应当走"之"字形,避免直线上、下,以防摔滑,这是一种安全的登山技术。

8. 过独木桥可借用保护绳竿

在不少山乡的小溪上总是铺架着独木桥,这些独木桥一般是用一两根木头并排架起来,走起来还会一晃一晃的,对于都市人来说有点悬。过独木桥的最好方法是借助一根竹竿来调整重心,脚成外八字,眼看桥头或前方,不要看脚下。尤其是溪流急的情况下,这是一种简单的方法。如果队伍带有绳子,且队员比较多,可以先过去两个人(同时将绳头带过去),在溪流两岸拉上一根或两根保护绳,绳子两头绷直或者拴在两边的树上,就可以大胆地通过了。

9. 过栈道要胆大心细

这里指的栈道是一些峡谷边的窄路,一边是河谷,一边是峡壁,道路只能一次通过一人的栈道。通过时,身体重心要放低,要贴近峡壁一面行走,重要的是要细心大胆。

四、徒步穿越运动的休息原则

不论是登山还是徒步旅行,中途休息是正常和必要的,但休息也应当讲究方法,而不是由着自己的性子来。这不仅关系到整体队伍,同时也是一个科学的休息原则。中途休息一般应是长短结合,短多长少。所谓的长短结合,即短时间的休息同长时间的休息应保持一个合理的度。短休息是指途中临时的短暂休息,这种休息一般时间短(控制在5min以内),并且不卸掉背包等装备,以站着休息为主。这种休息可以多一些,但时间短。长时间的休息同样需要,平路旅行一般2h一次,一次可在20min以内,长时间休息应卸下所有的负重,先站一会后才能坐下休息,不能马上坐在地上。休息期间,可以自己或者相互按摩一下腿部(尤其是小腿)、肩部、颈部等部位的肌肉,同时可以活动一下四肢。休息是积极的,而不仅仅是躺倒休息。

五、徒步穿越运动的合理营养

如果在较长时间的野外穿越中,不能保证体力和营养的平衡,因体力消耗大,排汗多,这样人体很容易出现盐分缺失、电解质失调、营养不足等现象。那样会严重影响体力和健康,有时甚至是很危险的,因此要及时补充养分。

在山野里,虽然不能带很多食物,但合理的营养搭配还是必要的,以下是一些山野营养提示。

(1)携带牛肉干、巧克力等高热量营养食品以备不时之需。

(2)携带维生素合成药片,每日一颗。

(3)每天要补充盐分,吃些含盐食品,如榨菜等。

(4)果珍冲剂是不错的电解质平衡饮料。

(5)装几颗水果糖在随身衣兜,在饥饿和极度疲劳时用得上。

(6)如果遇到村庄或旅店最好休息下来,吃点素菜和肉类很有必要,并及时补充其他食物。

(7) 如果在山野丛林认识一些野菜或野果的话,也是很不错的营养补充,但前提是一定要认识,不可冒失尝试。

(8) 如果背负 25kg 左右的背包,每天徒步 7～8h,应摄入大量高碳水化合物、低脂肪类的食品,因为热能的 60%～70% 是碳水化合物,而 30% 或更低是脂肪类的食品。夏天,一般健行者每日流失的水分近 7L,所以每日能进食总量近 6g 的盐分是最佳的选择。

六、徒步穿越运动的饮水方法

1. 取水要求

在徒步穿越时,如预知补水困难就应带足饮用水,每人每天 2～3L。如果途中的溪瀑、江河、湖塘可取水,一定要先观察其污染情况,如:水附近有无人畜活动、有无动物尸体、有无粪便及其他污染物。水中有大量泥沙时要使水沉淀 10min 以上。蚂蟥多的地区,打水时要用敞开或透明的容器,以便能及时发现水中是否有蚂蟥。

2. 脱水症状

(1) 轻微:黏膜干燥,微感口渴,脉搏速度正常,尿液呈深黄色。

(2) 中度:黏膜相当干燥,口渴,脉搏速度加快但弱,尿液呈暗黄色。

(3) 重度:黏膜如纸般干燥,口渴,昏睡,脉搏速度加快但弱,呼吸急促,无尿液与泪水,皮肤苍白。

3. 防止脱水及补水方法

每日清晨饮用约 0.5L 水,运动期间维持每 15～20min 补充 250mL 水。雪地与身处高海拔需更多的水分。避免常喝酒、咖啡与茶。

冷水的吸收程度较温水高,当上坡流汗量很高时须随时补充,主要看尿液的色泽。一般的登山运动消耗水分的补充方式最好是每 15min 补充 250mL 水,若加入 6～8g 的糖类(尤其是葡萄糖),能更快更好地提供热能与改善身体状况。电解质如钠、钾会随流汗流失,可以饮用运动饮料补充,维持体内平衡,当然盐分也有此功能,但不能吃太多。某些饮料不适合饮用,如酒类,它会强迫细胞释放出水分,而果汁则太甜。

4. 饮水注意事项

(1) 缺水地区饮水要按计划分配饮用。除特殊情况外,在找到水源前绝不要把水饮尽。

(2) 野外取水后,有条件务必使水煮沸后(煮沸 5min)再饮用。

(3) 有条件的可以带过滤器和净水药片以替代无法加热的情况。

(4) 在缺水地区长时间活动,应学习其他野外采水方法。

七、徒步穿越运动的生火方法

徒步穿越在丛林、荒漠中取暖御寒、煮水烧饭、防兽,火是离不开的。出行时要携带一种或一种以上的火源,如打火机、火柴、火镰等。有条件最好携带野营炉头、气罐或者燃料罐。在营地生火时要留意营地是否是禁火区,不要为了生活需要而违规。生火前先准备些干燥的细柴火(比筷子略细),放在用石头堆好的灶底,再往上面架粗的柴火,点燃细木用嘴使劲吹,就可以把火吹燃。当下雨或柴禾较湿时,可劈开粗木从中间取干木,砍细后做引火柴。

八、徒步穿越运动方向的辨别技巧

在徒步旅行前尽可能地搜集活动地区的地图和相关资料,对将要出现的较大转向和明显的标志物做初步了解。读懂地图以及根据地形制图只是探求未知之路的开始。你必须懂得如何去理解大自然为你提供的各种信号和迹象。仔细选择地图,确信它们会给你提供有用的信息。不过现在的科技时代,为人们的出行提供了很便利的条件,许多人出外旅行都带 GPS,可准确地判断方向,不过学会读懂地图、使用指南(北)针及手绘地图是最基本的户外常识。

(一)徒步穿越提示

(1)携带较准确的指北针和海拔表(有的地区很需要)。

(2)携带并保护好地图和资料。

(3)带记号笔和扑克牌,以备迷路时作为路标记号用。

(4)如对穿越地区所知资料甚少、条件又较复杂时,最好请走过的人同行或找当地向导带路。

(5)有条件的一定要带上 GPS。

(二)常见 GPS 的几项指标说明

(1)Good in Tree Cover:树木会挡住 GPS 卫星的信号,早期 GPS 最常见的毛病就是在密树林下工作不正常,故有此项。

(2)Max of Satellites:最多能搜索的卫星数,越多定位越精确。共有 24 颗 GPS 卫星环绕在地球周围,因地球的遮挡,最多同时看到 12 颗。

(3)Of Parallel Channels:最多同时接收到的卫星数。每颗卫星工作在不同的频率,低档 GPS 次数会比 Max of Satellites 小,串行扫描完各 Satellites。此值与定位速度和精度都有关。

(4)Acquisition Time:分为 Warm 和 Cold 两种,若 GPS 开机时,临近其上次关机位置或是给定了一个临近位置,那么它能较快搜索到卫星信号并定位,这叫热启动;否则将花费较长时间,叫冷启动。

(5)Internal Back-up Battery:有此功能可保证更换电池时不丢失存储数据。

(6)Accuracy(no SA):GPS 精度都会标 SA 关闭时的值,实际上 2005 年前一般不会关。SA 开时一般精度在 100m 左右,大约一个足球场的大小。

九、徒步穿越运动的旅行记录

喜欢户外活动的人都有一个习惯,就是把自己的旅游过程用一种方式记录下来,从中可以了解自然,享受乐趣,这就是旅行记录。

旅行记录就是把自己在旅途中每天的行程计划、所见所闻记录下来,以指导后来者,或写相关的游记、报道或为他人提供相关的旅行资讯。

旅行记录可以用文字、图片或摄像以及其他的方式记录下来,单一的记录方式会使记录显得不完整,所以建议最好是用文、图结合的方式来记录。

文字:可以记录每天的行程情况,比如时间、路线、住宿、饮食、遇见的人或事等。

图片:可以记录每天的所见,比如景色、人物、民俗等。

摄像:可以完整地记录每一天的旅行情况,声、色、景兼有。

第五节　徒步穿越运动的装备和器材

天有不测风云,出门旅行的装备最好能防水透气,尤其是在雨季或多雨地区。长时间的穿越,若防水准备不充分可能会遇到极大的麻烦,如无干燥衣物可换,相机、电池、食物等物品遭打湿破坏。因此,在出行前要对活动地区的气候做些了解,并做好相应准备。

一、帐篷

(一)帐篷的选择要素

帐篷是露营的基本装备,主要功能是防风、防雨、防露、防潮,为野营提供一个相对舒适的休息环境。选择帐篷应着重考虑以下要素。

(1)一般的郊游:以轻便,支搭容易,价格便宜为原则,以圆顶形为主,重量在2kg左右,以单层为多。其防水、抗风、保暖等性能是次要的,适合一般的小家庭旅游。

(2)山间旅行:首先,要具有一定的防水、防雨、抗风和保暖性能;其次,考虑价格、轻便及支搭方式问题。以双层三角形为主,重量3~5kg。适合广泛的山间露营和四季旅行。

(3)探险:首先要考虑的是保暖、抗风、携带及支搭方便等性能,其次才是价格因素。这类帐篷性能好,价格也贵,重量在5kg以下,适合于比较恶劣的自然条件下使用。

(4)其他用途帐篷:为适应各种环境的需要及使用,还有其他一些类型的帐篷。如钓鱼帐篷,半圆型,用于遮阳和临时休息。

(二)帐篷的材料与性能要求

帐篷质量的好坏固然是一个因素,但材料的选用是最为重要的因素。材料可以分为面料、里料、底料、帐杆、地钉、防雨布料等。

(1)面料:一般来说,同号的面料、密度不同,因而抗拉度和防水压力也各不相同,不同的面料相比,尼龙绸薄而轻,适合登山和徒步野营。

(2)里料:帐篷的里料(内帐材料)通常用透气性能良好的棉布式尼龙绸。从使用角度来看,尼龙绸性能优于棉布。在野外露营,帐篷极易吸收潮气,棉布晾晒不当易霉变,尼龙绸则易干且不易发霉。

(3)底料:帐篷底的主要功能是防水、防潮、防尘。底料的选择决定帐篷的档次,底料一般应具有坚固性、耐寒性、耐磨性等。

(4)帐杆:帐杆是帐篷的骨架。材料的好坏影响着帐篷的寿命和使用的稳定性。现在常用的帐杆多为铝合金材料,用强度高的合金管连接帐杆,不仅强度高,而且质量轻、回弹力良好;高档次的帐篷则选用宇航铝材制作帐杆,使各种性能达到最佳。

(三)帐篷的搭建

篷址的选择:帐篷的支撑应选在比较平坦的地段,出口应背风,地面应相对干燥,若有薄草更佳,如有坡度,出口应向下坡处,这样便于挖沟排水。

帐篷的支撑与固定:帐篷铺开后应先固定内帐四角,并用地钉固定,如有条件,帐篷底可垫地席,这样既可保护帐篷底,还可以达到最佳的防水效果。支撑外帐时,蓬杆连接可略靠外部,特别注意要拉紧牵绳,使外帐绷紧,以利于防水。同时地钉固定时应倾斜30°～45°。

帐篷外的排水沟渠:野外露营,碰到下雨是难免的,因此每次出外露营都应事先挖好排水沟,挖时沿着外帐边,这样有利雨水排出。

常见的帐篷搭建方法有以下2种。

1. 三角形帐篷

双层的三角形帐篷在支搭上较为复杂,步骤如下:

(1)将帐篷内篷平铺在地,展平并沿底边钉下地钉。

(2)从帐篷内将两节支杆支起,套上隔离管,再套入横杆。

(3)罩上帐篷外套并将外套的拉钉打下,使全部外篷绷直。

(4)将防雨小帽套进支杆端,套上抗风拉线,完成。

注意:三角形双层帐篷内外帐间有一空间,应当保持这一空间,不要使内外层"粘"在一起,这个空间能起到防雨、保暖的作用。

2. 圆顶形帐篷

圆顶形的帐篷支搭起来比较简单,步骤如下:

(1)将帐篷平铺在地,钉下四角(有些是六角)的地钉,也可以绷上帐杆后再钉地钉。

(2)将两组(六角圆顶的为3组)帐杆结起来,如果帐杆是散件,则需要按使用说明书组合衔接起来。

(3)将帐杆穿进帐篷的支套内,两组的各一端插入套孔内,两组杆的另一端同时用力绷起,绷紧后也插入另一个套孔内。

(4)提起帐篷抖成形即可平放在地上打地钉,有外套的套上外套或防雨罩。

(四)帐篷的维护与保养

帐篷的清理维护,关系到帐篷的使用寿命,也直接关系到以后的使用。

(1)清理帐篷底面,擦净泥沙,如有污染可用清水轻微擦洗。

(2)晾晒帐篷内外帐,干后再收起来。如果来不及将帐篷晾干,切记一定不要长时间存放,以免发霉变色。

(3)清理帐篷杆的泥沙。

(4)检查帐篷附件的完好程度。

(5)不宜用洗涤用品清洗,以免影响防水效果。

二、背包

(一)背包的选择

(1)根据装载物品的数量选择背包的容积。

(2)根据背包的用途选择背包的类型。

(3)根据身材选用背负系统的尺码。

(4)不可忽视材料的质量。

(5)良好的结构和设计是背包优越性能的保证。

一个好的背负系统应该不妨碍身体的自然运动,并且能够把负载均衡地传递到臀部,即人体的重心上。

（二）背包的背法

(1)背包重量：如果超过10kg是无法长期行走的。肩带要牢固、紧贴身体将背包背起，背包和身体背部如果有距离，则表示肩带过于松弛。这种背法虽然手很轻松穿过肩带，但走久后，身体便被往后拉，肩膀会发痛。肩带要紧贴身体，让背包成为身体的一部分，才不会觉得负担很重。

(2)大型背包要加腰部皮带：任凭力气再大的人，携带重物长期走路总是很辛苦。尤其是若在野外过夜，行李会增加不少重量。为了减轻身体的负担，除了使用肩带，附加使用腰带可让腰部分担一部分重量，不要让重量过分集中于肩部。

(3)试背背包：背包装好东西后，要试背走走看，检查背包是否紧靠背部、有没有硬的东西顶着背部发痛、里面的东西是否稳固、会不会常移动摩擦背部。由此可知，靠近身体背部要装平坦又柔软的东西作为缓冲，例如塑料袋、报纸、布类，也可以插入一块三合板。

(4)背包的装法与重心调节：有人认为背包里的行李，轻的东西放上面，重的东西放下面。事实上刚好相反。把重的东西放在下面容易往后倒。登山时，身体自然向前弯，如果重的东西在上面，脚步容易踏稳，可感觉到东西的重量；反之，则会觉得脚步沉重，身体往下拉。在处于有利地形时，应将背包的重心移到上部；而处于较为不利地形时，应将背包重心移到中部。一般装载物品的顺序自上而下为：给养、饮料、较重设备、较轻设备、睡袋及衣物，背行者在使用中尽可体会。

三、服装

户外服装主要讲究的就是防水、防风、保暖、透气。另外，对耐磨性能也要求比较高。正是因为户外运动对服装的这些特殊要求，户外用品厂家在设计服装时就不断尝试新的材料。尤其是近40年来，对特殊化学材料的运用促成了户外运动的技术革命。

（一）户外裤子的选择

宽松的牛仔裤可以满足一般的远足。目的地天气情况复杂的，最好买一条防水裤。最好买那种侧面全拉链的，这样可以随时根据天气变化穿、脱。一般好的外套在易磨损处都采用耐磨材料，与冲锋衣的设计都大同小异，但好的品牌在细节方面做得更好些。

检验防水透气的方法：材料是否真的属于防水透气型，一般来说可以当场测试防水性，注意看接缝处是否漏水。因为新衣服外层都经过DWR防水胶处理，一个明显的特点是不沾水。即使你拿到水管底下冲上几分钟，或者做个水窝等上几分钟，甚至用手去压水，里面也不会湿，面料外层也不会沾水。透气性可以通过热水测试。倒半杯热水，将衣服里侧罩在杯口，用一块玻璃压在衣服外侧，看是否有水蒸气。

叫得响的品牌多是靠赞助探险活动而出名的。它们的优势在于那些探险运动员可以为它们提供直接的反馈，这样有利于厂家改进产品设计。

（二）登山鞋选购

不同环境，选择不同的鞋。一双好的登山鞋是你远征的基本保证。它应具有防水、防震、耐磨、防滑、保暖、透气、保护足弓等性能。以下的几个登山鞋选购的小贴士可以令你少走些弯路。

(1)最重要的是看鞋底，好的鞋底做工考究，通常分外底和内底。外底通常用比较好的硬橡胶底,强度好,耐磨,弹性好,使登山者在光滑的草地、泥泞的沼泽及雪地上不易滑倒。内底也有几种,有发泡材料的,弹性好,但是强度不好,还有用弹性橡胶的,较重,强度好,两种各有利弊,通常用途不同会有不同的选择。鞋底除了材料外,上面的纹路也很讲究,根据用途的不同(登山、健行、丛林或沙漠穿越等),有不同的结构。

(2)看鞋面用料,一般由皮革和尼龙等人造材料制成。皮革和尼龙材料制成的登山鞋重量轻、透气性好,但防水性较差,不耐穿。传统的登山鞋是用皮革制成,防水性好,牢固,但比较重,透气性差一点。好鞋子的皮革质量绝对好,手感好,结实,不发硬,通常采用油浸处理,有一种淡淡的光泽(增加防水性),脏东西用水擦擦就可以了,一般用鞋蜡保养。选择鞋面缝线尽量少的登山鞋,在鞋子受冻和受潮后仍能穿脱自如及避免雨水渗进。

(3)除了外底和内底,鞋子里面的鞋垫通常用发泡材料制成,所以非常有弹性,与一般的鞋比较就不难发现个中差别。买登山鞋主要都是讲究实用,所以内在质量最重要。

(4)通常新款的鞋子在生产商的网页上都有,可以去看看,确定有没有这个型号。

如果按照上述方法,多半可以挑到好鞋。但是这种鞋子可遇不可求,不是想买就买得到的。另外,就是要注意各个牌子的鞋子尺码不尽相同,最好试穿并走一走看是否合脚。进口牌子的登山鞋多属狭长型,这是依照欧美人的脚型设计的,对于大部分东方人都不适合。合适的登山鞋穿起来脚跟和鞋跟刚好吻合,脚趾有足够的活动空间,系紧鞋带站立在15°的斜坡上,当脚板往前滑时不应该挤压到脚趾。购买时建议买大一个码数,鞋子太小会影响血液的循环,造成足部冰冷,甚至冻伤;太大则会摩擦过度而起水泡。长时间徒步,脚会略微肿胀,所以在傍晚试穿新鞋最好。

(三)腰包

腰包就是为城市休闲和长途旅行设计的,既可以把它当作一个时髦的装饰品,同时它实用的功能也可以作为长途旅行中最小巧的背具。一般腰包正面有一个2L的大包,两侧面带一个小袋,有的设计成可以放钱包、证件,有的设计成可以装水瓶等,或两侧各有一个水壶袋以及一个杂物袋,另外还有的带一个背带,可以作为单肩背的小包,同时它的腰带可以收起来。

大包里物品取决于个人需要,可以是常备的,如护肤用品、眼镜、笔记本、证件、小刀等。

(四)睡袋

睡袋在野营中的主要功能是保暖。睡袋最主要的指标是温标,也叫舒适低温。舒适低温指外界气温降低到某一温度时,大多数人使用睡袋感到舒适,如果温度再降低,就会感觉寒冷。

1. 睡袋的标识方法与质地

舒适低温在睡袋上有2种标识方法:一种是标明一个绝对温度,比如-10℃,表明该睡袋的舒适低温是-10℃;一种是标明温度范围,从红色过渡到绿色或蓝色,比如红色从5℃开始,到0℃时过渡为淡绿色,在-5℃时过渡为深绿色。这种温度表示的意义是:5℃偏暖,0℃适宜,-5℃时感觉很寒冷,这个睡袋的舒适低温是0℃。

需要说明的是舒适低温仅仅是一个相对概念,这个温度只具有参考意义。

我们可从这几个因素考察睡袋:填充物的种类、质地和重量;内外面料的质地;功能设计;包装和辅助配件。睡袋填充物主要有两种:羽绒和化纤棉,此外还有单层的抓绒睡袋。羽绒又分为鸭绒和鹅绒,同等条件下鹅绒的保暖程度稍高于鸭绒。

羽绒主要有3个性能指标:①填充重量,比如400g鹅绒睡袋,1100g鸭绒睡袋,这个重量不是说睡袋重量,而是指填充羽绒的净重量;②含绒量,羽绒是由羽片和绒毛组成的,羽片有支撑作用,保暖主要来自细绒。含绒量用百分比表示,如 80 绒表示 100 重量单位中绒的含量是 80 单位;③膨胀度,膨胀度是指 1 盎司(1 盎司=26.3495g)羽绒在 68.4 克压力(1 克压力=0.67N)下有多少立方英寸(1 立方英寸=1.64×10^{-5}m^3),羽绒的膨胀度越高,绒的保暖性能越好。

对比羽绒和化纤棉两种填充物,羽绒保暖程度更高,在同等保暖程度下重量可以实现最轻;化纤棉保暖程度相对低,包装体积大,可压缩性差;羽绒贵,化纤棉便宜;羽绒潮湿会丧失几乎全部的保暖能力,而且不易干。所以,严酷登山环境下往往使用有防水透气性能的材料做羽绒睡袋的外料,化纤棉有一定的防水性能,湿后保持一定的保暖性能,而且晾干速度快;羽绒制品的使用寿命很长,良好保养可使用 10 多年,而化纤棉睡袋的寿命不过 3~4 年。

抓绒睡袋使用抓绒缝制而成,可以单独作为夏季睡袋或卫生睡袋。也可以配合其他睡袋在冬季使用,以增强保暖效果。根据经验,一个舒适低温为-3℃的睡袋,加抓绒睡袋后保暖效果可达-10℃左右。

睡袋的内外面料:普通棉睡袋使用涤纶或尼龙材料,涤纶尼龙布又有密度和质地的差异。羽绒睡袋对内外材料的要求很高,最少要 230T 以上密度的尼龙材料才能防绒。很多国产尼龙布密度不够,不能防绒,生产商采用加涂层的办法防绒,这是很不科学的做法。因为羽绒睡袋的内外料需要有良好的透气性,否则散发的湿气会聚集在睡袋里面,使羽绒的保暖性大大降低。高织纯棉或涤棉也能防绒,但重量大,压缩性差,一般不适用于高端睡袋。

2. 睡袋的功能设计

睡袋的设计也很重要。先说外形,常见的睡袋有 3 种形状,即木乃伊式、信封式、混合型。睡袋的其他功能设计:双拉头的拉链、拉链防夹带(拉链内侧一层薄而硬的 PP 带,防止拉链卡布)、拉链防风夹层(拉链内侧的棉质防风夹层,防止冷风从拉链进入)、胸领(或叫隔断领,收紧领,收紧后可防止冷空气从脖颈进入口袋)、左右拉链的设计(同款型的睡袋分左右拉链,可以拼合成双人睡袋)。睡袋的尺寸有 L(大号)、M(中号)、S(小号)等不同号码,以方便不同身高的人士。

(1)木乃伊式:木乃伊式又叫妈咪式,这种睡袋肩宽脚窄,肩部宽度一般 75~85cm,脚步宽度 45~55cm。木乃伊式睡袋是同样重量下能够达到最好保暖效果的睡袋形状,适合寒冷季节使用。

(2)信封式:信封式睡袋顾名思义,肩部和脚部一样宽,像个信封,这样的睡袋比较宽松,适合夏暖季节和体形宽大的人士。

(3)混合型(小方帽式):混合型睡袋是前两者的结合,脚部宽度在 55~65cm。现在国际流行的睡袋是小方帽,人体流线型(最宽的部位不在领口,而在肩肘部)。以前的大圆帽既增加重量,又不利于保暖。

睡袋的包装和辅助配件:睡袋包装以牛津布压缩袋为最好,可大可小,结实耐用;睡袋的辅助配件主要是拉链、扣子和绳子,选择睡袋一定要选择拉链质量可靠的睡袋。

3. 如何选购、使用和保养睡袋

选购睡袋前,请问自己这样几个问题:我准备在怎样的低温环境下使用睡袋?我个人的抗寒能力如何?我是不是很在乎重量?我准备花多少钱?回答完上述问题后,你就有了基本的选择范围,然后选择有信誉的商家咨询选购。

使用睡袋时,有几种方法可以提高保暖程度:

(1)配备一条质量较好的防潮垫,这一点非常重要,常野营的人都有体验,如果寒气从地下直达背部,那种寒冷是难以承受的。

(2)有条件的话睡前喝杯热饮料,牛奶、果珍都可以,使身体发热。

(3)睡袋保暖尤其重要的是要把领口扎严,以防止半夜气温下降后,热量散失。

(4)穿一套长的保暖内衣和干净袜子会非常有效。

(5)当睡袋保暖程度不够时可以穿更多的衣服,或把衣服和其他物品覆盖在睡袋上。

(6)和更多的人挤用一个帐篷。

(7)在保障安全的情况下,在帐篷中点汽灯或烧炉子。

(8)生堆火。

睡袋的保养:无论是羽绒睡袋或化纤棉睡袋,在长时间不使用的情况下,尽量以宽松自由的状态保存,以保持羽绒和棉花的本性,延长使用寿命,尤其是羽绒睡袋,尽量保存在专用的羽绒睡袋存储袋里(宽松透气的棉质袋子)。睡袋作为贴身的卫生用品,尽量避免相互借用。

化纤棉睡袋和抓绒睡袋都可以直接洗涤,如果洗衣机够大的话也可以机洗。晾晒时尽量平铺或多处挂搭,以免过度下垂。羽绒睡袋的洗涤方法:根据羽绒专家的建议,羽绒睡袋4年左右清洗1次即可。使用寿命10～12年,可清洗3次。如果不太脏,可简单清洁,如用毛巾蘸汽油清洁表面材料即可。

户外运动中睡袋经常会比较脏,可增加清洗次数。清洗方法为:手洗用专用的羽绒洗涤剂浸泡,漂洗干净即可,不要过分揉搓,不要绞拧;如果想机洗,请交给专业的洗涤公司;清洗后风干或晾干,确认干燥后轻轻拍打,待其自然膨胀后存入睡袋存储袋。

羽绒睡袋洗涤忌用碱性洗涤剂,忌绞拧,忌用火烤烘干。羽绒睡袋可和棉质的睡袋内衬共用,以减少洗涤机会,同时棉质睡袋内衬有帮助吸汗的作用。

第七章 自行车运动

第一节 自行车运动概述

一、自行车运动的起源与发展

自行车运动起源于欧洲。1800年,俄国乌拉尔地区维尔霍杜里叶村的一个农奴工匠叶菲姆·米赫耶维奇·阿尔塔蒙诺夫用铁制作了一辆脚踏车。车的前轮较后轮大,脚蹬在前轮轴心上,车把与车叉都是直的。他骑这辆车,从乌拉尔的维利赫杜耶城到莫斯科,然后又返回原地,往返路程达5335km。这是世界上第一辆自行车,至今仍陈列在俄罗斯达吉里市的博物馆里。

1808年,在法国巴黎的大街上出现了第一批木制的脚踏车,构造很简单,两个车轮中间横着一根结实的木梁,人坐在横梁上,靠两脚交替向后蹬地,产生反作用力,使车轮向前滚动。这种车不能拐弯,只能在平地上直行,若要改变行驶方向或遇到障碍只得搬着它过去。

1818年,在英国、德国也相继出现了脚踏车,它是按照德国机械师德拉依斯的设计加以改造制成的。车的前轮上装有车把,骑行时可以随意转弯。

1865年,法国的马车制造工匠米邵和他的助手拉尔曼又加以改进,在前轮上安上了脚踏,这样才改变了用两脚蹬地前进的状况,骑在上面踏着脚蹬就可以向前行驶。但车身笨重,座位有一人高,上下车很不方便;车把不灵活,也没有车闸,快速行驶时要费很大劲才能将车子停住;遇到上坡前轮就不会转动。然而,这种以车代步的简单交通工具,颇受群众喜爱。发明家根据拉丁文"快"和"步行"两个词的意思,给这种车子取名为"自行车"。

到19世纪末,自行车经过不断地改进,传动装置有了新的突破,车架上出现了中轴、链条、飞轮。英国人邓禄普又将原来的实心车胎改为充气胎,使自行车的骑行速度以及坚固性有了很大的提高。欧洲工业革命高潮的到来,有力地推动了科学技术的发展,也促使了交通运输工具的更新,各种机动车辆相继问世。当时在处于经济文化生活发展较快的欧洲,自行车仍以它不受道路、能源等条件的限制,使用方便,又能锻炼身体等优点受到人民的喜爱,并将自行车列入了体育竞赛项目。于是,自行车运动便在欧洲逐渐开展起来。

1883年7月,在莫斯科的赛马场上,举行了世界上第一次自行车比赛,引起了人们的极大兴趣。1893年在第1届奥运会上,自行车运动被列为主要比赛项目之一,此后,历届奥运会均有自行车项目的比赛。其中1000m计时赛与4000m团体追逐赛,从1920年第7届奥运会开始,一直沿袭至今。

自行车运动被列入奥运会正式比赛项目后,受到各国的重视,赛事日益频繁。为了搞好组织竞赛工作,推动自行车运动的发展,1900年国际自行车联合会在法国巴黎成立。接着,欧洲许多国家纷纷成立自行车俱乐部,加强了国际间的竞赛交往,进一步普及了自行车运动。

1903年,由法国著名自行车运动员亨利·德格朗热发起,举行了第1届环法国自行车赛,共有60名运动员参加,总距离为2428km。环法自行车赛是沿着呈六边形的法国本土骑行一周。迄今为止,已举行过94届比赛,其中以1926年的比赛距离为最长,达5747km,现在一般情况下,距离不超过4000km。

除奥运会比赛外,还有由国际自行车联合会主办的一年一度的世界自行车锦标赛,而业余选手的世界公路自行车锦标赛则始于1921年。个人赛的距离最多是200km,一般是160～180km。1965年的圣塞巴斯干会议决定,国际自行车联合会发展为两个国际协会,即国际职业自行车协会(总部设在比利时布鲁塞尔)和国际业余自行车协会(总部设在意大利罗马)。此后,在每年举行的世界自行车锦标赛中,业余和职业自行车运动员可分别参加比赛,不久又增加了世界青少年自行车锦标赛。目前,世界各国自行车运动员正在蓬勃壮大。

自行车运动是国际上开展较普遍的运动项目之一。除历届奥运会举行自行车项目的比赛外,还有一年一度的世界自行车锦标赛和洲际自行车锦标赛。

运动员要骑特制的赛车参加比赛。赛车的车轮钢圈、车架、把手等部分采用轻金属制成。全车重7.5～9kg,行程距离(中轴旋转一周的车前进行程)6～8m。车把伸至车前,运动员骑行时身体前俯,背呈拱形,以减少阻力,便于发挥脚蹬力量。

奥运会的自行车比赛分公路自行车赛和赛车场自行车赛两种。公路自行车赛的项目为100km团体赛和170～190km个人赛;赛车场自行车赛则是在专门供自行车比赛的赛车场内进行。赛车场的跑道呈椭圆盆形,弯道坡度一般在35°～45°之间,赛场圆周为333.3m,比赛项目有1000m计时赛、1000m争先赛、4000m个人追逐赛和4000m团体追逐赛。

自行车运动对增强体质,锻炼耐力,培养勇往直前的顽强意志,有着良好的作用。

二、自行车运动的健身特点

(1)全时间:在一天24h中的任何时间都可以利用自行车进行身体练习,昼夜影响较小。
(2)全天候:在任何气象条件下自行车都可以进行不同程度的身体练习。
(3)全地点:在任何道路条件下自行车都可以进行身体练习。
(4)全运动量:利用自行车可以进行小运动量、中运动量和大运动量的身体练习。
(5)全年龄段:从2～3岁的小孩到70～80岁的老人,几乎都可以利用自行车这一运动工具进行身体练习。

故而,自行车运动被人们称之为"五全"大众健身运动。

第二节 自行车的骑行技术

一、自行车的骑行姿势

运动员要想在比赛中创造良好的成绩,首先要掌握正确的自行车操作姿势。轻松自如的操作,可降低能量消耗,避免不必要的肌肉紧张,保证力量和技术得到充分发挥。

正确的骑车姿势：上体较低，头部稍倾斜前伸；双臂自然弯曲，便于腰部弓屈，降低身体重心，同时防止由于车子颠簸而产生的冲击力传到全身；双手轻而有力地握把，臀部坐稳车座位。

正确的骑车姿势在相当大的程度上取决于车辆的尺寸、车座和车把的位置、运动员的身材大小及身体各部分的结构。影响骑车姿势的因素可分为车的因素和人的因素。车的因素有车架大小、车座高低与前后、车把倾斜角度和把立管长度等5个方面。人的因素涉及到腿长、臂长和躯干长度。腿的长度决定车架的高低；躯干长度和臂长的总和决定车架的长度。曲柄的长度则与训练、竞赛场地有关。坡度大、弯道多的路面需要曲柄短些，反之，曲柄可长些。

为了保证正确的骑行姿势，运动员必须根据自己的实际情况，做好车辆的选择、车座的选择、车座的调整和车把的调整。以下为人体各部位和自行车各部位的测量参数。

1. 人体各部位的测量

(1)上肢长度：从肩峰端到手握拳后第三手指关节隆起处的距离。

(2)躯干长度：从胸骨顶端到耻骨联合下端。

(3)下肢长度：从股骨头大转子到足跟底部。

(4)脚长：从脚趾前端到脚跟后。

2. 自行车各部位的测量

(1)车身长度：由把立管中心点到车座管中心点。

(2)车架高度：由车座处三通中心点到中轴的中心点。

(3)曲柄长度：由中轴中心到脚蹬轴中心点。

(4)脚套长度：由脚蹬轴中心点到脚套前端内边沿。

二、车座的选择

自行车运动员能平稳地骑行前进，是依靠车把两端和车座3个支撑点形成一个平面来维持平衡的。在这3个点中，车座是主要支撑点，它承受着大部分身体的重量。为了充分发挥踏蹬技术，运动员的坐骨结节需要支在车座上，所以，必须根据个人骨盆解剖构造来选用适合的车座。坐骨结节间距离宽的可选用宽车座，坐骨结节间距离窄的可选用窄车座。如果坐骨间距离宽而选用了窄车座，车座就会嵌入坐骨之间，使坐骨神经和肌肉过度紧张，破坏骑行姿势和正确的踏蹬动作。

车座的选择还要考虑到骑行距离长短和运动强度大小。赛车场距离短，强度大，骑行时肌肉、神经高度紧张，可选用窄车座。公路训练和竞赛，骑行时间长，可选择与坐骨接触面较宽的车座。女运动员由于生理特点，无论公路与场地，都应选择较宽而柔软的车座。男女运动员选用的车座平面都要绷紧，不能有明显的凹凸现象，以免影响正确的骑行姿势。

三、车座的调整

车座前后的调整：先将车座固定在水平线上，然后再调整车座前后。根据运动员大腿长度，把座子前端调整到中轴垂直线后2～5cm处。若大腿长，车座应多向后移动；若大腿短，车座稍向前移动，但车座前端一般不超过中轴垂直线后2cm。

车座高低的调整：运动员坐稳车座后，用脚跟蹬住脚蹬，当脚蹬到最低点时，腿应正好伸直，既不感到过分伸脚，也不使膝关节有弯曲。

调整好的车座，应使运动员在踏蹬中，踏蹬到曲柄与地面平行的位置时，膝关节垂直线能正好通过脚蹬轴的中心。踏蹬到最低点时,膝关节能稍有弯曲。以利肌肉在紧张之后可得到暂时休息。经过几次骑行检验,如感到用力合适,就可固定下来。车座固定后,要把有关的测量数字记录下来,作为以后更换车座或车辆时的依据。

四、车把的调整

车把的调整对调整骑行姿势很有意义。车把的宽度应与运动员的肩宽大体相同,一般为38~41cm。如果宽于肩,会增加风的阻力,窄于肩,胸腔会受到挤压,影响正常呼吸功能。车把的高度,应根据运动员上体尺寸和臂长来决定,并注意专项的特点。公路运动员用的车把可略高些,场地运动员用的车把可稍低一些。合理的车把高度是使公路运动员的上体角度(即通过髋关节的水平线和髋关节中心至颈椎中心连线)保持在35°~45°之间;场地运动员的上体角度保持在20°~30°之间。把立管的长度,最好是当运动员踏蹬到曲柄与地面平行的位置时,肘关节与膝关节能稍稍相碰。

车的各部分间距调好后,不要轻易改变,特别是在比赛前不宜变动,否则,会破坏已形成的动力定型,影响运动员在比赛时发挥正常水平。

正确骑行姿势的形成,要通过专门训练,每次训练课都要严格要求,不论高速骑行或是终点冲刺,都要保持正确的骑行姿势,万不可忽视。

五、自行车的踏蹬技术

踏蹬动作是自行车运动中关键的技术动作,也是最复杂、最难掌握的动作。良好的踏蹬技术可使运动员以最小的能量消耗得到尽可能大的功率,达到高速度。为此,自行车运动员一定要在改进踏蹬技术上狠下功夫。

(一)踏蹬动作的用力分析

踏蹬动作是周期性运动,即在一个固定范围内,以中轴为圆心,以曲柄为半径,重复地进行运动。每踏蹬一周可分为4个阶段:第一阶段,上临界区(上死点);第二阶段,工作阶段(用力阶段);第三阶段,下临界区(下死点);第四阶段,回转阶段(放松阶段)。

沿着圆周进行踏蹬的力量都是通过切线来传递的,踏蹬到每个阶段时,肌肉用力各不相同,两只脚交替进行踏蹬,当一只脚处于回转阶段时,另一只脚已进入用力阶段。踏蹬到上下临界区时,应尽量使肌肉放松,并尽量缩短在临界区停留的时间。

用力阶段是踏蹬的主要阶段,运动员在这个阶段内使用的踏蹬力是自行车前进的主要动力。因此,要把力量充分、合理地运用在这个阶段。这个阶段内踏蹬力量愈大,车子前进速度就愈快。

回转阶段叫放松阶段。这段时间里一只脚踏蹬做功,而另一条腿主动向上抬起,不能给脚蹬任何压力,并利用抬腿短暂的一瞬间让肌肉放松一下,以便把力量集中起来用于做功阶段。有时需要采用"提拉式"踏蹬,即利用抬腿动作给脚蹬以拉力,以加大另一只脚做功阶段的踏蹬力量,达到取得更高速度之目的。

(二)脚掌在脚蹬上的位置

脚掌应平稳地踏在脚蹬上,脚蹬应在脚掌中部和脚趾之间,也就是脚掌正好踏在脚蹬轴上,脚掌的纵向与脚蹬轴保持垂直。鞋的前端可伸出脚蹬5~7cm(根据脚的大小决定)。鞋卡子的位置应正好卡在脚蹬框上。鞋卡子要钉正、钉牢,皮条系紧。加强在用力时两脚的有机配合,帮助运动员正确地完成踏蹬动作。

(三)踏蹬方法

自行车运动的踏蹬方法有自由式、脚尖朝下式和脚跟朝下式 3 种。

1. 自由式踏蹬方法

目前,一些优秀运动员大都采用自由式踏蹬方法。这种踏蹬方法,就是脚在旋转一周的过程中,根据部位不同,踝关节角度也随着发生变化(图 7-2-1)。脚在最高点 A 时,脚跟稍下垂 $8°\sim10°$,踏蹬力量是朝前下方;用力逐渐加大到 B 点时,脚掌与地面成平行状态,踏蹬力量最大;再向下,用力逐渐减小,进入下临界区,肌肉开始放松,脚跟略向上抬起,到 C 点时,脚跟逐渐上提到 $15°\sim20°$;当脚回转到 D 点时又与地面平行,往上行,脚跟又向上提起,重新进入 A 点。自由式踏蹬,符合力学原理,用力的方向与脚蹬旋转时所形成的圆周切线相一致,减少了膝关节和大腿动作幅度,有利于提高踏蹬频率,自然地通过临界区,减少死点。大腿肌肉也能得到相对的放松。但这种踏蹬方法较难掌握。

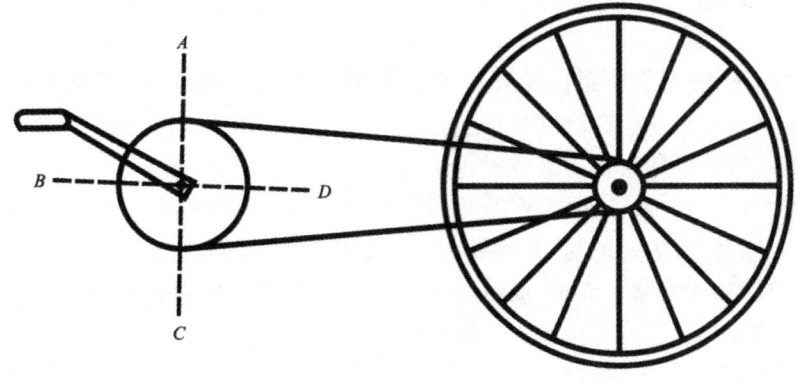

图 7-2-1

2. 脚尖朝下式踏蹬方法

目前不少运动员,尤其是短距离运动员采用脚尖朝下式踏蹬方法。其踏蹬特点是,在整个踏蹬旋转过程中脚尖始终是向下。这种方法踝关节活动范围较小,有利于提高频率,容易掌握,但腿部肌肉始终处于紧张状态,不利于自然通过临界区。

3. 脚跟朝下式踏蹬方法

脚跟朝下式踏蹬方法是脚尖稍向上,脚跟向下 $8°\sim15°$。这种方法在正常骑行中很少使用,只是少数人在骑行过程中做过渡性调剂用力时才使用脚跟朝下式踏蹬方法。它的特点是肌肉在短时间内改变用力状态,得到暂短休息,达到恢复肌肉疲劳的目的。

(四)踏蹬动作的训练

踏蹬动作从现象上看很简单,但要准确掌握,达到动作协调完美,却十分困难,必须反复进行训练。

开始训练时,最好不要用皮条捆脚,传动比要小,速度不宜过快,让运动员用较多的注意力体会踏蹬动作,培养踏蹬"感觉"。经过一段训练,基本上能轻松自如,圆滑有力地进行踏蹬时,可逐渐加快速度,系上皮条进入正常系统训练。训练踏蹬的动作,不论是新运动员还是有训练素养的运动员,都要坚持循序渐进的原则,不要负担过重,更不宜在疲劳情况下训练。同时要注意发展髋、膝、踝关节的灵活性及力量,以助提高踏蹬技术。

踏蹬技术训练,也可以在练习器上进行,其好处是能及时得到教练员和同伴们的指导,能使运动员集中注意力改进踏蹬技术。

六、自行车的跟车骑行技术

自行车运动员无论在团体赛或个人赛中,正确运用跟车骑行技术,是争取胜利的一个主要因素。这是因为运动员跟在别人后边骑行时,可以借助于前边运动员冲破空气阻力所产生的涡流,推动车子前进,从而减少自身体力的消耗。

跟车骑行技术的要领:首先是缩短与前面车的距离,以不影响视线,容易观察前面路面为好。公路骑行,跟车距离一般在15～30cm。同时要注意风向和风力。风从正面迎来,应由一人领骑,其他人在后面排成一路纵队,跟在前车左侧方或右侧方15～30cm处。如风从左方来,可跟在前车右侧后方;风从右方来,可跟在前车左侧后方。如果侧风较大,跟随前车距离要近;如果侧风小,跟随前车的距离可稍远些。在下坡时向旁边骑开些,转弯时稍向后,以免发生事故。

跟车骑行时,头稍抬起,两眼正视前方,余光看到前车的后轮即可。倘若只低头看自己前车轮,一旦前面出现障碍,就有摔倒的危险。当然,在团体比赛中,若无其他车辆,路面平坦,短暂的瞬间低头骑行,使颈部肌肉得到放松也是允许的。

跟车骑行很容易造成两车相撞,多数是后面车的前轮碰上前车的后轮,人车失去平衡而摔倒。出现两车相撞时,头脑要冷静,前面的运动员要继续平稳前进,后面的运动员不要刹车,只要稍微减速即可。如左面撞上前车,应将身体和车子一齐向右歪,同时将把向右转,这样,两车即可逐渐分开。若右面相撞,可向左方做同样的动作。

要掌握娴熟的跟车技术除进行专门训练外,还要贯穿在每次训练课中。开始训练跟车时,跟车距离可稍远些,相距30～50cm,随着骑行技术的提高,不断缩短跟车距离,直到15～30cm。从2人配合练习逐渐过渡到3人、4人配合练习。同时,要专门训练撞车后的摆脱技术,防患于未然。

加强运动员的操车技能训练,提高在各种复杂情况下的应变能力,是预防跌倒的积极方法。由于自行车运动的特点,在激烈的训练和比赛中随时会出现碰撞、跌倒等现象。运动员遇到跌倒时,要沉着、冷静,不要害怕,不要过早撒把,也不可闭上眼睛消极等待跌倒。在身体即将着地时,两脚要迅速从脚套中抽出,要注意保护头部,有意识用肩部和背部着地,做滚翻动作,减轻摔伤程度。

七、自行车的原地起跑技术

起跑技术在各项比赛中都很重要,尤其是在短距离项目里起着决定胜负的作用。

起跑方法分为扶车与不扶车两种。在赛车场比赛中多采用扶车起跑,而在公路成组出发的比赛中则采用不扶车起跑。

扶车起跑的方法:是在比赛之前运动员骑在车上,由裁判员扶住车座后下方,或一只手扶前叉三通,一只手扶车座后下方,维持平衡;运动员在起跑前应先拉紧脚蹬皮条,然后扶好车把,做 1~2 次深呼吸,腰部放松;坐稳,两个脚蹬保持与地面平行,或是踏蹬的第一脚的脚蹬稍高一些,当听到裁判员"预备"口令时,臀部及时、平稳地离开座位,准备起动,但动作不要过猛,防止抢跑犯规;听到出发枪声后,踏蹬第一脚立即做迅速而有力的下踏,但不能用力过猛,避免肌肉过分紧张和不利通过"死点";另一只脚借助皮条和脚卡向上用力提脚蹬,脚尖稍向上抬起,防止脚套拉脱。在左脚踏蹬时,左手用力向怀里拉把,集中使用力量,右手以同样力量向下按车把,两臂弯曲,上体前移,整个身体呈弓形用力。循环至另一只脚踏蹬时,动作相同,方向相反。同时,头部稍稍抬起,注意车子平衡,直线加速前进。起跑到 60~80m 达一定速度后,运动员可平稳地坐到车座上。利用已有的惯性,稍放松踏蹬几下,调整一下因起跑产生的肌肉紧张状态,然后,立即转入正常踏蹬。这里要特别指出,由站立式往下坐时不要向后猛拉车把,防止车子减速。

不扶车起跑的方法:在出发前,运动员两手扶车,骑在车架上方,一只脚踏上脚蹬,另一只脚踩在地上;当听到出发信号时,用力蹬地使车向前移动,并迅速坐在车座上,套上脚套,用站立式骑行方法加快速度。起动后与扶车起跑技术相同。

第三节　自行车健身自助游指南

近年来,在我国有越来越多的人热衷于长途骑自行车运动健身或是旅游、考察等。自行车运动健身既可以锻炼身体、饱览风景名胜,又可以深入交通不便的偏远地区,深入地考察、体验许多鲜为人知的风土民情。当你要准备骑自行车做长途旅行,但没有经验时,应注意以下事项。

一、行前心理与体能准备

确定旅行的目的和目标,树立坚定的信念,路再长也有终点,无论遇到什么困难,只要坚定地骑下去,就一定能到达目的地。要加强"战前"体能训练,以适应野外生存需要。

二、行前资料与信息准备

首先,要收集、查阅、整理沿途有关的各种资料和相关信息,包括较新版本的地图、交通图,沿途的地理、历史、人文、名胜古迹,气象资料等。其次,根据你或你的团队的体力状况、假期长短、旅行季节等因素制订出详细的旅行计划。一般而言,长途自行车旅行的最佳季节为每年的 5~10 月份为宜。长途自行车旅行最好能结伴而行,但长途旅行人数不宜太多,理想的人数为 3~5 人,且最好有异性同行。人数过多,沿途食宿困难较大,偏远的小地方接待有困难。由于人们之间的性格爱好存在差异,人数过多时很难统一行动。人数太少,安全保证较差。并且万一途中出现特殊情况,人数过少,难以相互照应。另外,人数过少,每一个人的相对负担就会加重,有些物资装备无论一人或多人只需一份,如修车工具、宿营装备等。

三、行前装备的准备

(一)自行车的选择与调试

自行车的选择很重要。由于自行车是旅游中的主要交通工具,所以旅游的成败与自行车的好坏有着直接密切的关系。自行车旅游属于一种体育运动项目,往往需要考核运动速度,所以自行车旅游也可分成普通自行车旅游和特殊自行车旅游。前者选用一般的加重型或标定型自行车,后者可选用特制的赛车、山地车等。特种自行车运动速度快,在不同的路线行驶时,也更加灵活有力。

　　长途旅行,最好选择27英寸(1英寸＝0.0254m)的平把全地貌车,这是专为长途自行车旅行设计的。该车前后均有车架,21速,可载重150kg(含骑行者体重),且车胎可根据路面、载重情况自选,从1.25～1.50英寸(指粗细)都有。这类车目前在国内市场上很难买到,只是私人手里有从国外带回来的。可替代全地貌车的自行车是山地车型的一种(它在设计时也考虑到了长途旅行的问题):26英寸,21速,可载重120～150kg,车带在1.50～1.75英寸之间任选,有后架,可加装前架,水壶架有3个(当然还可加)。如果你要走的是柏油公路,也可用一般弯把27英寸的细纹旅行车,车带宽度为1.25英寸,有后架,骑上它很轻快,适合载物不多的长途旅行。

　　一般自行车旅行是边骑边看,自由自在,速度不是很重要,重要的是方便、舒适。按这个要求调车即可。骑行者正确的车座高度是以骑行者的胯部放在车座中间,用手去摸轮盘轴心部,以摸到为准,车把与车座在同一水平面上为好,高低在半寸之间。检查一下传动是否连贯,前后制动是否灵敏。

　　一般26英寸以下的轻便自行车不太适合于自行车长途旅行。可选用比较老式的28英寸加重自行车。如是新车,在你出发前一定要磨合200～300km,重新全面调整后再上路。如果是旧车,要经过全面大修,特别要对车座进行加工改造。车座不宜太硬或太小,最好加上一个3～5cm厚的海绵坐垫。注意一定要保持坐垫表面干燥且不能有褶皱和缝合接缝,长时间骑行时方不至于磨破皮肤或长痱子。车座不宜太高或太低,以个人骑行舒适为宜。车把基本上应与车座高低相等,高低差距在3～5cm以内为好。还应在自行车前后安装好挂包架,背着背包会非常疲劳和不舒服。最好还应在自行车大梁上安装一个水壶架,以便在骑行中可随时方便取用饮水。另外,在车胎内注入一些补漏剂,一旦车胎被刺破,只需将刺入物拔除,破孔向下打足气,即可自动将破孔堵住,保证继续骑行。出发前,你一定要掌握自行车的调整和修理,包括补胎、更换车条、更换刹车块、修理调整前中后轴、修理飞轮等。

　　(二)骑行服装的选购

　　如果是在夏季或在较暖和的季节骑行,最好能购置专门设计的短骑行服。它具有保温、透气、挡风、防雨等功能。骑行裤内还有真皮垫,防磨且透气。可适应多种气候条件下的骑行。只是价格比较昂贵。如没有骑行服,特别是骑行裤时,可直接穿着有弹力的紧身裤,里面不要再穿着其他服装,并且在经常摩擦的部位涂抹一些能起润滑作用的油脂。夏季骑行应穿着长袖上衣和遮阳帽,以免晒伤皮肤。冬季或在气候较寒冷的地区骑行时,除注意保温外,还要注意防止衣裤或鞋袜过紧而导致血液循环不好,引起冻伤的发生。另外,骑行时不能戴口罩,如果戴上口罩,因呼出的热气会在不知不觉中在口罩外面结成薄冰,造成面部冻伤。冬季最容易冻伤的部位是耳朵、鼻子和手脚,要特别注意这些部位的保温。可采取骑行和推车步行结合的方法,以促进和改善全身血液循环。还要准备一件雨披,雨披除防雨外,还有许多其他用途。

　　(三)其他常备物资的准备

　　为防风吹和小飞虫侵入眼睛,要准备好骑行眼镜。有色的骑行眼镜可防强烈的阳光照射,无色的适用于阴天,还有一种浅黄色的眼镜专门适用于夜间。准备一个小药箱也是必不可少的。常备药品包括治疗腹泻、肠胃不适、感冒、水土不服、消炎、外伤等。如果是夏季还应准备十滴水、风油精、清凉油、痱子粉等。冬季则要准备一些冻疮膏、"寒痛乐"、姜茶等。如是在西北、新疆等地,要多准备一些饮用水(每天需 5~10L)。

四、旅途中的骑行技巧

(一)骑行道路的选择

自行车旅游,对道路要求也比较高。旅游时应选择平坦、易于通行的道路,除迫不得已,应尽量避免去坡道、土道,这对人对车都有损害。因此,只有在土路很明显是抄近,或非去不可的情况下,才能走土路。一般情况下,宁可多走几里,也要避开。俗话说:"宁走十里坦,不走一里坎",这对于自行车旅游来讲也是有道理的。

(二)骑行速度的选择

速度应保持在 15km/h 左右,体力好的可加快到 20km/h。自行车旅游贵在保持速度,选择适当的速度,切忌忽快忽慢、有劲拼命骑、没劲步步停的现象。途中休息也可保持每 2~3h 一次,不要想停就停,应坚持到时间或预定地点再休息。在特殊的道路条件下行车,适当地掌握行车速度更为重要。无论是山间小路,还是又长又陡的下坡道,车速度既不可太快,也不可太慢,应因地制宜选择速度。

骑行速度要根据全队的身体状况、路途远近和假期长短来决定。一般来说,如果路面平坦,每小时骑行 20km 左右;山地或丘陵地形,每小时骑行 10~15km 较为合适。每天骑行的时间,在开始的 3 天到一周内,不宜太长,每天 6~7h,骑行 120~130km 较为合适;身体适应后,每天增加 20~30km,也不会有太大的问题。长途骑行后两脚会充血肿胀。休息时要平躺,尽可能把脚垫高,以促使血液循环。如有坡度不大的斜坡,也可头朝下地躺下休息片刻或把脚放在自行车上休息一下。

掌握骑行速度,并用鼻子呼气、吸气。在干燥地区旅行,可在鼻腔内适量涂一些凡士林油,可避免鼻腔干燥,保障呼吸顺畅。如果需要用口呼吸,那就是强度大了,或是累了。这时应当减速,调整变速器。上坡下坡时,使用变速器不要一下变好几个档位(常见不太会用变速器者这么用),这样会一下子不适应,更累。下坡可放松一下身体,溜下来。如果太陡,速度过快,用后闸制动减速。不是紧急情况,不要一下把车闸捏死,不然外胎损失很大。最后,在做长途自行车旅行之前,最好利用节假日做些一两日之内的短途自行车旅行,以便逐步适应。

(三)不同季节特点的骑行技法

夏季,由于气温太高,白天骑行体力消耗极大,容易中暑,不宜骑行。最好选择在早、晚骑行。如果必须露宿时,应随身带一个防潮垫。换上干燥的衣裤,穿上雨衣,躺在防潮垫上。并且时间不宜过长。切不可穿着汗湿的衣服就地随意躺卧。

在比较干燥的地区骑行时,应在鼻腔内涂抹一些油脂,避免鼻腔干燥,保障呼吸顺畅。夏季骑行时,如感到头晕头痛、全身无力、烦躁心慌、恶心呕吐、舌干口渴、出虚汗、心跳加快等症状,要迅速到阴凉处躺下休息,马上服一些十滴水。等身体恢复后再逐渐活动。切记,不能用扇风法降温。

冬季骑行时,如感到皮肤发痒、红肿、麻木,甚至起水疱时,要尽快用冻疮膏轻轻涂抹并做好局部保温。切不可因发痒而使劲搓揉。

五、骑车旅游中常见病的防治

1. 感冒

症状：鼻咽部发干、发痒、鼻塞、流清鼻涕、咳嗽、咽喉肿痛、头痛、腰酸背疼、疲倦、食欲不振，有的还出现腹泻、便秘、发烧等。感冒分为"流感""伤风""感冒"等。

用药：病情轻者喝感冒冲剂、感冒通、感冒胶囊、银翘解毒丸等药品，重者去医院或就近医疗点就医。

2. 腹泻

症状：这是一种"旅游病"，一般与旅游饮食有关。

用药：呕吐、腹泻的病人应卧床休息，暂停进食6～12h，多喝菜汤和淡盐开水。可服用相关药品，详情服用请遵医嘱。

预防：不吃不洁食品，饮用开水和食用新鲜菜品。

3. 中暑

症状：分为热射中暑、热痉挛中暑。表现为头痛、头昏、耳鸣、恶心、呕吐、烦躁不安，严重者出现痉挛，呼吸及心脏功能障碍。

预防：应尽量避免在烈日下活动，戴上遮阳帽和墨镜。

治疗：用温水敷头，逐步用冷水敷，有条件可采用冰袋或淋浴，轻者服相关降暑药品（遵医嘱服用）或利用刮痧等方法，重者及时送医院。

4. 高山反应

症状：头昏、头痛、心悸、气短，重症者有食欲减退、恶心、呕吐、失眠、腹胀、胸闷、面部浮肿、口唇轻度发绀等。

治疗：多数人休息后即可减轻，较重者，可服相关药剂（遵医嘱），警惕肺水肿和高原昏迷的先驱症状，在急性缺氧时，可吸一些氧气。

5. 创伤

症状：分闭合性创伤、挫伤、扭伤，开放性创伤、擦伤、刺伤、切割伤、裂伤等。

处理：较大的开放性创伤必须请医生进行外科清创术和全面检查。较小的开放性创伤要先用无菌盐水（或就地用净清水）冲洗，将伤口中的异物除去，然后在伤口处涂上红汞，再用无菌纱布覆盖包扎或用胶布将局部伤口黏合。若有外出血和皮下出血，可用手指或敷料压迫包扎止血，并以绷带固定。闭合性挫伤、扭伤可局部外贴多种名目繁多的止痛膏、伤湿膏、消炎膏，进行热敷、理疗、推拿、按摩，还可内服或外搽跌打筋骨药水、药酒、药粉、药丸。

6. 毒蛇咬伤

症状：首先判断蛇是否有毒，若在两排牙痕的顶端有两个特别粗而深的牙痕，说明是毒蛇所咬；若仅是成排的细齿状"八"字形牙痕，说明被无毒蛇所咬。

处理：无毒蛇咬后无需特殊处理，只需用红汞和碘酊药物外搽伤口包扎后即可；若被有毒蛇所咬，则要尽快将肢体用带子在近伤处5cm做环形结扎，每半小时放松带子1～2min，同时设法除去伤口内的毒液，最好用双氧水或0.1％高锰酸钾冲洗伤口，破坏毒汁，亦可用冷开水、盐水或清洁生水代替，冲洗后用消毒的小刀或刀片把两毒牙痕间的皮肤划开，再用手指挤压，紧急情况，可用嘴直接对伤口吮吸，吸后立即吐出并用清水漱口，但有龋齿、口腔黏膜或嘴唇破损者,禁用此法,以免中毒。并尽早用药:内服半边莲 80~90 支,半边莲和雄黄一起捣烂,制成浆状外敷,每日换一次。

六、骑车自助旅游的自我保健

骑车,特别是骑自行车,有其他旅行方式不易遇到的问题,应予注意以下几个方面。

(1)大腿内侧与坐垫摩擦,容易产生表皮擦伤,局部出汗多,易生浸渍皮炎,故骑一段路程后应下车休息、擦干,午间及夜晚到休息地后,将出汗的内裤换去,将会阴部和两腿内侧洗净后擦干,再备些中药松花粉扑上。如已有溃破要按擦伤处理,重者要停止骑车旅行。

车垫长时间顶着会阴部,压迫前列腺、阴囊、尿道等,易使其充血,排尿不畅,细菌易繁殖。故途中约 60min 就应下车休息,使压迫处放松,及时排尿。到住地除一般洗浴清洁外,应将臀部(坐时肚脐以下的位置)浸泡在温水中 10~15min,相当于热敷。

(2)两手紧握车把,以防坐骨、耻骨部神经受压过久后易麻木。故骑车时应戴手套,且以有弹性为好,两手常变换握持角度及方式;坐时也应前后、左右"着力点"变化,有利于改善局部组织的血液循环和使肌肉松弛。

车座要有弹性,车座高度应低于车把(龙头)高度,车座前端略前倾,上面有软性垫物。旅游骑车者不要追求赛车那样以出速度为前提的设计要求,而以舒适、卫生为主。

(3)女性月经期一般不宜骑车长途旅行,如平时有锻炼基础,个人体质情况较好,也不必禁止。

(4)骑车旅行较方便,旅程、景点均可自行安排,可以欣赏到乘飞机、火车、汽车以及团体旅游时不易看到的景观。更可以根据自己的爱好,选择景区及调整停留时间等。骑车旅行还可磨炼意志、锻炼身体,为越来越多的短途自助旅游者所选择。但要量力而行,如果将体力均消耗在骑车上,到目的地已很疲劳,这不可取。

(5)长途自行车旅行时,一定要注意饮食卫生,否则半路病倒,自己遭罪不说,还会连累同伴。

(6)长途骑行,感到身体疲劳,腿脚乏力时要及时休息调整,否则因控制能力下降,容易造成翻车、撞车事故。

(7)长途自行车旅行中保持警惕性,保管好自己的财物、照相机等贵重物品也是非常重要的。由于疲劳、注意力分散等原因,往往容易出现松懈、麻痹大意等现象。一定要提高警惕性,否则可能不仅是造成自己的经济损失,还可能误事。

总之,计划要进行自行车长途旅行时,一定要了解更多的资讯,向有经验的伙伴学习,做到心中有数再上路!

七、自行车活动的目的与安全措施

(一)自行车活动的目的

自行车活动分为运动参与、运动技能、身体健康、心理健康、社会适应 5 个领域目标。自行车活动可以作为实现这些目标的良好运动方式和选择项目之一。通过不同形式的自行车活动,以便接近这些目标或达到如下目的。

(1)心理健康目标:亲近自然。

(2)社会适应目标:贴近社会。

(3)运动技能目标:挑战自我。
(4)运动参与目标:融入生活。
(5)身体健康目标:终身健康。

(二)自行车活动的安全措施

自行车运动由于活动的时候参加人数较多,速度较快,容易发生交通安全事故。因此,在自行车活动中应该采取相应的安全措施。

(1)骑行队形:指参加自行车活动的成员,在活动中有规则有秩序地排列。这种有规则有秩序排列可以显示出自行车活动的团队精神,对活动的安全能够起到保护作用。队形一般可分为骑车队形和停车队形,骑车队形一般分为两路纵队或一路纵队,在道路状况良好的情况下采用两路纵队,两路纵队前排和后排的间隔距离应在 3m 左右,两路纵队的左右间隔距离应在 1.5m 左右。在道路状况不好的情况下应采用一路纵队,一路纵队的前后间隔应在 3m 左右,如遇下坡前后的间隔距离还应加大。停车队形:在自行车活动中常有停车休息的时候,在休息的时候,应该将自行车整齐地停在道路的一边以不影响交通为准。

(2)交通规则:交通规则是保证交通安全的重要因素,在自行车活动中成员一定要严格遵守交通规则,行进时应该在道路的右侧,左转弯时应该转大弯,在横穿道路时绿灯亮了才能通过,红灯亮时必须停车等候,在任何时候都要注意道路上的各种危险情况。

(3)身体条件:在自行车活动中要求队员时刻注意自己的身体变化,如果出现身体不适的情况,就要采取相应的措施,避免伤害事故的发生。

(4)骑行技术:在自行车活动中队长要随时观察队员的骑行技术,如发现技术不适合练习要求时,就应降低练习要求直到停止练习,只有骑行技术和练习相匹配时才可参加练习。

(5)车辆状况:指自行车能否正常使用,队员要对自行车进行检查,检查自行车的各转动部分是否灵活、轮胎的气是否足够、车闸是否灵活、车座高低是否合适,只有车辆状况良好的自行车才能使用。

第八章 定向运动

第一节 定向运动概述

定向运动,又称"定向越野""识图越野""野外定向""定向跑"等。它是一种参加者借助地形图和指北针,按规定的顺序独立地完成寻找若干个标绘在地图上的地面检查点,并以最短的时间跑完全赛程的运动。这种运动最具亲近自然的特点,参与者在学习定向越野运动项目的同时便掌握了一项生活技能、生存技能。

一、定向运动的起源和分类

(一)定向运动的起源

定向运动(Orienteering)运动对中国人而言或许有点陌生,但在欧美各国已风行多年,参与活动者需要利用地图及指北针判断地形、地势、方向等,穿越那些不可知的地区,活动内容相当丰富,并充满趣味性和挑战性。在定向运动的世界里能让你充分地与大自然结合,体验与大自然合二为一的感受。

"定向"一词在1886年首次被瑞典人使用,意思是:在地图和指北针的帮助下,越过不被人所知的地带。若真要追溯它的起源,那就不得不提到在欧洲北部的斯堪的纳维亚半岛了。那是一片散布着无数湖泊的森林,住在那些少数村庄的村民们,必须利用那些散布在林中湖畔的幽幽小径往来各地,在那种环境生活的人们当然要具备优于其他人的方向感。否则如何穿越过那片茫茫未知的林海?也因此才逐渐有了定向运动的雏形。

定向运动起源于瑞典,最初只是一项军事体育活动。真正的定向比赛于1895年在瑞典斯德哥尔摩和挪威奥斯陆的军营区举行。此时,标志着真正意义上的定向运动并将之作为一种体育比赛的项目才得以诞生,距今已有百年历史。而在1918年由瑞典斯德哥尔摩的童子军领袖梅吉兰特(MaijOr Ernst Killander)所组织的寻宝活动则成为现在全球通行的定向运动的基本模式。从那时起,这项运动在北欧蓬勃发展,此后,不少国家都陆续引进和开展,继而风靡世界。

(二)定向运动的分类

1. 按运动工具分类

(1)徒步定向:如传统定向越野、接力定向、积分定向、夜间定向、五日定向、公园定向等。

(2)工具定向:如滑雪定向、山地车定向等。

另外,定向运动还可以按性别的不同分为男子组和女子组;按年龄的不同,可分为青年组、老年组和少年组；按技术水平的不同，可分为初级组（体验组和家庭组）、高级组和精英组；按参加人数的不同，可分为个人单项、个人双项和集体项。

2. 按运动方式或比赛形式分类

(1)定向越野(Cross-country Orienteering)。

定向越野是各种定向运动比赛中组织方法比较简便，开展最为广泛的一种。由于其比赛的成败全在于个人的识图、用图、野外定向和奔跑能力的强弱，因此适于各种年龄、性别的人参加。据国外有关资料记载，运动员最小的只有 8 岁，最长者有 80 岁，真可谓老少皆宜。为增加比赛的乐趣，也可以在判定比赛成绩的方法上有所区别，例如：可以个人跑计个人成绩、个人跑计团体成绩或个人跑计个人与团体成绩等。

定向越野比赛是国际定向运动联合会（International Orienteering Federation，缩写为 IOF，简称国际定联）正式承认的比赛项目之一。

(2)接力定向(Relay Orienteering)。

接力定向是团体之间的定向越野比赛项目之一，其成绩好坏依赖于每个队员个人能力的发挥。在接力比赛中，比赛的路线分成若干段（国际比赛通常为 4 段），每名选手完成其中的一段，各段参赛选手的成绩相加为该队团体总成绩。为便于观众欣赏各选手之间的激烈竞争，接力定向的场地必须设置一个"中心"站，各段选手的交接（即"换段"）均在这里以触手方式进行（不使用接力棒）。因此，接力定向的观赏性较好，被国际定联纳入了正式比赛项目。

(3)滑雪定向(Ski Orienteering)。

滑雪定向也可以按个人、团体或接力比赛等形式进行。它与个人徒步定向越野赛的区别是选手需要使用滑雪装具（非机动的）。供比赛用的滑道，则需要使用摩托雪橇来开辟。同一比赛路线上的滑道通常不止一条，以便于选手自行选择。

滑雪定向也是国际定联的正式比赛项目之一。滑雪定向在东欧国家十分流行，许多世界高山、越野和速度滑雪选手同时又是滑雪定向的高手。

(4)夜间定向(Night Orienteering)。

夜间定向是定向运动的一种高难度的比赛形式。由于是在视线不良的夜间进行，不仅增加了比赛的难度，同时对观众和选手自己增加了吸引力和刺激性。夜间定向已被列入国际定联的正式比赛项目之中。第一届世界夜间定向锦标赛于 1986 年 10 月 27~28 日在匈牙利举行。

(5)记分定向(Score Orienteering)。

记分定向通常以个人方式进行。它是在比赛区域内预先设置好许多检查点，并根据地形的难易程度、距离远近、点的位置的相互关系不同而赋予每个检查点以不同分值。选手必须在规定时间内自行寻找若干或全部检查点，以积分最高者为优胜。

(6)专线定向(Line Orienteering)。

这种比赛与其他比赛的最大区别是在地图上明确地标出了比赛的路线，运动员必须按这些规定的路线行进，并将途中遇到的检查点位置标绘到图上去。成绩以检查点位置标绘的准确程度和所用时间的长短确定。

(7)五日定向(O-Ringen)。

这是瑞典独有的一项特别吸引人的比赛项目。比赛共进行五日，比赛路线由若干段组成，每次都单独记录下个人的成绩，最后再算出总成绩。在几十千米或者 100 余千米的多条比赛路线中,除设置了许多检查点之外,还设有若干营地,供运动员与观众休息或参加丰富多彩的文化娱乐活动。近年来,瑞典的五日定向比赛组织得十分频繁,每次参加比赛的来自世界各地的选手都超过 15 000 人,大大超过了任何一届奥林匹克运动会的选手人数。

此外,为推动群众性定向运动的开展,作为参加上述比赛活动的预备,目前国际上还流行着一些其他的定向运动形式,例如,校园定向(School Orienteering):在学校的操场上或教室、体育馆内为孩子们设计的一种游戏。特里姆定向(Trim Orienteering):在一定的区域内设置许多永久性的检查点,不规定完成时间,以寻到点数的多少给予纪念品以资鼓励。在有些国家,人们还常常以家庭为单位进行比赛,并尝试了使用不同交通工具的定向运动比赛,例如乘坐摩托车、自行车、独木舟或骑马等。

二、定向运动的发展概况

(一)国外定向运动的开展情况

定向运动本身作为一种体育项目开展是从 20 世纪初在北欧开始的。自从 1919 年第一次正式的定向运动比赛在斯堪的纳维亚举行之后,这个项目在北欧得到了迅速发展,并很快地普及到世界各地。定向运动也由初期一种单一的比赛形式逐步演变为包括各种各样的比赛或娱乐项目在内的综合性群众体育活动。

到 20 世纪 30 年代已在芬兰、挪威、瑞典、丹麦立足。1932 年举行了第一次世界定向运动比赛。为使定向运动在全世界得到普及和发展,1961 年 5 月,十几个国家的定向运动积极人士在丹麦首都哥本哈根成立了国际定向运动联合会,确定了正式的比赛项目并制订了一系列的比赛规则与技术规范,国际定联成立时有成员国 10 个,截至 2004 年年底已发展到拥有 61 个国家与地区。国际定联是世界定向运动的行政实体,是国际体育联合会总会之一。定向运动也是国际承认的奥林匹克体育项目。

定向越野也是国际军事体育理事会(Conseil International du Sport Militaire,简称 CISM,又称 IMSC)的正式比赛项目之一,每次举办的比赛都能吸引十多个国家的军队运动队参加。根据 1972—1983 年的资料统计,按每年参加国的数量,定向越野已成为与篮球等并列的国际军事体育锦标赛的七大比赛项目之一。

在瑞典,全国有 700 多个定向俱乐部,每年组织 1000 多场正式定向比赛。瑞典国王是定向运动项目最权威的支持者和保护翼。众多政界要人、商业巨头、媒体名人是定向运动的钟爱者和积极参与者。所有瑞典学校学生及军队服役人员必须学习定向运动,它是一门法定必修课程,是教育和训练的一部分。对许多瑞典人来说,定向已成为一种生活方式。

总之,定向运动作为一项能够使人们的体力、智力、意志、品质得到全面锻炼的新兴体育项目,今天它的爱好者的数量在北欧已"超过了足球";在另外一些国家,则被列入军队或地方院校的必修或选修课。

(二)中国定向运动的开展情况

我国按照国际规则开展定向运动是在 1983 年 3 月,由中国人民解放军体育学院在广州白云山举行的"定向越野试验比赛"。同年 7 月北京测绘学会在举办测绘夏令营时,也进行了一次定向越野活动,尽管比赛不很规范,毕竟是在我国青少年中推广定向运动的开始。此后,定向运动先后在我国军事院校、青少年测绘夏令营、国家体委无线电测向运动队和大学生中逐步推广开来。1991年,中国定向运动委员会成立,现名"中国定向运动协会"。1992年国际定联接纳我国为该会正式成员国,从此定向运动正式进入我国群众体育运动的行列。

在体育界、教育界、测绘界以及部队系统的有关部门及热心人士的努力推动下,近些年我国定向运动又有了进一步发展,机构得到加强,竞赛活动增多,竞赛规模扩大,国际交流广泛,普及程度提高。1993年成立了国家体育总局航管中心无线电定向运动部。自1994年以来我国每年举办一次全国定向运动锦标赛,至今,全国大学生定向运动锦标赛也已经举办过3届。此外,我国曾经多次举办有外国运动员参加的国际性定向运动友谊赛、邀请赛,同时多次派运动员,包括青少年参加国际定向比赛。1998年我国还承办了亚太地区定向运动锦标赛。近几年,在北京、上海、昆明等地还接待过世界公园定向运动组织(Park World Tour,简称PWT)主办的公园定向循环赛,使我们有机会观摩世界排名前25位的男女定向运动员的精彩表演。凡此种种,说明我国的定向运动已经开始走向世界。

定向运动诞生已有百年,国际定联成立已有50多年,我国定向运动的开展,应该说仍然处于初级阶段。我国定向运动与国际定向运动水准比较还存在一定的差距,尚有不足之处,主要表现在3个方面:定向运动竞赛路线设计技术方面、定向运动员技能训练方面、定向地图的制作标准化方面,其中以地图制作问题更为突出一些。

三、定向运动的特点

我们可以用8个单词来总结定向运动的特点,即Elite(精英)、Social(社交)、Environmental(环保)、Inexpensive(大众)、Family(家庭)、Student(学生)、Ethical(道德)和Business(商务)。

1. 定向运动是一种精英体育(Elite Sport)

定向运动是一项精英人才体育项目。因为它富于挑战,选手们需要在完全陌生的环境中,脑体高度配合,才能找到既定的目标。

2. 定向运动是一种社交体育(Social Sport)

定向运动是一项广交朋友的社交性体育项目。参与者不论男女老幼、种族背景、社会地位、文化差异,都可以尽情参与、相互交流、共享人生。

3. 定向运动是一种环保体育(Environmental Sport)

定向运动是一项自然环境体育项目。参与者可以在亲近自然、享受自然的同时,体会到尊重自然、保护自然的重要性。

4. 定向运动是一种大众体育(Inexpensive Sport)

定向运动是一项相对来讲不算昂贵的群众性体育项目。参与者不需配备特殊装备,而只需一张好的定向地图和一个指北针便可尽享比赛乐趣。当然,服装可以是定向专业套装,也可只是普通运动服装。

5. 定向运动是一种家庭体育(Family Sport)

参与者可以以家庭为单位参加定向运动,这样一家人可以在回归自然、放松身心、自我娱乐的同时,密切家庭成员之间关系,增进彼此间的理解和感情。

6. 定向运动是一种学生体育(Student Sport)

定向运动是一项学生体育项目。通过定向运动的参与,学生们可以增强自己独立分析问题、解决问题的能力,良好的逻辑思维能力和快速的决断能力。

7. 定向运动是一种道德体育（Ethical Sport）

与其他竞技运动相比，定向运动更强调其体育道德的遵守。除了禁止使用兴奋剂之外，在定向运动中，还有"禁止尾随其他运动员"等规则，以保证比赛的公正性和公平性。

8. 定向运动是一种商务体育（Business Sport）

定向运动具有的时尚、自然、精英的特点，使其在商业领域有着巨大的商业价值，通过举办特别主题的商务定向活动，传递一种健康、环保、自然、崇尚运动的理念。

第二节 定向运动的器材和装备

一、地图和指北针的选择与使用要求

标准的定向运动地图比例尺为1∶15 000或1∶10 000，等高距为5m；公园定向运动地图比例尺为1∶2000～1∶5000。定向运动地图是一种详细的地形图，最多采用六色印刷，有棕、蓝、绿、中黄、黑、品红（线路标志）6种颜色。

定向地图要表示出所有对读图和选择路线有影响的要素，特别是对地物的可识别性、地类界、树林的空旷程度、地面的可奔跑程度等应予以充分注意。

现代定向运动使用的指北针，多为透明式多用指北针。指北针底板透明可透视地图，磁针灵敏度高，稳定性好，提高了读图速度。指北针的种类很多，比赛多用瑞典3型、ZPJ-1型等，最新的还有套大拇指型的。地图与指北针的使用按要求有如下步骤。

1. 指北针归零

（1）将指北针水平放置（同时地图也需水平放置）；

（2）转动内环，使环外的北方零刻度（N）与环内的指针指示北方的位置（N）重叠，且磁针（红色端）也指向（N）零刻度点位置。

2. 摆地图

一般定向地图的方位是：上北、下南、左西、右东。当你可以直接正确判断出实际环境下的北时，就可以将地图的上方对正现实的北方，此时地图也已摆正。但当你无法判断出实际环境下的北时，就需要利用指北针来将地图摆正方向。步骤如下：

（1）先使透明式指北针的定向箭头"↑"朝向地图上方，并使箭头两侧的平行线与地图上的北线重合或平行。

（2）转动地图，使红色磁针北端对正磁北方向，地图即已摆正。

3. 确定前进方向

（1）在定向地图上找到自己当前所在位置A点和目的地B点。

（2）在已摆正地图不转动的前提下，移动指北针，使指北针定向箭头"↑"指向B点并平行于A点到B点的连线或延长线。

（3）此时会发现磁针北端和指北针上的N点有角度偏差，转动指北针内环，使磁针（红色端）恢复到N点位置。

（4）完成以上步骤后就可以将地图收起，手执指北针按照指北针上的定向箭头方向前进了，注意在前进过程中要始终保持磁针在零点位置。

二、定向运动检查点的设定要求

检查点用于检验运动员是否按规定跑完全程,为此,应设置专门的标志。检查点应在地图上准确地表示出来。

检查点标志由三面标志旗连接组成。每面正方形小旗沿对角线分开,左上为白色,右下为红色,旗的尺寸为30cm×30cm,可以用硬纸壳、胶合板、金属板、布等材料制作。标志旗通常要编上代号(国际上过去曾使用数字做代号,现已规定使用英文字母),以便于选手在比赛时根据旗上的代号来判断他是否找到了正确的检查点。

三、定向运动的服装要求

定向运动对服装没有特殊的要求,大致上只要是紧身又不至于影响呼吸与四肢活动自如即可。为防止草木的刺碰以及虫蚁的侵袭,最好穿用面料结实的长袖衣(有较高、较紧的领口)和长腿裤。

专业的定向选手普遍选用一种有弹性的轻质化纤服装,它能防止草籽钩粘,在被浸湿的情况下依然保持身体动作的最大灵活度,而且会很快风干。

第三节 定向运动的基本技能

一、基本定向技术

1. 地图正置及拇指辅行定向法

先将地图正置,把拇指放在地图上自己的位置。这样你要前进的方向便在地图前面,使你清楚观察四周的环境及地理特征。当前进时,拇指随着移动,当改变前进方向时,地图也要随着转移,即保持地图指向正北方。那样你可以在任何时候都能立即指出自己在图中的位置,省了不少时间和精力。

2. 利用指北针定向法

利用指南针,准确地找出目标的方向,每次前往目标前,可先观察目标周围的地势,加深印象,务求快速及准确地到达目的地。

3. 扶手定向法

利用明显地理特征或人做特殊引导,使之前进时更具信心,如小径、围栅、小溪润、山丘等,皆是有用的"扶手"。

4. 搜集途中所遇特征定向法

辨别前往控制点途中所遇到的地理特征,确保前进方向及路线正确,切勿将相似的特征误认。

5. 利用攻击点定向法

先找出控制点附近特别明显的特征,然后利用指北针,从攻击点准确而迅速地前往控制点。攻击点必须是容易辨认的,如电塔架、小路交点等。

6. 数步测距定向法

先在地图上量度两点间的距离,然后利用我们的步幅准确地测量要走的路程。方法:先量度 100m 我们所需步行的步数(设 120 步),当我们在地图上发觉由 A 点到 B 点的距离是 150m 便可估算出应走 180 步。为了减少数步的数目,我们利用"双步数",只数右脚落地的一步,便可把步数减半,上例双步数为 90 步。

7. 目标偏测定向法

利用指北针前进,把目标偏移,当到达目标所在地的上面或下面,才沿"扶手"进入目标。

二、地图和指北针的运用方法

熟练地掌握使用国际定向地图与指北针的各种方法,在定向越野中具有特殊的重要意义。认识定向地图是为了正确地使用定向地图。因此,在学习定向越野技能的阶段,必须选择最合适的场地,用较多的时间去进行使用定向地图与指北针的训练。下述内容中,有的是属于最基本的和必须通过反复练习熟练掌握的,有的则可以根据具体情况,先选择一两种最适用的方法进行训练,以便收到由浅入深、循序渐进、触类旁通的学习效果。

(一)标定地图

标定地图就是为了使定向地图的方位与现地的方向相一致,这是使用定向地图的最重要的前提。

1. 概略标定

定向地图上的方位是:上北、下南、西左、右东。当我们在现地正确地辨别方向之后,只要将地图的上方对向现地的北方,地图即已标定。这种方法简便迅速,是定向越野比赛中最常用的方法。

2. 利用磁北线(MN 线)标定

先使透明式指北针圆盒内的定向箭头"↑"朝向地图上方,并使箭头两侧的平行线与地图上的磁北线重合(或平行),然后转动地图,使磁针北端对正磁北方向,地图即已标定。

3. 利用直长地物标定

利用直长地物(如道路、土垣、沟渠、高压线等)标定地图,首先应在图上找到这段直长地物,对照两侧地形,使图与现地各地形点的关系位置大致相符,然后转动地图,使图上的直长地物与现在地的直长地物方向一致,地图即已标定。

4. 利用明显地形点标定地图

当你位于明显地形点上,并已从图上找到该地形点的位置(即自己所在的站立点)时,可以利用明显地形点标定地图。方法是:先选择一个图上与现地都有的远方明显地形点(目标),然后转动地图,使图上的站立点至目标的连线与现地的站立点至目标的连线相重合,此时地图即已标定。

(二)对照地形

对照地形,就是要通过仔细的观察,使图上和现地的各种地物、地貌一一"对号入座",即相互对应。对照地形在定向越野比赛中的作用主要有两个:一是在站立点尚未确定时,只有正确地对照地形,才能在图上找出正确的站立点位置;二是在站立点已经确定,需要变换行进方向时,只有通过对照地形,才能在现地找到已选定的最佳行进路线。对照地形一般应先标定地图,然后根据不同的需要采用不同的对照方法。

1. 在站立点尚未确定前

首先应根据概略地标定地图,然后迅速地观察一下周围,记清最大或最有特征的地物、地貌的大概方位与距离,并从图上找到它们,此时站立点的位置即可概略地确定。若想较精确地确定,则需按下节中所介绍的方法去做。

2. 在站立点已经确定之后

同样首先应根据概略地标定地图,然后从图上查明自己选定的运动路线上近前方两侧的特征物,同时记清它们的大概方位与距离,并将它们在现地辨别出来,然后再前进。如果因为地形太复杂,如山丘重叠、形状相似等,不易进行对照,可以先采用较精确的方法标定地图,然后用带刻度尺的指北针的长边切站立点和特征物,并沿这条直长边向前瞄准,则特征物一定在此方向线上。如此方法还不能解决问题,应变换对照位置,或者登高观察和对照。在这里需要特别强调的是,无论在什么情况下进行现地对照地形,都必须特别注意观察和对照地形的顺序与步骤问题。现地对照地形的顺序一般是:先对照大而明显的地形,后对照一般地形;由近及远,由左至右;由点及线,由线及面;逐段分片,有规律地进行对照。在步骤方面,首要的也是必不可少的就是要保持地图方位与现地方位的一致,然后再根据不同需要进行下面的步骤。

(三)确定站立点

熟练地掌握在图上确定站立点的各种方法是学习使用地图的关键。对于这些方法,除了要记住它们各自的步骤、要领,尤其重要的是要学会根据不同情况,对他们进行选择使用和结合使用。

1. 直接确定

当自己所处位置是在明显地形点上时,只要从图上找出该地形点,站立点即可确定。这是一种在行进中,特别是奔跑中最常用的方法。但是,采用直接确定法的困难在于:在紧张的进程中,怎样才能很快地发现可供利用的明显地形点,或者当同一种明显的地形点互相靠近的时候,这样才能够正确地区别他们,防止"张冠李戴"。

可以称得上是明显地形点的地物主要有:①单个的地物;②现状地物的拐弯点、交叉点(呈"十"字形)、交会点(呈"丁"字形)和端点;③面状地物的中心或者有特征的边缘。

可以称得上是明显地形点的地貌主要有:①山地、鞍部、洼地;②特殊的地貌形态,如陡崖、冲沟等;③谷地的拐弯、交叉和交会点;④山脊、山背线上的转折点、坡度变换点等。

2. 利用位置关系确定

当站立点位于明显地形点附近时,可以采用位置关系法。利用位置关系法确定站立点主要是依据两个要素:一是站立点至明显点的方向;二是站立点至明显点的距离。在地形起伏明显的地方,还可以结合高差情况进行判定。

3. 利用"交会法"确定

当站立点附近无明显地形点时,可以利用"交会法"、90°法确定站立点等。按不同情况,它又可以具体分为90°法、截线法、后方交会法和磁方位角交会法。这些方法的优点是:不需要判断或测量距离也能确定出较为准确的站立点位置,这对于初学者学习、巩固使用定向地图的训练是很有意义的。但是,它们中的一些方法,要么只能在某些特定的条件下才能运用,要么就是步骤繁琐,费时费力,因此在定向越野比赛中一般较少使用。

(1)90°确定法:当待测点位于线状地形(包括道路、沟渠、山背线、谷底线、坡度变换线等)

上时,如果在与运动方向相垂直的方向上能够找出一个明显地形点,那么确定站立点就简单得多。线状地形符号与垂直方向线的交点即为站立点。

(2)截线确定法:当待测点位于线状地形上,但在其与运动方向相垂直的方向上没有明显地形点,可以采用此法。其步骤是:①标定地图;②在线状地形的侧方选择一个图上与现地都有的明显地形点;③利用指北针的直长边缘(也可用三棱尺、铅笔等)切于图上明显地形点的定位点上(为便于操作可插一细针),然后转动指北针,使其直长边照准该地形点;④沿指北针的直长边向后画方向线,该方向线与线状地形符号的交点,就是站立点在图上的位置。

(3)连线确定法:当待测点位于线状地形上,同时待测的位置恰好是在某两个明显地形点的连线上,可以利用这种方法确定站立点。

(4)后方交会确定法:后方交会法通常要求地形较开阔,通视良好。其工作步骤如下:在图上找到选定的方位物之后,标定地图;然后按照截线法的步骤分别向各个方位物瞄准并画方向线,图上方向线的交点就是站立点。

(5)磁方位角交会确定法:既可以在地形开阔时使用,也可以在丛林中使用。但是,在丛林中需要攀爬到便于向远方观察的树上或其他物体上进行。其步骤为:①选择图上和现地都有的两个明显地形点,并用指北针分别测出至该两地形点的磁方位角;②标定地图,将所测磁方位角图解在地图上。图解磁方位角时,要先转动指北针的分度盘,让指标分别对正所测的方位角值,再将指北针的直长边分别切于图上被照准的两个地形点符号并转动指北针;待磁针与定向箭头重合后,分别沿直长边描画方向线。两方向线的交点,就是站立点在图上的位置。

需要说明的是,后方交会和磁方位角交会确定方法只在此种情况下使用:待测点上无线状地形可利用,而且地图与现地相应地都有两个以上的明显地形点。

(四)按图行进

利用地图行进是定向越野的基本运动方式,它有赖于运动员对前面所述各种专项技能的综合运用。换句话说就是,学习辨别方向、识别定向地图以及标定地图、对照地形确定站立点,都是为了能够熟练地利用地图行进。因此,在实践中要根据地形情况和个人特点,选择对自己最适合的一两种方法,反复练习,融会贯通,以便在比赛时在不降低或少降低运动速度的情况下,始终正确地行进在自己选定的路线上,顺利到达目的地。

(1)记忆行进法:一般要按行进的顺序,分段地记住路线的方向、距离、经过的地形点两侧的辅助参照物。通过记忆,应该使自己具备这样一种能力:现地的情景能够不断地与记忆的内容"叠影"、印证,即"人在地上跑,心在图上移"。

(2)拇指辅行法:先明确自己的站立点和将要运动的路线,到达目标,然后转动地图(身体要随之转动),使地图与现地的方向一致,并用拇指压于站立点一侧,再开始行进。行进中要根据自己所到达的位置,不断移动拇指,转动地图,保持位置、方向的连贯性与正确性。

(3)借线行进法:当检查点位于线状地形或其附近时,可以采用此法。行进时,要先明确站立点,而后利用易于辨认的线状地形,如道路、围栏、高压线、山背线、坡度变换线等,作为行进的"引导",使自己运动时更有信心。

(4)借点行进法:当检查点附近有高大、明显的地形点时,可用此法。行进前,要先将目标辨认清楚(亦可用其他物体佐证),然后用最快的速度前往检查点。

(5)导线行进法:当站立点距离检查点较远,途中地形又很复杂时,可以采用此法。行进过程中,要多次利用各个明显地形点,确保前进方向与路线的正确性。但需注意:切勿将相似的地形点用错。

(五)寻找正确方向的技巧

迷失方向怎么办？当在现地找不到目标，同时又无法确定站立点时，就是迷失了方向。下面介绍的是寻找正确方向的几种常用方法。

(1)沿道路行进时迷失方向的寻找方法：标定地图，对照地形，判断是从哪里开始发生的错误以及偏差有多大，然后根据情况另选返回的道路前进。如果错得不多，可返回原路再行进。

(2)越野行进时迷失方向的寻找方法：应尽早停止行进，标定地图后选择最适用的方法确定站立点，然后尽量取捷径插到原来的正确路线上去，不得已时再返回原路。

(3)在山林地中行进时迷失方向的寻找方法：根据错过的基本方向、大概距离，找出最近的那个开始发生偏差的地点，并以此为基础，确定出站立点的概略位置。如果错得太远，确定不了站立点，又不能返回原路，就要在图上看一看，迷失地区附近是否有较大型或较突出的明显地形(最好是线状的)。如果有，就要果断地放弃原行进方向向它靠拢，并利用它确定站立点。如果没有这个条件，那么就继续按原定方向前进，待途中遇到能够确定站立点的机会后，再迅速取捷径插向目的地。在山林中行进，最忌讳在尚未查明差错程度和正确的行进方向都不清楚的情况下，匆忙而轻易地取"捷径"斜插，这样很可能造成在原地兜圈子。

(4)指北针的运用：如果在山林地中迷失了方向，甚至连"总的正确方向"都无法确定，那么就需要使用指北针。

三、检查点的精确定位

在定向运动竞赛中，要尽可能快地找到检查点，即检查点的精确定位是至关重要的。特别是第一次就找到检查点显得格外重要。接近检查点常用的方法为：一是简化法，就是抓住靠近检查点附近地形地貌的主要特征，快速接近检查点；二是放大法，尽可能从接近检查点的地物一侧接近检查点，使检查点似乎很明显；三是顺延法，顺着通向检查点的特征地物到达检查点。

总之，在接近检查点前，应瞄准检查点一侧，利用明显特征地物，准确确定检查点位置。

四、最佳行进路线的选择

选择最佳行进路线的能力是建立在掌握其他定向越野技能，尤其是识图用图能力基础之上的，是体能与技能在比赛中的综合运用。因此，可以这样说选择路线是更高一层意义上的技能或称"尖端"技能。

(一)选择行进路线的标准

什么是最佳行进路线？简单地说应该是省体力、省时间、最安全，便于发挥自己的技能或体能优势等。

(二)选择行进路线的基本问题与原则

1. 选择行进路线的基本问题

当遇到高地、陡坡、围栏之类的障碍时，是翻越还是绕行？

当遇到密林、沼泽、水塘之类的障碍时，是通过还是绕行？

2. 选择行进路线要遵循的原则

(1)有路不越野：应尽量选择沿道路行进，这是因为：在道路上容易确定站立点，使运动员更具信心;地面相对光滑、平坦,有利于提高奔跑速度。

(2)走高不走低:如果不得不越野,应尽量在高处(如山脊、山背)行进,避免在低处(如山谷、凹地)行进。这是因为:地势高,便于展望以及确定站立点和保持行进方向;高处通风、干燥,荆棘、杂草、虫害及其他危险少;人们都习惯在高处行走。因此,像在山脊这样的地方,常常会有放牧、砍柴的人踏出的小路,利用它便于提高运动速度。

(三)不同地形对运动速度的影响

表 8-3-1　不同地形对运动速度的影响(概略值)　　(单位:min)

方式 \ 地形	公路	空旷地	疏林	山地或树林
走	9	16	19	25
跑	6	8	10	14

注:表中用时为行进每千米用时。

(四)选择行进路线的方法(举例)

实际上,依靠上述一般原则决定路线的选择是很不够的。只有让自己的"感觉"或"估计"变得更具科学根据,才有可能更快地提高定向越野成绩。分析与解决选择路线基本问题的方法有多种,下面仅介绍其中的一种——经验法。

某人以自己在道路上奔跑 300m 需要 2min 的时间(近似值),作为一个标准,通过多次实践,对自己奔跑的速度有了如下了解,如表 8-3-2 所示。

表 8-3-2　不同地形奔跑行进速度和距离参考值

地形类别	每 300m 用时(min)	倍率	每 2min 的距离(m)
大路	2	1	300
杂草地	4	2	150
有灌木的树林	6	3	100
密林或荆棘丛	8	4	75

那么,他就可以用这样的方法解决问题:假定穿过密林的距离为 1(75m),沿大路跑的距离为 4(300m),则两种选择所用的时间相等;如果他的体力好而定向本领差,那他就应该选择沿大路跑。对于其他选择,可以参照同样的方法进行换算。

五、定向技能技巧的运用

1. 重新定位

当你明确自己迷路或者当你在一个区域徘徊了一段时间的时候,这时你需要重新确定自己的位置。你可以这样进行:确保到达最近的特征物并且确认你刚才在地图上的位置;尝试找到一些明显可辨认的特征物,例如一些石头或者人工建筑物可以指示你在图中的位置。

2. 概略定向

使用指北针根据磁北线标定地图;确立自己的站立点;选择对于自己来说最简单而又最近

的路线。

小技巧:沿着你前进的方向折叠好地图,以便更好地拿住地图并且不被地图其他区域转移你的注意力。

3. 精确定向

当你接近检查点的时候要仔细地观察地图上的所有细节,以便能准确地知道你在哪里。

小技巧:用拇指指示你在图中的位置,并且伴随着你的奔跑移动拇指在地图的位置。

第四节 定向运动的训练竞赛与裁判

一、定向运动队的成立及训练

定向运动训练是开展定向运动的一个重要环节。定向运动与传统的体育项目相比,在训练计划、训练设施、训练模式和组织竞赛等方面,无论在形式还是内容上都存在着一定的区别。因此,应当根据定向运动的知识、技能结构与功能特点,结合各地的实际情况,科学地组织训练和竞赛。

(一)定向运动员的选材与素质要求

运动能力的遗传学规律为运动员的科学选材提供了理论依据,教练员可以根据不同专项运动对运动机能的不同要求,将那些从事某些运动具有天赋的青少年选拔出来,并给予科学的训练,使他们先天的能力得到充分的发挥和发展。因此,运动员选材必须根据不同运动员的专项特征,以那些遗传度较高的指标作为选材依据,这样才能使运动员选材科学化。下面简要介绍一下定向运动员的选材标准。

1. 形态选材

近年来,定向运动员的身高有增大的趋势,选材时应将身高作为重要指标之一。但随着距离的加长,动作频率的加快,身高值相对减小。对体重/身高(kg/cm)指数没有过高的要求,但去脂体重要大,应有较好的肌肉力量,特别是腿部力量。运动员的体型特点是腿部肌肉发达,臀部肌肉向上紧缩,以及大腿肌肉是"马裤型",同时要求运动员腰细、臀窄、跟腱长、足弓高等。

2. 身体素质选材

有氧耐力是这一项目运动员最重要的身体素质,通常采用长跑、长游等指标测定,运动时的无氧阈值是衡量有氧耐力的重要指标,通常可用血乳酸 4mmol/L 的浓度的运动速度表示。同时,肌肉耐力也是不可忽视的选材指标。

3. 身体机能选材

最大摄氧量是耐力性运动项目创造优异运动成绩的重要保证。而最大摄氧量的高低取决于心肺功能和骨骼肌代谢水平。选材时要求心肺发育良好,心容量大,心搏有力,脉搏徐缓,特别要求运动员有较大的心输出量和每搏输出量,这些指标均有较高的遗传度。

骨骼肌应有较高的有氧代谢酶活性和有氧代谢能力。骨骼肌纤维应以红肌(慢肌)纤维占优势,红肌纤维越多,有氧代谢能力和抗疲劳能力越强。另外,体内血红蛋白含量的高低直接影响机体的输氧能力,并对缓冲血液酸碱度、维持机体内环境起重要作用,男、女运动员的血红蛋白含量应分别在 13g/L 和 12g/L 以上。

定向运动员应具备的素质具体如下：
(1)身心健康,爱好运动,并能得到家庭的支持。
(2)品德高尚,意志顽强,能吃苦耐劳。
(3)性格开朗,思维敏捷,反应灵敏,独立性强,处事果断。
(4)谦虚、善思考,既要遵循教练的指导,又要灵活有主见。
(5)热爱集体,组织纪律观念强。

(二)训练计划制订建议

制订合理的训练计划是保证训练科学性的前提。在进行野外训练时,受训练的目的、练习者的经验、训练场所的环境条件、季节与气候等可变因素影响,接受野外常识培训与野外技能训练的范围和深度相差很大。例如：以休闲旅游、放松身心、享受大自然风光为主要目的的野外活动,活动者几乎不需要接受专门的野外技能训练,只在出发前或活动过程中进行必要的环保常识教育就可以达到活动目的;而在进行以提高运动成绩为主要目的的野外训练时,练习者必须熟练掌握相当数量的野外定向知识与技能,才能确保活动者全面地完成预计任务。

定向运动应该以识图用图为基本目标,以学生能够掌握定向技能为提高目标,以学生能够自主组织与开展定向运动为发展目标,全面提高学生的思想品德素质、科学文化知识、体育锻炼的意识与方法、社会适应能力,促进学生身心和谐统一发展。因此,在制订训练计划时,应按照运动技能形成的规律,遵循循序渐进的教学原则,由浅入深、由易到难地分阶段安排训练内容。

二、定向运动竞赛的组织及基本规则

(一)定向行进及打卡常识

具有极强竞争性的定向运动要求以最快的速度探寻各个点标,以最短时间找到所有点标者为胜。许多公园设置了永久性的路线,它们通常包括各处有"特征"的柱子,或者是装在树上的 $10\sim20\text{cm}^2$ 大小的标志物,或易或难。你可以从公园门口,或 PWT 网页 www.pwtchina.com 得到地图包。在包里,你将找到所有 PWT 地图及抽奖信息。除了地图以外,你还能得到一些意见和不同难度、各式各样的路线。这些路线构成了完美的训练场所,也提供了一种很好的方法来向初学者介绍定向运动。

图 8-4-1 所示的地图上所显示的就是一条典型的定向路线图。

三角表示起点,其精确的位置是三角的中心。你所寻找的点标用单圆圈表示,终点则用双圆圈表示。点标之间用直线连接,然而这并不意味着你必须选择直线到达。你可以自己选择道路,但必须按照正确的顺序去找点标,如 1、2、3、… n,每个点标处都有一个橘色和白色相间的定向点标旗以及定向打卡器。用在起点所获得的卡在此打卡,以证实你的到访。打卡器有机械打孔或者电子打卡计时系统等多种,电子打

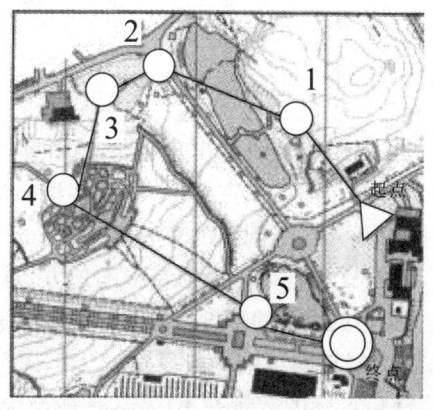

图 8-4-1

卡计时系统如图8-4-2所示。

图8-4-2

人人参与定向运动比赛有适合各个类型的定向者的等级。等级按性别、年龄和定向技巧来划分。通常一次比赛中有很多等级。

(二)如何制订路线

在比赛中,你需要一张已标明比赛路线的地图。这条路线是由比赛组织者在比赛前制订的。一般来说,最好尽早的制订出比赛路线,以便提前检查那些点标的位置是否合适。

1. 路线中的各种标记

路线中有各种标记点包括起点、点标、终点和起终点,有时起点和终点可以重合(起终点),其示意图如图8-4-3所示。

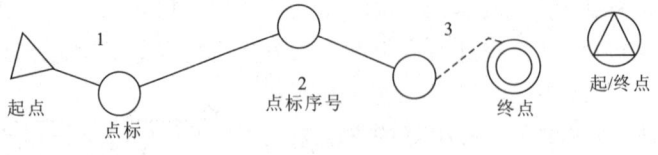

图8-4-3

在图中用紫色标出比赛路线(如用笔画线,用红色笔),这是为了与图上的其他颜色区分开来。起点在图用三角形表示,并指向第一个点标。点标用圆圈标出,且点标的具体位置是圆圈的中心。这个圆圈的直径大约7mm(不太大也不太小)。永远不要把点标设在空旷地带中心,而是放在有明显地物特征的地方,点标设置建议图如图8-4-4所示。

点标的序号的阿拉伯数字要南北竖直标写(这样不用看地图的顶端也可以知道南北方向)。

2. 制订路线的一般原则

(1)点标的数量并不固定,一般至少4~5个,但要注意:点标之间的距离不要太远,如果超过5~6km就是过长了(这主要是由地域的大小和道路中的障碍物所决定)。

(2)对初学者,路线一般不要交叉,因为这样可能使他们混乱,以错误顺序找点。除非使用

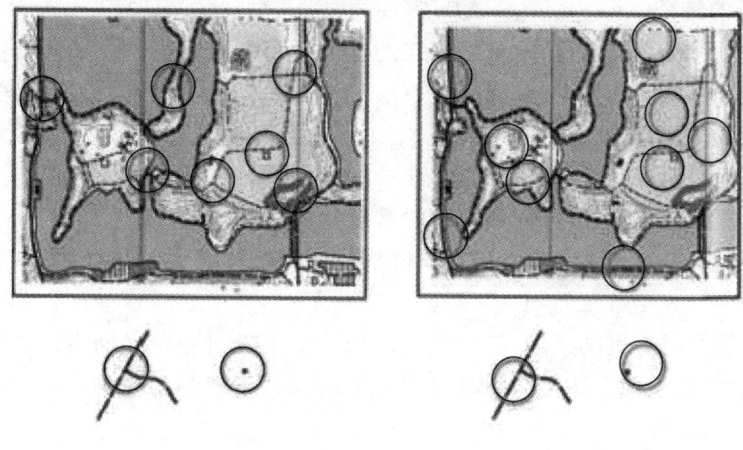

图 8-4-4

Sportident 电子打卡系统,否则最好不要设交叉路线。因为机械打卡器不能识别你是否按顺序打卡,除非点标旁有组织监察员监督。

这里需要强调的是:路线是可以交叉的,只是由于某种实际的原因而尽可能不使之交叉,路线设置示意图如图 8-4-5 所示。

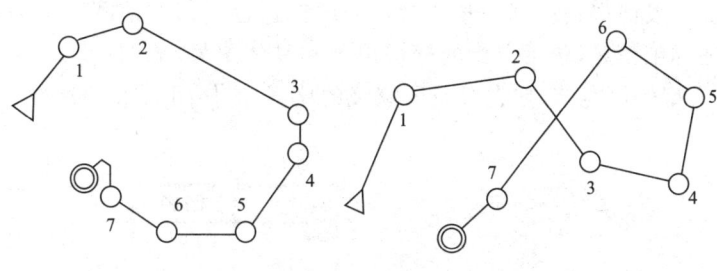

图 8-4-5

(3)点标之间的角度不要小于 90°,以避免那些正在寻点跑的人看见刚从此点标方向跑出的人而得利。点标设置示意图如图 8-4-6 所示。

(4)路线的长度以直线距离为测量标准,所以必须知道图的比例,通过比例来测量路线的长度。如要求比赛路线是一个确定的长度,那么必须在图中根据比例尺相应调整路线长度。如果比例尺是 1∶4000,那么图中一条 35cm 长的路线实际上是多少?答案是 1400m。

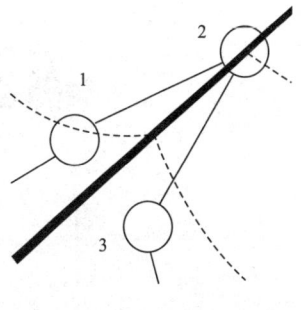

图 8-4-6

(5)出发点和终点由组织者决定,应根据比赛的类型选择尽可能方便的地点。大型比赛,起、终点要求相对较大的空间(可容观众观看),且交通不太拥挤(人和车)。在公园和校园中经常会有许多障碍物,比如墙、水塘、建筑物等,需与以上原则作出妥协，但尽可能地遵循这些原则。当然，最好的学习是实践！

3. 不同路线的特征

对于不同水平参赛人群来说，一条好路线的标准及特征是不同的。适合青少年初学者的路线：点标明显易找；路线选择少；路线不太长（1～2km）；点标与点标之间距离较短；路线一般不交叉；点标与点标之间角度大于90°。

较高水平者的路线：点标不很明显，较难找；路线的选择性强；路线距离长（2～10km）；点标之间的距离长短不一；前进的方向和角度时常变化。

在比赛中一般既有男选手又有女选手，同时根据年龄、技能水平等的不同可能需要制订出不同级别的路线。

制订一条路线共两个级别共用，但这样再一个一个出发时花费时间太多。制订两条不同路线，可在同一时间发出两个队员。同时可让两个组别共用某些相同的点标，但不要太多，否则会出现跟跑现象。

有时，在一些非常大型的比赛中，如瑞典五日赛，在五天的比赛中每天有超过15 000人参与，这样就会根据年龄、性别和技能设有各种不同的级别。但不必为这些不同的级别分别组织比赛，只需为他们制订不同的路线，即在同一时间、在同一场地比赛。因而可选出许多冠军，但通常只有一组水平最高，称为精英组。

4. 点标（检查点）说明

如果在比赛场地上设有许多点标旗，那么选手如何分清找到的是不是他（或她）的路线上应该找到的正确点标呢？

每一位选手在出发前都会得到一张点标说明（有时，也会印在地图的下面或侧边）。这张说明给出了点标的详细信息，包括点标的确切位置和具体编号，如图8-4-7所示（当有多条路线时）。在一些大型的比赛中，如省级或国家级的比赛，应使用IOF的标准。

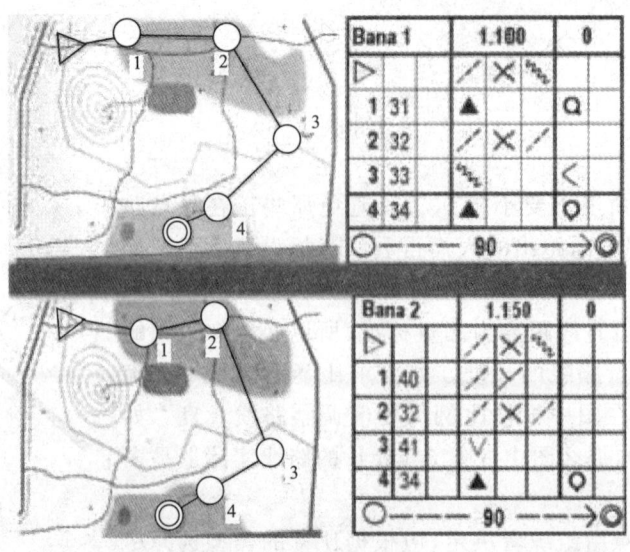

图 8-4-7

第五节 定向运动欣赏

一、主要国际定向运动赛事介绍

O-Ringen:瑞典五日赛,是世界最大规模的定向运动赛事(旅游节),每年7月吸引世界各国约20 000名男女老少定向运动员相聚瑞典。

世界定向越野锦标赛:最权威的传统定向比赛,每隔一年举行一次。

Jukola:世界最大的定向接力赛,每年6月2000多个队在芬兰白昼地区持续比赛24h。

Tio-mila:世界最刺激的夜间定向接力赛,每年4月末在瑞典举行。

世界公园定向循环赛:每年在世界各地公园巡回举行的职业精英赛,设总奖金及总排名。只有世界排名前25男和25女有资格参赛。

另外,还有定向越野世界杯赛、世界青年定向越野锦标赛、世界大师定向越野锦标赛等。

二、国内外著名定向运动队和定向运动员

(一)世界公园定向运动组织

世界公园定向运动组织是于1995年在国际定向运动联合会注册的一个国际组织。每年在世界各地公园举行职业定向精英巡回赛,并设总奖金及排名。它的主要宗旨及目的就是创造一种全新的定向运动概念,即定向运动不仅可以在传统的森林里进行,而且还可以在城市的公园及大学校园里进行,从而将世界上最富有挑战的体育运动带到观众与摄像机的面前,使观众不仅现场感受到定向的动感及激烈战况,还可以使电视机旁的观众一起分享这份刺激与乐趣。真正使定向运动成为一种任何人在任何地方都可以从事的群众性体育运动。定向运动已从森林走向城市。

为推动定向运动的发展,增进人们对定向运动的兴趣及了解,发展新的群体,扩大其在新闻媒介中的影响,并将定向运动引入新的国家,PWT将大多数世界循环赛设在城市的郊外及公园里进行。而且路程较短,点标设置亦独具匠心,从瑞典的野生动物园到威尼斯的水上迷宫,从芬兰的赌场到奥地利的音乐大厅,从捷克的城堡到奥斯陆的购物中心楼顶。整个赛事紧张激烈,聚集了全球顶级定向运动精英,将定向运动推向更高水准。观众不仅可沿途观赏赛事,并可亲身体验,可谓妙趣横生、乐趣无穷。

PWT所组织的每一次国际赛事均是与当地的定向俱乐部或本国定向联合会共同组织的。一个共同的目的就是使定向运动成为奥林匹克运动比赛项目之一。

PWT在其开始的短短十几年里,以其精专的赛事组织安排和现代化的设备技术风靡全球。1998年,已有包括南美在内的30个国家申办了PWT世巡赛,征服了数以万计的人们,使他们成为积极的参与者和优秀的定向运动员,使定向运动迈入奥运会踏出了重要的一步。

PWT将继续将定向运动——一项挑战智力和体力的运动,介绍到全世界观众的面前。

(二)世界公园定向运动组织在中国

定向运动虽起源于瑞典,但目前已风靡全欧洲、澳洲及北美地区,在亚洲的日本、韩国和香

港,南美的巴西和智利也已初具规模。1998年,PWT来到指南针的发明地——中国,这一亚洲第一体育强国。带着来自全世界25个国家最优秀的定向运动员从繁华的国际大都市香港跑到古老的北京城,受到各界的友好欢迎,并引起了一个十几亿人口的大国对定向运动空前的热情与兴趣。

被这份热情所打动,PWT决定再次重返中国。在各大城市举行定向知识讲座,制作定向地图,组织定向比赛。

1999年PWT共带12名中国大学生运动员免费参加了PWT在世界各地举行的循环赛及其他主要国际定向赛事,使中国运动员有机会与世界精英学习、比赛、交流。

2000年PWT将继续为更多的中国人争取机会到世界各地参加定向赛事、学习和训练。

公园定向运动创始人之一高友远(Gavert Waag)先生和PWT组织副主席、定向运动世界冠军岳根强(Jorgen Martensson)先生都表示:中国人具有从事定向运动极佳的体能和智能;而且中国地域辽阔,自然条件优越,利用山区、森林、郊外、城市公园及大学校园开展公园定向运动是最理想的天然场所,同时也是一种非常好的教育娱乐方式。他们相信通过大家的努力,中国运动员一定会在不久的将来与世界精英同逐世锦赛。

很多地形复杂一些的公园、植物园、地形起伏不太大的山地都可以作为开展定向运动的好场地。国内举行过定向运动的场所有:上海佘山风景区、北京香山滑雪场、北京绿色度假村、北京门头沟区潭柘寺公园(于2000年6月17日举行了北京市首届"蓝龙杯"定向越野比赛)、北京望山森林公园(小西山-西山国家森林公园)等。

第九章 水上运动

第一节 水上运动概述

提起水上运动,人们自然会想到游泳、跳水等。的确,水上运动是根据其特殊的运动环境来命名的,主要指全部过程或主要过程都是在水下、水面或水上进行的各种形式的体育比赛和活动。如人们所熟知的游泳、跳水、水球、赛艇、皮划艇、帆船、帆板等竞技性运动项目。

然而,人类的想象和创造力是无止境的。随着社会的进步与发展,越来越多的人开始关注生活内容的丰富和生活质量的提高,以强身健体、愉悦身心为主要目的的各种水上休闲运动项目应运而生。从徒手戏水征服自然,到利用器材装备挑战风险或极限的程式,就是水上休闲运动成熟、发展的标志。科技化、现代化加勇气和力量,给水上运动注入了新的生命。许多项目既有挑战性,又具观赏性,这是最初的创始者们所无法想象的。当前,在我国正蓬勃开展着的水上休闲运动项目主要有冬泳、天然水域的长游、潜水、赛艇、皮划艇、冲浪、滑水、帆板等,以及由此派生出来的各种新兴水上休闲运动项目。由于水上运动的这些变化,热衷者风起云涌,水上运动如日中天。

第二节 水上运动实用基本技术

水上运动的形式虽然丰富多彩,但其最实用的基本技术是游泳。

游泳是人类凭借自身的动作,使身体在水中游动的一项技能,其本身也是一项集水浴、空气浴、日光浴为一体且对人体十分有益的健身休闲活动。游泳分为竞技游泳和实用游泳。

一、竞技游泳

竞技游泳是指具有特定的技术规格,并按游泳竞赛规则进行比赛的游泳项目。其主要运动姿势有蛙泳、爬泳(自由泳)、仰泳和蝶泳。虽然这些泳姿被划分为竞技游泳,但众多游泳爱好者,仍将其作为休闲、健身的方法。特别是作为水上运动的基本实用技术,其实用价值不容忽视。

(一)蛙泳

蛙泳是模仿青蛙动作的一种泳姿,是人类最古老的游泳姿势之一。蛙泳的特点是游时省力,容易学,掌握动作节奏后很快就能用较少的能量游较长的距离。此外,在游进过程中还便于观察前方,在实用游泳如救生等领域有重要的地位。

1. 蛙泳的动作要领

(1)身体姿势。

蛙泳的身体姿势不是固定不变的,而是随着臂、腿及呼吸动作的周期性变化而不断变化的。在一个动作周期中,两臂前伸、两腿向后蹬直并拢时,身体是几乎水平地俯卧于水中,头部夹在两臂之间,两眼注视前下方,身体纵轴与水平面呈5°～10°,如图9-2-1所示。这种身体姿势可以减小游进时的水阻力。在划水和抬头吸气时,上体会向前上方抬起,肩和背部的一部分上升露出水面,此时躯干与水平面的角度较大,如图9-2-2所示。当两臂前伸、两腿向后蹬夹时,随着低头的动作,肩部又浸回水中,身体恢复比较平直的流线型姿势向前滑行。

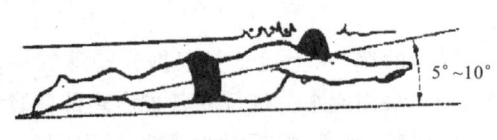

图9-2-1

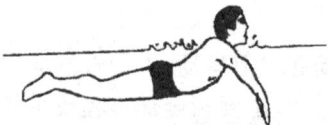

图9-2-2

(2)腿部动作。

蛙泳的腿部动作是推动身体前进的一个重要因素。尽管现代蛙泳技术强调以臂部动作为主,但腿部动作的作用不容忽视,对于初学者更是如此。蛙泳腿的技术可以分为收腿、翻脚、蹬夹、滑行4个紧密相连的动作阶段。

收腿:收腿时两腿稍微内旋,使脚跟分开,膝关节随腿的下沉向前边收边分。收腿结束时,大腿和躯干之间的角度为130°～140°,小腿尽量靠近臀部,如图9-2-3所示,并藏于大腿的投影之中,两膝的距离约与肩同宽,两脚掌几乎是平行向前收,靠腿的内旋使脚跟分开与臀部同宽,如图9-2-4所示。

翻脚:为了增长蹬水的路线,随着收腿的结束,两脚应继续向臀部靠紧,大腿内旋使两膝内压的同时小腿向外翻,接着脚尖也向两侧外翻,使脚掌内侧正对蹬水方向。整个翻脚的动作是由内收腿、压膝、翻脚3个连贯动作组成,如图9-2-5所示。应当强调的是压膝是指大腿内旋、带动小腿外翻的过程。

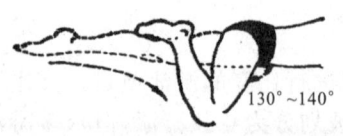

图9-2-3

图9-2-4

图9-2-5

蹬夹:蛙泳蹬水就像蹬池壁一样,要使蹬水方向向后由髋部发力,带动膝关节和踝关节,然后相继伸直。如用窄蹬动作,能利用小腿内侧和脚掌内侧的合力对水,造成向前的推进作用力。蹬腿过程中脚相对于游泳者自身的动作路线如图9-2-6所示。可以看出,蹬腿动作是

"蹬"与"夹"的结合,两腿是边后蹬边内夹,当两腿蹬直时两膝也已并拢了,既不是完全向后蹬,也不是向外蹬直了再内夹并腿。

滑行:蹬腿结束后,腿处于较低的位置,脚距离水面为30~40cm。此时两腿伸直并拢,腰、腹、臀及腿部的肌肉保持适度紧张,使身体形成良好的流线型向前滑行,准备开始下一个腿部动作周期,如图9-2-7所示。滑行中,要注意保持两腿较高的位置,若腿部下沉,将会使游进阻力增大,降低游进速度。

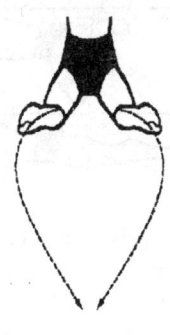

图9-2-6

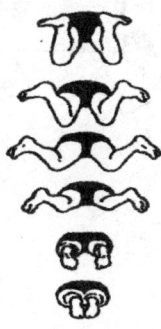

图9-2-7

(3)臂部动作。

蛙泳手臂的动作是推动身体前进的重要因素,现代蛙泳尤其重视发挥手臂划水的作用。蛙泳的一个完整划水动作可分为外划、下划、内划、前伸4个紧密相连的动作阶段。

外划:外划是从两臂前伸并拢、掌心向下的滑行姿势开始的。外划时两臂内旋,两手掌心转向外斜下方,略屈腕,两臂向外横向划动至两手间距离约为肩宽的两倍之处,如图9-2-8所示。外划的动作速度较慢。

下划:手臂在继续外划的同时,前臂稍外旋,肘关节开始弯曲,转腕使掌心转为朝后下方,以肘关节为轴,手和前臂加速向下、向后划动。在下划的过程中,手和前臂的运动速度快,幅度大,而上臂的移动不多,前臂与上臂之间的夹角迅速缩小。下划结束时,肘关节明显高于手和前臂,手和前臂接近垂直于游进方向,肘关节屈成的角度约130°,如图9-2-9所示。

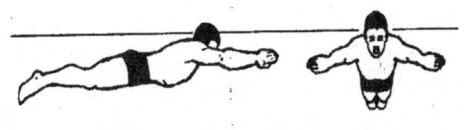

图9-2-8

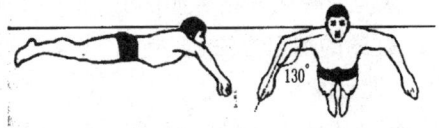

图9-2-9

内划:内划是手臂划水产生推进力的主要阶段。随着下划的结束,掌心迅速转向内后方,手臂加速由外向内并稍向后横向划动,屈肘程度进一步加大,肘关节也同时向下、向后、向内收夹至胸部侧下方。两手划至胸前时几乎靠在一起,如图9-2-10所示。

前伸:当内划接近完成时,两手在继续向内、向上划动的过程中逐渐转为向上、向前弧形运动至颌下。此时两手靠拢,两掌心逐渐转向下,手指朝前。接着,肘关节不停顿地沿平滑的弧线前移,推动两手贴进水面向前伸出。与此同时迅速低头,将头夹于两臂之间。伸臂动作完成时,两臂伸直并拢充分伸肩,两手掌心向下,呈良好的流线型向前滑行,如图9-2-11所示。

图9-2-10

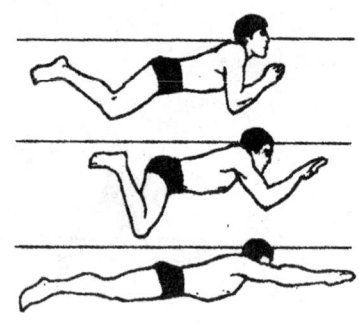

图9-2-11

(4)完整配合。

正常蛙泳在一个完整动作周期中一般是采用蹬腿1次,划臂1次,呼吸1次。蛙泳的呼吸是和手臂的划水动作紧紧结合在一起的,主要有"早吸气"和"晚吸气"两种类型。

早吸气配合技术:两臂开始外划时,颈后肌收缩,开始向上抬头,下颌前伸,使口露出水面将气吐尽;在两臂下划和内划的过程中吸气;两臂前伸时低头闭气;滑行时在水中呼气。早吸气配合技术比较适合于初学者采用。

晚吸气配合技术:晚吸气配合技术没有明显的抬头和前伸下颌的动作。在两臂外划和下划时,身体仍保持较平直的流线型姿势;在两臂内划的过程中,随着头、肩的上升,口露出水面将气吐尽;内划结束,头、肩向前上方升至最高位置时快速吸气,两臂前伸时迅速低头闭气;滑行时向水中呼气。运动水平较高者一般都采用晚吸气配合技术。但晚吸气配合技术的吸气时间较短,初学者不容易掌握。

蛙泳臂和腿的配合是一种交替进行稍有重叠的技术。两臂外划和下划时,两腿放松,两膝下沉,开始收腿;两臂开始前伸时,迅速完成收腿并做好翻脚的动作;两臂接近伸直时,开始向后快速蹬腿;蹬腿结束后,全身伸直呈良好的流线型向前滑行。

蛙泳的完整配合技术如图9-2-12所示。

2. 蛙泳的练习方法

(1)陆上练习。

腿部技术练习方法:①两脚分开跪于垫上,两膝间的距离同肩宽,勾脚,脚尖朝外,小腿和脚的内侧贴地,两手后撑,慢慢振压。这一练习可以帮助练习者体会翻脚掌的正确姿势;②另外,可俯卧在池边或长凳上,模仿蛙泳腿的收、翻、蹬夹动作。

臂部技术练习方法:两脚开立,上体略前倾,模仿蛙泳手臂划水动作,基本掌握后可配合呼吸练习。

(2)水中练习。

腿部技术练习方法:①手扶池边,俯卧水中,做蛙泳腿的收、翻、蹬夹动作。同伴可在其身

图 9-2-12

后抓住练习者的双脚,帮助体会和纠正动作;②手扶打水板,两臂前伸,做蛙泳腿动作向前游进。基本掌握后可配合呼吸练习。

臂部技术练习方法:①水中原地开立,上体略前倾,两臂做蛙泳划水动作,基本掌握后可配合呼吸练习;②俯卧水中,大腿处夹打水板,两臂做蛙泳划水动作向前游进,基本掌握后可配合呼吸练习。

完整配合技术练习方法:蹬壁滑行后继续低头闭气,做臂、腿连贯配合动作。基本掌握后,再配合呼吸练习。

(二)爬泳

爬泳又称自由泳。在自由泳比赛中,规则规定可采用任何一种姿势,因为爬泳的速度最快,所以在自由泳比赛中,一般都采用爬泳这种姿势。爬泳是身体俯卧水中,依靠两臂轮换划水,两腿上、下交替打水向前游进。这种姿势的两臂轮换划水很像爬行,所以称为爬泳。

1. 爬泳的动作要领

(1)身体姿势。

游爬泳时,身体几乎水平地俯卧水中,自然伸展呈良好的流线型,身体纵轴与水平面呈3°～5°。头部保持自然稍后屈的姿势,水面齐发际,两眼注视前下方,如图9-2-13所示。

在游进中,由于划臂、打腿和转头吸气的需要,身体会围绕纵轴左右转动。转动的角度为35°～45°,如图9-2-14所示。

(2)腿部动作。

爬泳的打腿,是由两腿交替进行的,由向上打水和向下打水两个阶段构成,主要起使身体保持平衡、有利于划水的作用,同时也能产生较大的推进力。

向上打水:向上打水开始时,大腿带动小腿和脚,直膝上抬,踝关节自然放松;当脚跟抬到与臀部基本处于同一水平面时,大腿停止上移而转为开始向下运动,但小腿和脚由于惯性作用而继续上移;向上打水结束时,脚跟到达水面处最高点,膝关节弯曲约呈160°,如图9-2-15所示。

向下打水:随着屈髋程度的加大,大腿继续发力下压,带动小腿和脚掌向下打水,膝关节逐

图 9-2-13   图 9-2-14

渐伸直,此时水的阻力使踝关节、脚掌内旋,形成一个良好的对水面;当大腿下压至膝关节略低于髋部水平时,即停止下移而转为上抬,此时膝关节迅速伸直,小腿和脚继续向下加速运动,完成最后的鞭打动作;向下打水结束时,脚离水面30~40cm,如图9-2-16所示;接着大腿又带动小腿和脚,直膝上抬,开始下一个打腿动作周期。

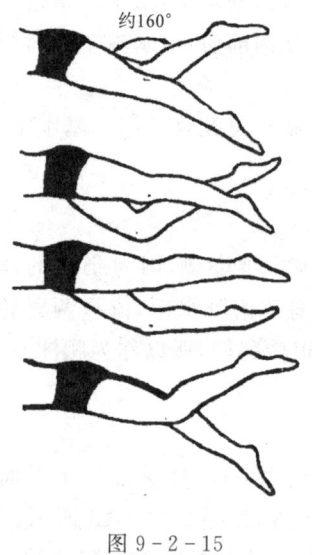
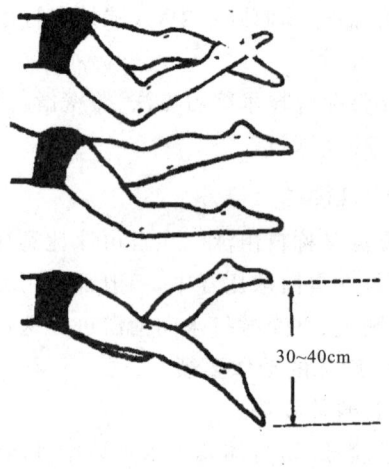

图 9-2-15   图 9-2-16

(3)臂部动作。

爬泳两臂的划水是推动身体前进的主要动力。爬泳臂的一个划水周期可以分为入水、划水(抓水、拉水、推水)、出水和空中移臂几个动作阶段,如图9-2-17所示。

入水:手臂入水时,手指自然伸直并拢,臂稍内旋,肘关节微屈并高于手,掌心朝外斜下方,使手掌与水平面的角度为30°~40°,以拇指领先斜插切入水中。手的入水点在头前身体中线与同侧肩的延长线之间,这种姿势阻力较小,如图9-2-18所示。

划水:划水是指手臂从入水结束到提肘出水前在水下的整个动作过程。爬泳时手在水下的划水路线是一条稍微弯曲的"S"形,如图9-2-19所示。现将划水大体划分为抓水、拉水、

第九章 水上运动

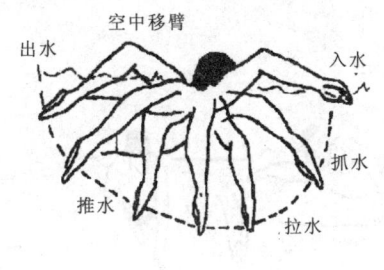

图 9-2-17

图 9-2-18

推水等几个阶段。

抓水：臂入水后，手掌从向斜外下方转向斜内后方，并开始屈腕、屈肘，形成肘关节高于前臂和手的姿势，此时，上臂与水平面的角度约为20°，肘关节屈角为160°，如图9-2-20所示。在整个划水动作周期中，抓水动作是相对放松和较慢的部分，应避免手过快地滑下或向外滑开。

图 9-2-19

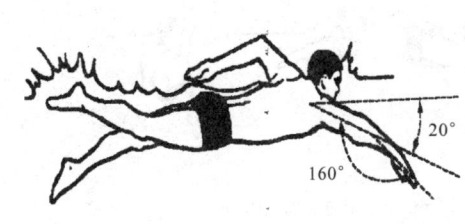

图 9-2-20

拉水：拉水是指手臂从抓水结束处划至肩的横切面这一阶段，拉水应紧接着抓水进行，中间不能停顿。开始时，手臂继续向下并稍向外划动，手掌稍内旋对着后下方；当手向下划至最低点时即转为"内划"，掌心转为朝内后方，手从肩的垂直面外侧向内、向上、向后加速划至胸部下方接近或略超过身体中线处，肘关节进一步弯曲至90°～120°，如图9-2-21所示。

推水：当手臂拉水至肩下时，即转入推水阶段。推水应紧接着拉水进行，中间不能停顿。推水的前部分，掌心转为朝向外后方，手掌几乎直接由胸下向腰下推水。当手划过髋部时，肘关节迅速伸展，腕关节稍放松，手掌和前臂的角度为200°～220°，掌心转为朝向外上后方，手掌保持着良好的对水面，加速向外、向上并向后划动，直至划近大腿侧下方，如图9-2-22所示。

出水：划水结束后，臂借助推水后的速度惯性，将肘部向上方提起，并迅速将臂部提出水面，这时臂部和手腕应放松，手臂不要在体侧停顿，如图9-2-23所示。

空中移臂：是指臂部在一个划水周期中的休息放松阶段，移臂的一般方式是"高肘移臂"。移

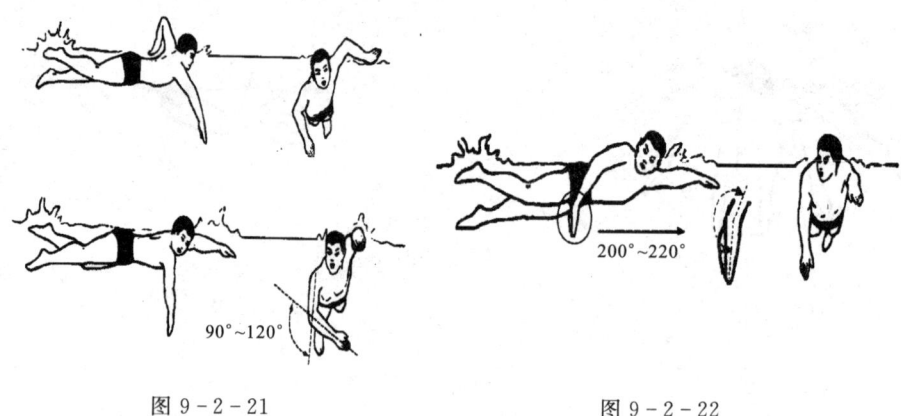

图 9-2-21　　　　　　　　图 9-2-22

臂开始时,肘稍屈,手腕放松,掌心朝后上方,手掌接近水面,由上臂带动肘关节向上、向外、向前移动;当手前移过肩的垂直面后,肘关节转为向下、向内、向前移动,前臂和手赶上肘部向前伸出,掌心转朝外斜下方准备入水。在移臂过程中,肘部应始终高于手和肩,如图 9-2-24 所示。

图 9-2-23　　　　　　　　图 9-2-24

两臂的配合:通常爬泳的两臂配合有以下 3 种方法(图 9-2-25)。
前交叉:是指一臂入水时另一臂处在滑下阶段,这是一种带滑行阶段的技术。
中交叉:是指一臂入水时另一臂已经进入划水阶段的中间部分。
后交叉:是指一臂入水时另一臂已经进入划水阶段的后半部分。

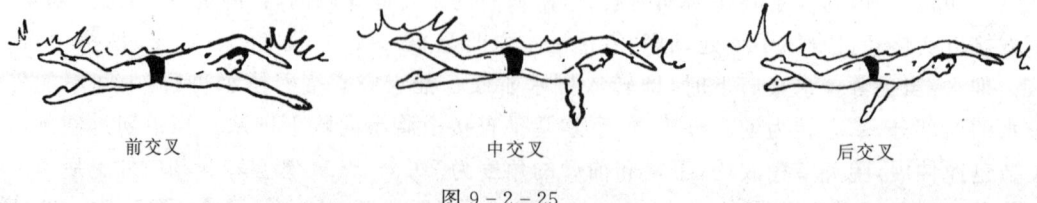

前交叉　　　　　中交叉　　　　　后交叉
图 9-2-25

(4)完整配合。

爬泳时,一般在一个完整的动作周期里采用 6 次打腿(左、右腿各 3 次),2 次划水(左、右臂各 1 次），1 次呼吸。

　　游爬泳时，是随着两臂交替划水时躯干绕身体纵轴自然转动而侧转头吸气的。一般是朝自己习惯的一侧转头。转头呼吸的方法是：当吸气侧的手臂入水后，脸浸入水中用口、鼻徐徐呼气；当该臂划至肩下开始向后、向外、向上划水时，随着身体往吸气侧的转动，头也开始往吸气侧转动加速呼气；当该臂提肘出水身体转动达到最大时，脸部侧对着水面，口处于由向前游进所产生的头波的波谷中，此时迅速张口吸气，如图 9-2-26 所示；当吸气侧的手臂经空中前移超过肩的横切面准备入水时，躯干开始朝另一侧转动，此时转头还原使脸部浸入水中做短暂的闭气。然后又开始下一个呼吸周期。

图 9-2-26

　　爬泳的 6 次打腿和 2 次划手有着严格的对应配合时间，一臂入水时，异侧腿做第一次打水；当手臂前伸抓水时，同侧腿做第二次打水；当手臂开始拉水时，异侧腿做第三次打水；当手臂开始推水时，同侧腿做第四次打水；当手臂推水结束时，异侧腿做第五次打水；当手臂出水经空中前移时，同侧腿做第六次打水，如图 9-2-27 所示。

2. 爬泳的练习方法

（1）陆上练习。

腿部技术练习方法：俯卧池边或长凳上，模仿爬泳做上、下打水动作。先直腿练习，体会大腿带动小腿和脚的用力方法，然后再逐步过渡到鞭状打腿动作。

臂部技术及臂与呼吸配合技术练习方法：原地站立，上体略前倾，一臂前伸不动，另一臂模仿爬泳的划水动作。左右两臂轮换练习，初步体会动作后，两臂交替连贯练习。基本掌握后，配合呼吸练习。

完整配合技术练习方法：原地站立，上体略前倾，两腿原地小踏步，两臂做连贯交替的划水动作，模仿爬泳的臂、腿配合技术。基本掌握后，配合呼吸练习。

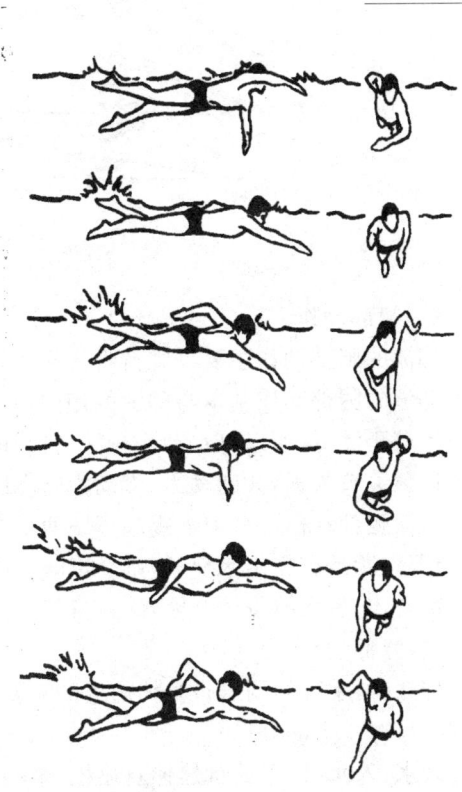

图 9-2-27

（2）水中练习。

腿部技术练习方法：①手扶池边，低头或抬头，做爬泳上下打腿动作。先直腿练习，再逐步过渡到鞭状打腿动作；②手扶打水板，两臂伸直，两腿做鞭状打腿动作。逐渐延长练习距离。

臂部技术及臂与呼吸配合技术练习方法：①水中原地站立，上体略前倾，一臂前伸不动，另一臂做爬泳划水动作,两臂轮换练习,然后做两臂交替连贯划水动作,基本掌握后,配合呼吸练习;②身体俯卧水中,大腿处夹打水板,低头闭气,一臂前伸不动,另一臂做爬泳划水动作,两臂轮换练习,然后做两臂交替连贯划水动作。基本掌握后,配合呼吸练习。

完整配合技术练习方法:①身体俯卧水中,低头闭气,两腿不停打水。一臂前伸不动,另一臂做爬泳划水动作向前游进,可配合同侧的转头呼吸,两臂交替练习;②身体俯卧水中,低头闭气,两腿不停打水,两臂做连贯交替划水动作向前游进,基本掌握后,配合呼吸练习。

(三)仰泳

仰泳是一种在人类游泳活动中出现较早的泳式。它是依靠两臂交替划水,两腿交替打腿来游进的。由于它的呼吸不受什么限制,所以是很多游泳爱好者喜欢的泳式。

1. 仰泳的动作要领

(1)身体姿势。

仰泳时,身体接近平直地仰卧于水中,头和肩部略高,腹部和两腿在水面下5~10cm,身体纵轴与水平面角度为5°~10°,身体呈流线型,如图9-2-28所示。游仰泳时,头的姿势非常的重要,要保持相对的稳定,不要上下、左右地摇晃。

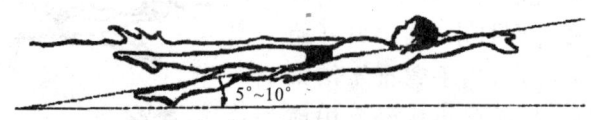

图9-2-28

(2)腿部动作。

仰泳的腿部动作主要是维持身体平衡,同时还可以产生推进力,发挥一定的推进作用。

仰泳的腿部动作基本与爬泳的相同,只是卧水姿势不同,打腿方向相反,而且游仰泳时,腿的位置较爬泳低,所以打水动作较深,打腿的幅度和屈膝的程度都要大于爬泳。仰泳的腿部动作是以髋关节为轴,大腿发力,带动小腿和脚,有节奏地上、下交替打水。

仰泳腿部动作可分为上踢和下压两部分。屈膝向上踢水时,脚背稍内旋,向后上方踢。但是,不要使膝或脚露出水面,否则会影响打腿效果。下压是打腿的恢复过程,主要是为上踢动作做准备,起着保持身体高度,维持身体平衡的作用。

(3)臂部动作。

仰泳时,手臂的划水是身体前进的主要推进力。仰泳的手臂动作可分为入水、划水、出水和空中移臂4个部分。

入水:入水时,手臂自然伸直放松,掌心朝外,腕关节处稍内收,小拇指领先在肩的延长线前端入水。

划水:手的划水路线,近似于一个"S"形,如图9-2-29所示。手臂入水后,随着躯干向同侧的转动向下向外划动;随后屈腕、屈肘,掌心慢慢转为朝外下后方;接着,前臂内旋,掌心转为朝向后上方,并进一步屈肘,手掌和前臂向后、向上、向内划动;在此基础上,手掌、前臂和上臂同时向后、向下做推压动作,直至手掌划至大腿的侧下方。

出水:当手臂在做推压动作时,身体已开始回转。随着另一只手臂的入水及身体的继续回转,划水臂的肩转出水面,此时,由肩带动上臂、前臂和手依次出水。出水时手臂自然伸直,为减少阻力,应以大拇指领先出水。

空中移臂:当臂提出水面后,应迅速沿着肩的纵切面经空中向头前摆动。当手臂移过垂直面后开始内旋,掌心转向外。入水前,肩关节应充分伸展。

仰泳时,两臂的动作始终是交替进行的。当一臂出水时,另一臂入水;当一臂空中移臂时,另一臂划水。

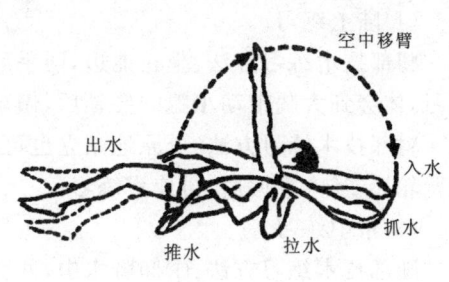

图 9-2-29

(4)完整配合。

仰泳时,一般在一个完整的动作周期里采用 6 次打腿(左、右腿各 3 次),2 次划手(左、右手各 1 次),呼吸 1 次。

仰泳的 6 次打腿与 2 次划手的配合有严格的要求,如图 9-2-30 所示。具体的方法是:一臂开始划水时,同侧腿上踢;当手臂划至肩、胸部位时,异侧腿上踢;当手臂做向后推压时,同侧腿再次上踢。随着另一臂的划动,腿部做另外 3 次打腿动作。

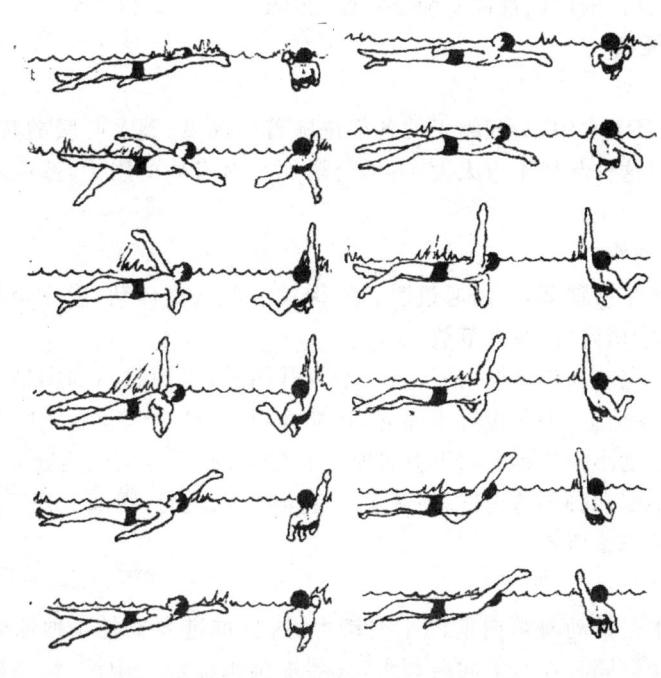

图 9-2-30

仰泳的呼吸动作相对比较简单,但也要按节奏进行。当一臂经空中前摆时(另一臂正处于划水阶段),用口深吸气;臂入水时吸气结束,做短暂闭气;随着划水的进行,慢慢呼气。如此循环进行。

2. 仰泳的练习方法

(1)陆上练习。

腿部技术练习方法：坐在池边，两手后撑，两腿并拢伸直，做上、下交替打水练习。先直腿练习，体会到大腿带动小腿的要领后，做鞭状打水。

臂部技术练习方法：可原地站立也可仰卧长凳上，模仿仰泳手臂划水动作。先单臂练习，两臂轮换，基本掌握后，再连贯练习。

(2)水中练习。

腿部技术练习方法：①仰卧水中，两臂置于体侧，同伴托住头部，做仰泳打腿动作；②仰卧水中，双手环抱打水板，做仰泳打腿动作；③仰卧水中，两臂置于头前，并拢伸直，做仰泳打腿动作。

臂部技术练习方法：①仰卧水中，同伴托住双腿，做仰泳划水动作；②仰卧水中，两脚脚踝处或小腿处夹打水板，做仰泳划水动作。

完整配合技术练习方法：仰卧水中，腿部不停地打水，一臂做划水动作，另一臂置于体侧，两臂轮换练习。完整配合练习，着重体会6次打水与2次划水的配合时机。初学仰泳时，呼吸以自然为宜。随着手臂与腿部动作的配合熟练，再做呼吸上的要求。

(四)蝶泳

蝶泳是由蛙泳演变而来的，由于两臂出水时像蝴蝶展翅飞舞，所以被称为蝶泳。蝶泳的技术动作比较复杂，对身体的协调性以及腿、臂、腰、腹的力量要求都较高。

1. 蝶泳的动作要领

(1)身体姿势。

蝶泳时，身体俯卧于水中，头和躯干的各部位随着蝶泳臂、腿及呼吸的特殊技术动作而形成波浪式的摆动。但这种起伏不应太大，不然会增加水对身体的阻力，造成游进速度的降低，如图9-2-31所示。

(2)躯干和腿部动作。

蝶泳的打腿动作是由腰部发力，通过髋、膝、踝关节的依次传动，形成鞭状打水。打腿时，两腿自然并拢，两脚掌稍内旋，踝关节放松。

蝶泳打腿的一个完整动作周期，是从向上抬腿开始的，当两腿抬到脚稍高于臀部时，膝关节开始弯曲，小腿继续向上，脚跟接近水面时，屈膝角度为110°~130°；此时腰部发力，收腹提臀，大腿加速下压，带动小腿和脚向后下方打水；当两腿下打至膝关节接近伸直时，大腿停止下压，开始向上运动，小腿和脚加速向下，使膝关节完全伸直，此时，臀部上升至水面，大腿与躯干约为160°，如图9-2-32所示。

(3)臂部动作。

蝶泳两臂的划水是推动身体向前的主要动力，这种推进力也是4种泳姿中最大的一种。蝶泳的臂部动作是两臂同时在水下向后划水，然后提出水面经空中前摆。蝶泳的一个完整臂部动作可分为入水、划水、出水和空中移臂4个部分。

入水：入水动作是借助空中移臂的惯性完成的。入水时，两手的距离同肩宽，两臂稍内旋，肘关节稍屈并高于手，在肩的延长线前端，按手、前臂、上臂的顺序依次切入水，如图9-2-33所示。

划水：划水时，从入水到出水这一段路线，很像两个相对的"S"形，所以被人们称为"双S"

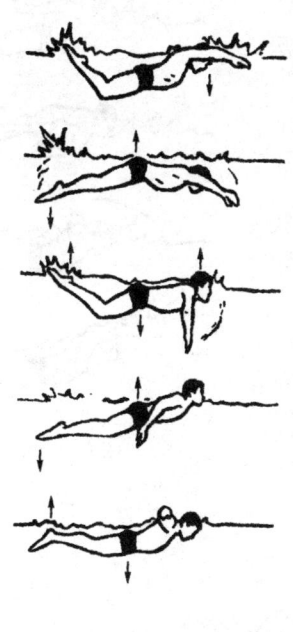

图 9-2-31

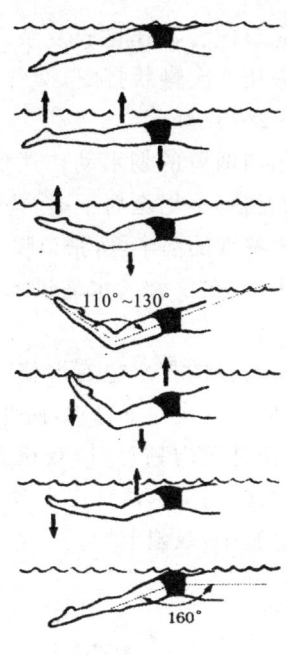

图 9-2-32

形划水,如图 9-2-34 所示。首先,两手入水后,顺势伸直肘关节,两臂稍内旋并屈腕,手指领先向外划至两倍肩宽处。此时肘关节开始弯曲,掌心转为朝外下后方;接着,继续屈肘,手臂向下沿弧线由外至内划动,掌心转为朝内后方,当两手划至肩下方时,屈肘程度最大,两手接近靠拢;紧接着,肘关节用力伸展,两手加速向后、向外、向上划至大腿外侧。

出水:推水结束后,借助手臂向上、向外的惯性,提肘,按上臂、前臂、手掌的顺序向上、向外迅速提出水面,如图 9-2-35 所示。

空中移臂:两臂出水后,沿身体两侧同时向外、向前抢摆。肘关节在抢摆的过程中自然伸直,当两臂摆过肩的横切面后,微屈,准备入水动作。整个动作始终保持大拇指向下姿势,如图

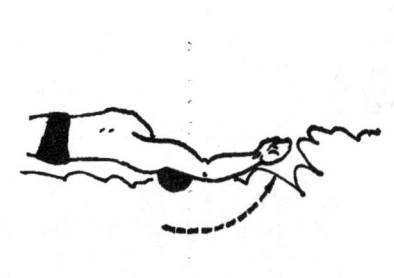

图 9-2-33

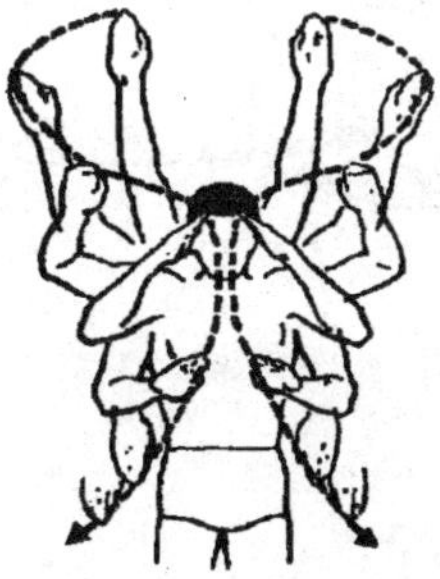

图 9-2-34

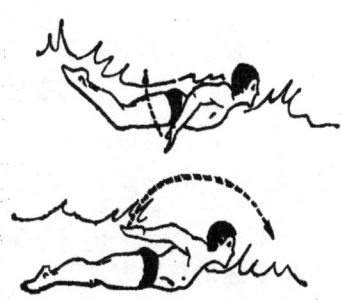

图 9-2-35

9-2-36 所示。

(4)完整配合。

蝶泳的完整配合动作比较复杂。一般在一个完整的动作周期里采用 2 次鞭状打腿,两臂同时划水 1 次,呼吸 1 次,如图 9-2-37 所示。

呼吸必须与两臂的划水动作严格配合。当两臂外划时,头就开始上抬;手划至肩下时,头抬出水面;在两臂向后推水及空中移臂的前半段,张口吸气;当两臂前摆时,闭气并迅速低头,应在手臂入水前进入水中;臂入水后开始呼气。

臂的划水与腿的打水也有严格的配合要求。在两臂入水时,双腿做第一次向下打水,两臂外划时,完成腿的下鞭打水;两臂由外至内划动时,双腿上抬;在两臂推水时,双腿做第二次向下打水,两臂出水时,完成腿的下鞭打水;在空中移臂过程中,双腿上抬。

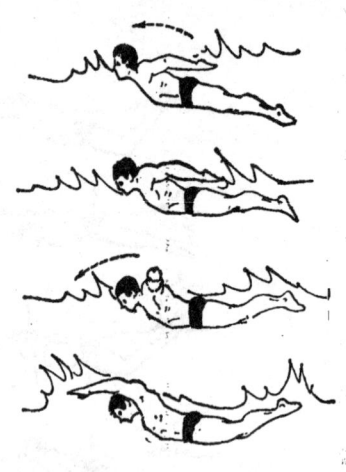

图 9-2-36

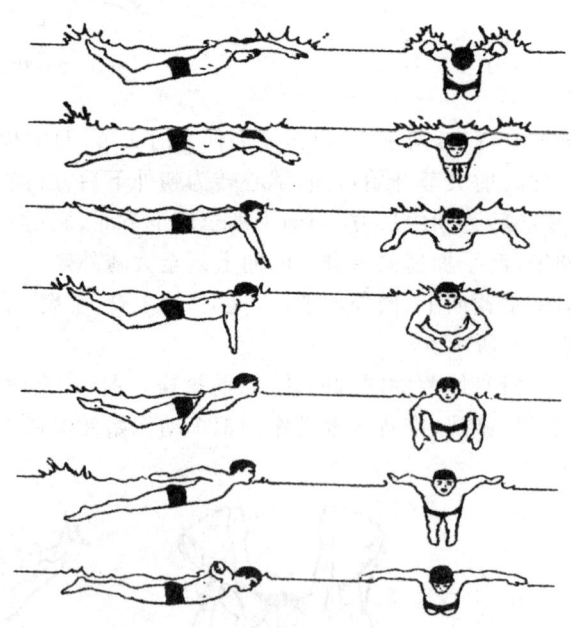

图 9-2-37

2. 蝶泳的练习方法

(1)陆上练习。

躯干与腿部技术的练习方法:原地站立,两臂上举并拢。模仿蝶泳躯干和腿动作,做波浪式由上而下的前后摆动。可先按 3 拍分解练习:第一拍,挺髋;第二拍,屈髋、屈膝;第三拍,提臀、伸膝成屈体姿势。基本掌握后,再逐步加速做连贯动作,如图 9-2-38 所示。

图 9-2-38

臂部技术及臂部与呼吸技术的练习方法：两脚并立，上体前倾，模仿蝶泳两臂的划水动作，体会"双 S"形的划水路线和空中移臂动作。基本掌握后，配合呼吸动作练习。

完整配合技术的练习方法：两脚并立，模仿蝶泳的两臂划水和躯干、腿的波浪式摆动，如图 9-2-39 所示。

图 9-2-39

（2）水中练习。

躯干与腿部技术的练习方法：①站在水中，如陆上练习般做模仿练习；②两手扶池边，身体俯卧于水中，低头闭气，做蝶泳鞭状打水动作；③两手扶打水板做打水动作。

臂部技术及臂部与呼吸技术的练习方法：①站立水中，上体前倾，做蝶泳两臂划水动作，基本掌握后，配合呼吸练习；②浅水中站立，两臂向后划水时，双脚用力蹬池底，身体跃出水面，同时抬头张口吸气，两臂经空中移臂摆至肩前时，低头闭气潜入水，身体在水中滑行时呼气，然后还原成站立姿势，如图 9-2-40 所示；③身体俯卧水中，大腿处夹打水板使下肢浮起，做蝶泳两臂划水动作前行。先闭气练习，基本掌握后配合呼吸练习。

完整配合技术的练习方法：①一只手扶池边或打水板，另一只手做划水动作，两腿做鞭状打水动作，体会 1 次划手、2 次打腿的配合时机，两手交替练习，先闭气练习，基本掌握后配合呼吸练习；②在水中做完整配合游进练习，可先闭气练习，基本掌握腿、臂的配合后，再配合呼

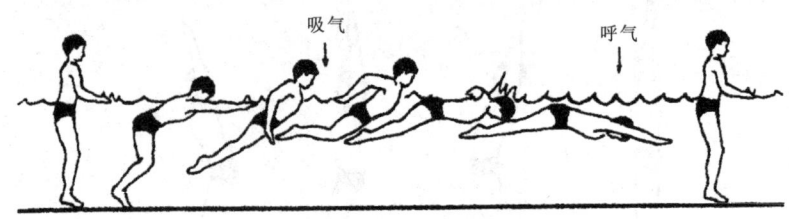

图 9-2-40

吸练习。

二、实用游泳

(一)踩水

踩水是身体直立在水中,头部露在水面上的一中游泳姿势。其速度较慢,但比较安全,在遇到落水、呛水等情况时,可运用踩水技术在水中休息、观察、变换方向,而且在必要时可及时躲避激流或抢救溺水者。

1. 踩水的动作要领

踩水时,身体在水中接近于直立,上体稍前倾。两腿膝关节弯曲,收髋,小腿向大腿收拢,收腿后小腿和脚向外翻,勾脚掌,使小腿和脚内侧对水,向下弧形蹬压水,产生上升力使身体能在水中浮立。两腿未完全蹬直和并拢时就要及时收腿,如果两腿完全伸直或并拢,容易使身体下沉。因此,蹬压水动作可做得小些,但要自然、连贯。

腿的蹬压方式有两种:一种是两腿同时蹬压、同时收翻,这种动作比较简单,容易掌握,但身体的上下起伏比较大;另一种方式是两腿交替做蹬压和收翻动作。这种方式的动作的协调性要求比较高,身体比较平稳,没有大的起伏,但会稍微左右摇摆。

臂部动作比较简单,两臂稍屈平举于胸前,两手同时做平行于水面向外、向内的弧形拨压水动作。上臂动作不宜过大,手掌要有压水的感觉。

在整个技术动作中,身体要放松,手腿配合要协调,自然呼吸就可以了。

2. 踩水的练习方法

(1)悬挂在双杠上做脚离地的蹬压水动作。

(2)坐在游泳池边,脚浸入水中,模仿踩水的腿部动作。

(3)在水中,双手扶池边,上体略前倾,双腿做蹬压水动作。

(4)站立在齐胸的水中,两臂做弧形拨压水动作。

(5)腋下支撑水线或同伴用绳子套住腋下拉着做完整的踩水动作。练习者应逐渐摆脱对绳子或支撑物的依赖。

(6)在深水区持续踩水练习,动作尽量放松,在动作熟练的基础上,可逐渐解脱双手,并可练习向前或向侧游进。

(二)侧泳

侧泳是身体侧卧水中向前游进的一种泳姿,是从侧身蛙泳演变而来的。侧泳具有很大的实用价值,常用于长距离游渡、水中拖运物品以及抢救溺水者。

1. 侧泳的动作要领

游侧泳时,身体侧卧于水中,稍向胸腹一侧倾转,头的一侧浸入水中,游进时,躯干会随手臂的划动绕纵轴来回转动。

侧泳腿的动作可分为收腿、翻脚和蹬剪3个动作环节。收腿时,靠近水面一侧的腿膝关节弯曲,大腿与水面平行向前提收,而另一侧腿,保持展髋姿势,膝关节弯曲,小腿向大腿收拢;翻脚,当收腿动作接近完成时,靠近水面一侧的腿勾脚尖,将脚底和大腿后侧面向后对准蹬水方向,另一侧腿则绷脚尖,使脚背和小腿的前侧面向后对准剪水方向;紧接着做蹬剪动作,靠水面一侧的腿,以大腿的后侧面及脚底与水面平行做向后加速弧形蹬夹,与此同时,另一侧腿,以脚背和小腿前侧面对水向后做剪式打腿,直至两腿伸直并拢进入滑行阶段。

侧泳臂,常用的一种动作是,上侧臂向后划水后经空中向前移臂,类似爬泳的手臂动作,下侧臂是在水中前移,类似蛙泳的手臂动作。两臂的动作是交替进行的。上侧臂在空中移臂时,下侧臂在体下划水;上侧臂划水时,下侧臂前伸。两臂在胸前有一个交叉的过程。

侧泳完整动作配合时,两臂各划水1次,两腿蹬剪水1次,呼吸1次。上侧臂经空中移臂、下侧臂向后划水时,身体侧转,头露出水面开始吸气;上侧臂入水、下侧臂收手时,开始收腿,同时吸气结束,稍闭气,脸随身体转动而浸入水中;上侧臂向后划水、下侧臂前伸时,两腿做翻脚、蹬剪动作,同时口、鼻在水中均匀呼气;上侧臂划水结束贴于体侧时,下侧臂在头前伸直,两腿同时完成蹬剪动作伸直并拢,全身呈良好流线型向前滑行。

2. 侧泳的练习方法

(1)原地站立,模仿侧泳两臂不对称动作。

(2)水中手扶池边,做侧泳腿部动作。

(3)水中手扶打水板做侧泳腿部动作向前游进。

(4)水中由同伴托下侧腰做侧泳完整动作练习。

(5)水中做侧泳完整动作练习。

(三)反蛙泳

反蛙泳就是翻转过来的蛙泳,也叫蛙式仰泳。反蛙泳呼吸自然,容易学习和掌握,可用于在水中身体疲劳时,做暂时性的休息。在水中拖运物品、抢救溺水者时也常采用这项技术。

1. 反蛙泳的动作要领

游反蛙泳时,仰卧水中,身体自然伸直,脸露出水面。反蛙泳的腿部动作基本和蛙泳腿相同,也分为收腿、翻脚、蹬夹腿3个紧紧相连的环节。收腿时,膝关节弯曲,小腿放松向大腿后面收拢,两腿同时向两侧分开使两膝间的距离约同肩宽;当小腿收到与大腿垂直时开始翻脚,大腿稍内旋,勾脚掌,使小腿和脚的内侧向后对水;紧接着,大腿发力,用小腿和脚向侧后方蹬夹水。反蛙泳的臂部动作是两臂自然伸直同时经空中前摆入水,然后在体侧同时向后划水。

腿臂配合轮流进行,移臂收腿,划水蹬夹腿,臂腿伸直滑行。

2. 反蛙泳的练习方法

(1)原地站立,模仿反蛙泳两臂划水动作。

(2)坐在池边,模仿反蛙泳腿的收腿、翻脚、蹬夹腿动作。

(3)仰卧水中,双手抱打水板于腹前,做反蛙泳腿的动作向前游进。

(4)仰卧长凳上,模仿反蛙泳腿、臂完整配合动作。

(5)腹部戴浮板在水中做反蛙泳腿、臂完整配合动作。

(6)在水中做反蛙泳完整动作练习。

(四)潜泳

潜泳是在水下游进的一种游泳技术。有一类潜泳,是要使用专门的器材,在国际上已被列为竞技体育项目;另一类潜泳,是指在民间广为流传的,包括潜远和潜深。这类潜泳不受装备的限制,简单易行,在意外落水时可运用此技术来躲避风浪,抢救溺水者时也常被采用。

1. 潜远

潜远的方法主要有蛙式潜泳和长划臂潜泳。

(1)蛙式潜泳:蛙式潜泳就是用蛙泳动作在水下游进,其技术基本与正常蛙泳相同。区别在于潜泳时,为了保持潜泳的深度,避免过早上浮,头的位置稍低,使头和躯干成一直线。收腿屈髋的幅度及两腿向侧分开的程度都比正常蛙泳要小些,而两臂的划水幅度则比正常蛙泳要大些,以产生更大的推进力。

(2)长划臂潜泳:长划臂潜泳的腿部动作及身体姿势与蛙式潜泳相同,只是在划臂的路线上有所加长,两臂推水直至大腿两侧伸直。在收手前伸的同时做收腿、翻脚的动作;两臂向前快伸直时两腿做蹬夹动作;蹬夹结束后,开始划臂,此时两腿自然伸直并拢;划水结束后两臂贴于体侧,掌心向上,身体伸直呈良好的流线型向前滑行。

长划臂潜泳的游进速度比正常蛙泳和蛙式潜泳都快,但由于有相当一段时间是以头部领先的,在水情复杂、水质浑浊、能见度低的情况下采用这种技术应格外谨慎,以免头部撞伤而危及生命安全。

2. 潜深

潜深有两种下潜的方式:头朝下潜深和脚朝下潜深。

(1)头朝下潜深:头朝下潜深是从踩水开始的。下潜之前先深吸一口气,然后迅速低头收腹团身,屈膝提臀,使身体向下翻转成头朝下的姿势。然后,两臂向下伸直并拢,身体伸展,两腿伸直,身体迅速下沉。接着,两腿向上做蛙泳的蹬夹动作以加快下潜速度。当到达一定的深度,身体就可逐渐转成水平姿势。头朝下的潜深速度较快,并且能与潜远自然衔接,但动作比较复杂,有一定的难度。

(2)脚朝下潜深:脚朝下潜深也是从踩水开始的。下潜之前,两腿同时用力蹬夹水至并拢伸直,两臂也同时在体前用力向下压水至体侧伸直,使身体跃出水面,与此同时深吸一口气;紧接着,利用自身的重力快速下沉;当头沉入水中后,两手掌心向上,做由下而上的拨水动作,保持下沉速度;当下到一定深度时,低头团身,就可使身体成水平姿势,继续潜远。脚朝下潜深,动作比较简单,容易掌握,但下潜的速度较慢。

第三节　水上休闲健身运动

一、冬泳

冬泳是冬季在天然水域中游泳的简称。参加冬泳锻炼,不仅能改善人体的体温调节功能,增强体质,提高御寒和抵抗疾病的能力,而且在寒冷的冬季破冰下水游泳更能激发人们战胜大自然的豪迈情趣,有助于培养勇敢顽强的意志品质和坚毅乐观的性格。进行冬泳锻炼,最好是在夏天、秋天游泳的基础上坚持下去,以使身体对气温、水温的变化有一个自然适应的过程。

冬泳时,人体的体温调节功能会发生一系列的变化,冬泳者必须对此有所了解。首先是寒冷期,亦称为麻木期。冬泳者在入水后的几分钟之内,体表血管收缩,以减少热量的散失。此时,循环血液量减少,皮肤变得苍白,人体产生第一次冷感,手脚麻木。接着进入温暖期,亦称活跃期。在神经系统的支配下,各器官系统积极活动起来,这时皮肤毛细血管扩张,血液流向皮肤,人有了温暖的感觉。这个时期能持续多长时间,与冬泳者的锻炼水平的高低、运动强度的大小以及水温的高低有很密切的关系。一般来说,锻炼水平低、运动强度大、水温低,温暖期持续的时间就短;反之,持续时间就长。出现温暖期后就要根据个人情况及时出水,如果勉强继续,体热消耗过度,肌肉就会出现不自主的收缩,这是机体的一种保护性反射,此时人体产生第二次冷感,也就进入了寒战期,亦称颤抖期。如果人体继续停留水中,则会周身出现恶寒,全身颤抖,皮肤、嘴唇青紫,严重时会引发肌肉痉挛,甚至导致溺水死亡事故。所以,冬泳应在寒战期出现前结束。

为了保证冬泳顺利进行,应注意以下几点:

(1)在江、河、湖、泊冬泳,应选择容易下水和容易起水的地点。

(2)下水前要做充分的准备活动,一般要求做到身体发热但不出汗的程度。

(3)刚开始进行冬泳时,身体往往会有一些不适的反应,但只要坚持下去,经过一段时间后,就会逐渐适应并恢复正常。

(4)进行冬泳锻炼要有固定的时间,如早上、上午、中午或下午,以使人体的体温调节功能建立起时间条件反射。

(5)在寒冷的北方破冰冬泳时,要选择冰下水流速度慢的地方进行。下水时不要猛跳,入水后也不要潜泳,以免流入冰下。

(6)冬泳者应根据自己的锻炼水平、运动强度以及水温等实际情况,掌握好锻炼的时间。一般应在身体出现第二次冷感前起水,不可与别人攀比,进行不适当的比赛。

(7)冬泳上岸后,要用柔软的干毛巾迅速擦干身体,穿上保暖的衣服,减少热量的散失,同时预防冻伤。

(8)加强自我医务监督,观察冬泳后的心率、血压、饮食、睡眠情况等,科学地安排锻炼。若有不良反应,如心跳加快、心律不齐、头部胀痛、食欲不振、恶心呕吐等,应请医生诊治,待恢复正常后再进行冬泳锻炼。

二、天然水域长游

天然水域的长游指的是在江、河、湖、海等天然水域中,进行长时间、长距离的游泳,如游渡海峡、横渡江河湖泊、沿江河漂流等。其中国际上比较著名的有横渡英吉利海峡、美国纽约的环游哈德逊河,以及我国的横渡长江和环游鼓浪屿等。

由于天然水域的环境复杂,情况多变,加上长游一般持续的时间比较长,体力消耗也较大。所以,参加者应该做好充分的准备,坚持体能锻炼,保证身体健康、体质好、没有心血管等方面的疾病。长游前要对长游的环境进行实地调查,如果是进行横渡海峡活动,一般要选择有海滩、没有珊瑚暗礁和鲨鱼、风浪较小的地方作为起点和终点。如果是渡江或沿江河漂流,应查明江中的激流、漩涡位置,是否有暗礁、木桩等;同时要了解当地的潮汐情况,掌握水流运动的规律;还要向气象部门咨询气候情况,确定适宜长游的日期,同时要准备好长游时的必需物品,如太阳帽、护目镜、救生圈和中途需要补充的食物和饮料等。长游时,一般不宜单独行动,最好3~5人一组同游,以便沿途互相关照,并且必须携带一定的救生器材,如救生圈等,以备不时之需。长游者还应戴太阳帽、护目镜以预防日光灼伤面部和眼睛,必要时,可擦护肤油防晒或防冻。

大型游渡活动时,组织者除了要调查长游的环境实地、选择好路线外,还应在必经之处用鲜明的标志标明线路,也可设置中途补给站;要对参加者讲明安全注意事项,确定统一的救援信号,如举红旗或鸣笛等,同时要配备救生船只,并沿途巡视。下水前要清点人数,召集全体人员做好准备活动,起水后要认真清点人数,看是否与下水前人数一致。

三、赛艇

赛艇是一项古老而优雅的集体项目,在世界上深得男女老少喜爱,其历史起源于古代的商贸、运输活动及战争。17世纪泰晤士河的船工们经常举行划船比赛。1715年为庆祝英国国王加冕,首次举行了赛艇比赛。但真正带有竞技色彩的比赛则始于1829年牛津大学与剑桥大学在泰晤士河上的比赛。在美国,世界著名的哈佛大学与耶鲁大学每年也会举行赛艇对抗赛,并已成功举办了超过155届的比赛。世界上不少著名的大学如英国的剑桥、牛津大学,美国的耶鲁、哈佛大学,澳洲的墨尔本、悉尼大学,日本的早稻田、庆应大学,我国的清华大学、北京大学、上海复旦大学、上海交通大学等都有赛艇队。

赛艇是由一名或多名桨手坐在舟艇上,背向舟艇前进的方向,运用其肌肉力量,通过桨和桨架的简单杠杆作用进行划水,使舟艇前进的一项水上运动。舟艇上可以有舵手,也可以无舵手。赛艇全艇艇身狭长而两头尖瘦,状如织布的梭子。最长的八人艇长达17~18m,宽只有57cm。最小的单人艇也有8m长,而最宽处仅29cm。

观看赛艇比赛主要要看以下几点:

(1)运动员的动作是否整齐划一、协调自然。
(2)桨叶出水是否轻盈、入水是否快捷。
(3)船行走时的起伏是否流畅。
(4)桨叶在水下的做功距离与运动员的身材是否相称。
(5)桨频与船速度的关系。

观看赛艇时还可欣赏运动员矫健的体型、整齐划一的动作、漂亮的舟艇在水面划过的轨迹以及旋转的水涡。再加上人体所必需的阳光、空气、水三大要素,无不给人以美的享受。总之,赛艇运动魅力无穷,只有深谙之道,才会品味悠长。

四、皮划艇

皮划艇最早是由独木舟发展而来的,是海岸和岛屿之间的简单便捷的水路运输工具。开放式的皮艇过去主要被用于北美、南美和南太平洋的温带地区,而封闭式的划艇主要是生活在北极的爱斯基摩人和因纽特人使用。19世纪的苏格兰人约翰·麦克格雷戈制造了第一条现代意义上的皮划艇,并在1864—1867年游遍了英国的海域。

皮划艇运动所使用的是一种船身狭小的船只,靠一个或多人使用划桨前进。比赛者在平静垂直的水面上进行比赛。不同于赛艇的是,运动员面向前进方向,同时皮划艇所使用的划桨也并不固定在船身上。皮划艇运动可分为皮艇和划艇。皮艇和划艇的两个主要不同之处在于选手划桨的位置和所用划桨的种类。划艇选手单膝跪地,持单片划桨划水,划桨选手仅限男性。皮艇为封闭式船只,选手坐在艇内划水,用脚操纵一个机械舵来控制船体,所用的划桨两头均有桨片。

随着社会的发展,人们的生活水平的提高,回归自然、挑战自我已成为时尚。惊险刺激的皮艇障碍回旋、激流皮划艇、探险皮划艇漂流等休闲运动也就应运而生,并深受广大旅游者和探险者的喜爱。但这些运动大都在急流险滩中进行,惊险、刺激的同时也存在着一定的危险因素。所以,开展皮划艇休闲运动一定要配备必要的装备,如头盔、救生衣等,同时还需要进行自救训练,熟悉线路情况、水流速度等。

五、滑水运动

滑水运动最早起源于20世纪初的美国,并迅速在欧美等发达国家普及开来。中国的滑水运动起源于20世纪60年代。所谓滑水就是人借助动力的牵引,在水面上"行走"的水上运动。所谓动力又分成好多种,有用摩托艇的,有用电动索道的,甚至有用汽车、直升机的。总之,前面有东西拖着你,你又在水上滑,就是滑水。滑水运动既可以使人感受高速滑行带来的刺激,又能使人体会翻、转、跳、跃带来的"玩"的快乐,让人充分享受夏日蓝天碧水的温情以及体育运动带给人的无穷乐趣。

滑水者通常要穿着"水鞋"——滑水板(水橇),在水面上完成各种特技动作。滑水板长1.52~1.83m,宽0.77m,重9~32kg,前端两边分别栓有两根短绳,后端为一片粗糙的脚垫,由一根15~22m长的牵引线与摩托艇拖挂,牵引速度为32km/h左右。行驶中,滑水者须在两脚之间交替转移身体重心来控制滑水板,两手牵拉短绳帮助维持平衡。

滑水运动分为花样滑水、跳跃滑水和常见的艺术滑水等。艺术滑水是将多种滑水单项以艺术化形式表现出来的滑水运动的综合体,有着极高的观赏性。与竞技滑水的个人比拼最大的不同点是,艺术滑水通常由多人组合,在比赛和表演过程中,滑水者穿着艳丽多彩的服装,配以背景音乐和现场解说,场面宏大而热烈,就像看演出。艺术滑水所展示的项目通常有:多人罗汉(4层,甚至是5层)、特技跳跃、水上芭蕾、多人赤脚、多人特技空翻等十几个项目。

近几年新兴的一种滑水运动名叫尾波滑水,并迅速发展普及开来。尾波滑水者的加速度更快,并在越过滑水牵引艇产生的尾浪(专业称尾流)斜坡后取得更高的高度,给予滑水者更大的空间和时间完成难度更大的翻转、跳跃、旋转等一系列动作。尾波项目也因此成为滑水运动中最具有观赏性的项目,人们可以同时领略高台滑雪、自由体操、跳水等一系列运动项目在水面上的精彩瞬间。另外,由于板体在水中的面积较大,稳定性较高,比较适合初学者学习新动作。尾波板也因此成为滑水运动中发展最快并具有巨大发展潜力的项目,深受广大爱好者特别是青少年的喜爱。

滑水运动在世界各地发展很快,据不完全统计,全球约有3000万以上的滑水爱好者。相信随着社会经济的不断发展,越来越多的人会参与到滑水运动中来,感受这种独特的水上运动所带来的无穷乐趣。

六、帆板运动

帆板起源于20世纪60年代末世界冲浪胜地夏威夷群岛。1970年6月美国一位冲浪爱好者修万斯设计并制造出世界第一条带有万向节的帆板,并获专利权。此后,在当地很快兴起帆板热,不久便流传到欧洲、澳洲和东南亚一带,现在全球性的帆板热方兴未艾。

帆板运动是介于帆船和冲浪之间的新兴水上运动项目,帆板由带有稳向板的板体、有万向节的桅杆、帆和帆杆组成。运动员利用吹到帆上的自然风力,站到板上,通过帆杆操纵帆,使帆板产生速度在水面上行驶,靠改变帆的受风中心和板体的重心位置在水上转向。因和冲浪运动有密切关系,故又称为风力冲浪板或滑浪风帆。

帆板运动的运动器材简单,由滑浪板和风帆组成,重量不超过 30kg。滑浪板是用轻便坚实、耐水浸泡的木材制成,造价较低,便于制作,其存放、搬运和组装都很方便。另外,帆板运动的场地也很简单,只要有水深 1m 以上,直径 100m 以上的天然小水湾就可以开展帆板运动了。

帆板运动可分为单人、双人和多人操纵的长距离滑行、障碍滑行、三角绕标滑行和自由滑行等。帆板的动力主要是风,帆板的使用主要取决于运动员的操作技巧和体力。滑行时,运动员站立在帆板上,根据需要,巧妙地借助不同的风向、风速和风力,快速前进。同时,可利用自身重心相对位置的改变以及帆板、帆杆来进行转向。

第三篇　时尚健身休闲运动

第十章 极限休闲运动

极限休闲运动是指人类借助于现代科技手段在大自然中挑战自我的娱乐休闲体育运动。它强调参与和忘我的勇敢精神,追求在跨越心理障碍时所获得的愉悦感和成就感,已被世界各国誉为"21世纪运动"。与传统体育健身项目相比,极限休闲运动更富有超越身心极限的自我挑战性、观赏性和刺激性。

由于极限休闲运动的项目许多都是近几十年刚诞生的、方兴未艾的体育健身项目,尚无具体的划分标准。按照运动领域所涉及的"海、陆、空"多维空间,本章将其划为山野和空中极限运动、陆地极限运动、水上极限运动以及水陆两栖型的铁人三项运动。更有无法分类的极限运动,如英国冒险家贾森·刘易斯历时13年(1994年7月—2007年10月6日),完成了全靠人力横跨五大洲三大洋的环球旅行。尽管路途遭遇过车祸(双腿骨折并面临左腿截肢的危险)和翻船事故,遇到过鳄鱼袭击,还差点被当成间谍送入监狱,但他仍是以惊人的毅力,采用步行并借助自行车、脚踏船、皮划艇、滑轮(旱冰鞋)等人力运动方式,历尽千难万险,完成了 7.36×10^4 km 这个几乎无人企及的征程。刘易斯的单人环球跨越壮举不但震撼了世界,更是超越或延伸了极限运动的范畴。

此外,还有一些暂未归类的新兴的极限运动亦令人心驰神往。如2007年10月,西方国家有人发明了一种在海边的悬崖峭壁。伸出的跳板上进行扑克牌竞赛的"极限扑克"运动,就让人大跌眼镜,参赛选手身上毫无保护装置,进入赛场或入厕均需借助吊车完成,虽然这种"极限扑克"的参赛规则与常规扑克比赛无异,但仅凭参赛者能在百丈深渊之上的狭窄跳板上打扑克,其心理素质和镇定自若的勇气已让人肃然起敬和叹为观止。为便于大家学习和掌握,这里介绍的极限运动主要包括攀岩、滑翔伞、小轮车、轮滑等。

第一节 山野和空中极限运动

一、攀岩运动

攀岩是从登山运动中衍生出来的竞技运动项目,迄今已有100多年的历史。早在1865年,英国登山家埃德瓦特就首次使用钢锥与绳索等简易装备成功地攀上险峰。早期的攀岩运动是军队中作为一项军事训练项目而存在的。1974年攀岩运动被列入世界比赛项目。进入20世纪80年代,以难度攀登为主的现代竞技攀登比赛开始兴起,并引起人们广泛的兴趣,1985年在意大利举行了第一次难度攀登比赛。

攀岩作为一项日益流行的运动,充满了惊险刺激。在攀岩中如何将力量灵活、协调地分配利用,需要良好的肌肉力量、平衡能力、柔韧性以及协调能力,离不开系统的专项身体素质训练。

（一）攀岩运动分类

按照竞赛形式不同，攀岩一般可以分为3种。

难度攀岩：运动员下方系绳保护，带绳向上攀登，并按照比赛规定有次序地挂上中间保护挂索的比赛。高度的获得（如果是横跨，则指沿路线轴上最长距离）将决定运动员在每轮比赛的名次。

速度攀岩：指上方系绳保护，运动员按指定路线进行速度攀登的比赛。根据每位运动员完成比赛路线所用的时间来决定每轮比赛的名次。

大圆石攀岩：大圆石攀岩区别于速度攀岩和难度攀岩比赛。岩石高度不会超过4m，每条路线也不会超过12个支点。攀登时运动员不系绳保护，每次比赛需要选择10条路线攀登。

（二）攀岩基本技术

在攀岩过程中，最基本的技术，就是支点固定攀登法。根据此基本技术，结合岩壁上不同的支点情况，可以大致将攀岩过程中的用力归纳为以下10个方面。

抓：用手抓住岩石凸起部分。

抠：用手抠住岩面上的棱角、台阶和裂缝。

拉：抓住前上方牢固支点，小臂贴于岩面，用力下拉使身体上攀。

撑：利用裂缝或其他地形，以手、掌和臂的力量使身体向上移动，或左右移动。

推：利用侧面、下面的岩体或物体，以手、臂的力量使身体向上或左右移动。

蹬：用脚掌内侧或脚趾的蹬踏力把身体支撑起来，减轻上肢的负荷。

跨：利用身体柔韧性避开难点，寻求有利于攀登的支点。

挂：用脚尖或脚跟挂住岩面凸起或下凹处维持身体平衡或使身体移动。

踏：利用脚前部下踏较大的支点，使身体移动，以减轻上肢的负荷。

摩擦：用岩石鞋与岩壁形成的合理角度所产生的短时平衡，向上或左右移动。

（三）攀岩保护方法

在攀岩中，都需有一根直径8mm以上的尼龙绳，主要用于确保安全。一般保护分为上方保护和下方保护两种方式。上方保护指保护绳索通过被保护者上方的固定物或固定点，保护者在下方进行保护，或保护者在被保护者的上方（如岩顶、冰雪坡的上部）直接进行保护。下方保护指保护绳索通过被保护者下方固定物或固定点进行的保护。进行岩壁攀登时，有经验的攀登者可采取下方保护方式，即向上攀登过程中，攀登者自己将保护绳索挂扣在保护支点上，保护者在下方进行保护。对没有经验的攀登者，尽量采用上方保护方式。另外，在野外登山活动中经常采用结组保护，一般一个结组为3～4人。通过一条40～50m长的保护绳索连接在一起，在通过困难、危险地段时相互保护通过。一个结组必须要有两个以上有攀登和保护经验的人。

二、蹦极运动

蹦极起源于几百年前南太平洋岛瓦努阿图的一种成年仪式：让满成人年龄的男青年用藤条捆住双腿，从35m高的木塔上往下跳，在快接近地面时停止，然后全村男女围住他载歌载舞，庆祝他成功通过了"死亡跳"。1988年新西兰成立了世界上第一个蹦极协会，并首次向社会公开展示,使蹦极成为一项真正的极限运动。1997年5月1日,蹦极跳首次传入中国。

蹦极就是跳跃者站在30~40m以上高度的桥梁、塔顶、楼顶,甚至热气球上,把一端固定的橡皮条绑在踝关节处,然后两臂伸开,双腿并拢,纵身跳下。绑在跳跃者踝部的橡皮条很长,跳跃者在空中可享受自由落下的刺激感。橡皮条被拉开、绷紧,阻止人体继续下落,当到达最低点时,橡皮绳再次弹起,人被拉起,随后又落下,这样反复多次直到橡皮绳的弹性消失为止,全过程即是刺激的蹦极运动。

目前,世界最高的蹦极点为美国科罗拉多州的皇家峡谷大桥,高度为321m;第二蹦极高地为中国澳门的澳门旅游塔,高度为233m,于2007年创下"世界最高商业蹦极设施"吉尼斯世界记录;第三高蹦极地为瑞士提契诺州的韦尔扎斯卡大坝,高度为220m,是唯一可以在凌晨挑战蹦极的理想之地。世界第四高的蹦极点位于南非东开普省齐齐卡马山中一座名为布劳克朗斯的大桥上,高度为216m,1997年12月开始正式接待游客,其中年龄最小的只有9岁,最长者则是84岁的老人。

(一)蹦极方式

(1)绑腰后跃式:将装备绑于腰上,弹跳者站于跳台上采用后跃的方式跳下,此跳法为基本动作,弹跳时仿佛掉入无底洞,约3s时突然往上反弹,反弹持续4~5次,整个过程约5s。

(2)绑腰前扑式:近似于绑腰后跃式,但弹跳者为面朝下,真正感受到视觉上的无助感,当弹跳绳停止反弹时能真正享受重生的欣喜。

(3)绑脚高空跳水式:将装备绑于脚踝上,弹跳者站于跳台上面朝下,弹跳者在倒数后即展开双臂,向下俯冲。

(4)绑脚后空翻式:这是难度最高的跳法。将装备绑于脚踝上,弹跳者站于跳台上背朝后,弹跳者于倒数后即展开双臂,向后空翻,这需要强壮的体魄与足够的勇气。

(5)绑背弹跳:它被喻为最接近死亡的感受,弹跳者将装备绑于背上,双手抱胸双脚往下悬空坠落。

此外,按地点分类大致可分桥梁蹦极、塔式蹦极以及火箭蹦极等;按操作方法也可分绑腰、绑背和绑脚3种不同方式,每种玩法都会让你有不同的感受。

(二)蹦极注意事项

蹦极对身体素质要求较高,凡是有心、脑病史的人不能参加。凡是深度近视者要慎重,因为硬式蹦极跳下时头朝下,人身体以$9.8m/s^2$的加速度下坠,很容易脑部充血而造成视网膜脱落。跳下前应充分活动身体各部位,以防扭伤或拉伤。着装要尽量简练、合身。跳出后要注意控制身体,以避免颈部或胳膊被弹索卷伤。

三、滑翔伞运动

滑翔伞起源于1984年,是由法国一批热爱跳伞、滑翔翼的飞行人员发明的一种飞行运动,目前在欧美和日本等国非常流行,在台湾也掀起了一股旋风。滑翔伞与传统的降落伞不同,滑翔伞本身毫无任何动力,它之所以能够飞行,除了伞衣充满空气后显出特殊的形状外,全靠飞行员控制,结合大气中种种特性飞行。滑翔伞在空中飞行过程中会产生速度和升力,而且它的速度和升力远远大过它的阻力。在构造上,滑翔伞伞衣内层结构设有气囊,在没有充满空气前,滑翔伞没有实质的棱角,一旦内层气囊充满空气,滑翔伞的前沿就会出现棱角。这样,滑翔伞在空中飞行时将相对的气流由翼面上、下分别引开流动,阻力与对面的风力平行,重量与翼上方空气相结合,使滑翔伞产生速度前进。

(一)滑翔伞控制要领

滑翔伞的伞布是一种特殊防裂尼龙布料制成的伞衣,共分为三部分:伞衣、吊绳主提索和套带。滑翔伞前组主提带左右各有一条控制绳,飞行员利用它可控制方向转弯,操作上较容易,但动作必须柔和。在飞行中要左转时,只要将左边的控制绳轻轻往下方拉,转至需要的方向再轻轻放回;要向右边转时,就将右边的控制绳轻轻下拉,直到转至你需要的方向时再轻轻放回。切记在进行转向时,动作必须柔和,徐徐放回,不可猛拉猛放。滑翔伞是一种高性能滑翔工具,如果由经验不足或不了解正确控制技巧的人员来飞行,危险性极大。滑翔伞具有高性能滑翔特性,因此飞行员在飞行前必须了解它的特性、控制技巧。倘若控制绳失效,要借助后面两条主提带,操作要领和控制绳相同。

(二)滑翔伞着陆方法

在10~15m的高度时,必须面对风向,控制绳拉至肩部,距离地面约1m时,徐徐将两边控制绳拉至腰部以下,这样就可以轻松着陆了。如果着陆过程中,伞有些不稳,那就是乱流的缘故。这时需将两脚并拢,膝盖并紧,准备进行滚翻,着陆的要领是利用身体肌肉较为发达的部位先去接触地面,以达到安全着陆的目的。

(三)滑翔伞装备要求

滑翔伞飞行时,除了伞以外,还有一些必需的装备,包括飞行服、安全帽、手套、鞋、飞行服、护目镜、仪表、套带等。

(1)飞行服:必须要准备滑翔伞运动专用的飞行服,飞行时可以保护身体。

(2)紧急伞(备用伞):在做热气流盘旋或高空飞行时,有时会遇到一些特殊情况。因此,携带紧急伞比较安全,紧急伞的大小尺寸有所不同,应根据每个人的体重不同选择合适尺寸的紧急伞。

(3)安全帽:安全帽是在起飞和着陆时保护头部的必需装备,尤其是练习时,一定要配戴安全帽。飞行时选用质轻坚固的安全帽即可,自行车、攀岩、溜冰用的头盔都可用。如果选用摩托车安全帽则应选用比较轻巧的一类,且帽前的防风护目镜应当取下,以免受到撞击后碎裂而伤及脸部。为了能清晰地听到空中的风声和周围的声音及地面人员的引导,耳朵部分一定要开孔。

(4)鞋子:鞋的选择应以质轻坚固为原则(避免附有挂钩),在有坡度的斜坡上使用时以较易吸收冲击力且预防挫伤的滑翔伞专用鞋为最佳选择。

(5)手套:为了避免手部受伤,在参加滑翔伞运动时,应配戴手套。在夏季选择薄且耐用的手套即可,冬天可用滑雪手套。注意:选择哪一种手套都不要有挂钩。

(6)护目镜(太阳眼镜):在参加滑翔伞运动最初的学习阶段可不用护目镜,但对于配戴隐形眼镜的人,则应戴护目镜。

(7)仪表:滑翔伞运动所需的仪表包括风速仪、高度计、升降仪等。在做高空飞行时,必须使用。初学阶段只需配备风速仪即可。

(8)套带:套带是用来连接滑翔伞和飞行员的,它是吊在伞下的一条带子,因为它直接关系到飞行员的安全,所以在选择时必须依照自己的体重而慎重选择。

第二节 陆地极限运动

一、滑板运动

滑板运动发源于20世纪60年代初的美国,由冲浪运动演化而来,是水上滑板向陆地的延伸。滑板运动不同于传统运动项目,不拘泥于固定的模式,只需滑行者自由发挥想象力,在运动过程中创造,以创造力来运动。滑板运动富有超越身心极限的自我挑战性与观赏刺激性。

(一)滑板的结构及名称

(1)轴距:即前后轮间距离,这一参数影响到一块板的整体感觉。轴距越长,感觉越稳,但速度越慢;反之亦然。通常轴距为50cm左右。

(2)板面:通常一块可用的滑板由7层枫木碾压而成。有些板的底部有一层特殊化学物质构成的平滑层。

(3)脚窝:这是指板面上弯曲凹下的部分。除了自由式的板子,现在流行的板都有脚窝,是为了使滑板者能够更好地控制滑板。

(4)板头板尾:由于现在的板大多数是双翘,所以两者看来差不多。一般来说,板头比板尾要长,有时角度也更大。

(5)轮子:以前最流行的尺寸是60~70mm,自由式的轮子则通常为57mm。一般地说,大轮子有利于保持速度和越过小的障碍物,但加速则无小轮子快,另外也太笨重。小轮子则适合于玩技巧性大的动作。

(6)硬度:一般说来,轮的硬度与反弹成反比,硬轮速度也要快些,但若路面太差也不行。

(7)桥及其标准:安好后位于同一桥上的两只轮子的距离不应该大于板的宽度,反之将影响板的转弯与做动作。

(8)基座:指桥与板面接触的部分,铝合金被证明是最好的基座材料。

(9)主螺钉:那根用来将桥轴与基座结合(结合处有PU垫)的螺钉。

(10)主架:桥的主要部分,做动作时用来滑的部分。

(11)枢轴:即主架前端与基座的结合处,其中有塑料的PU垫。

(12)桥垫:即放于基座与板面间起缓冲作用的塑料或其他物质做的垫片。

(13)砂:即置于板面用于加大摩擦力的砂。一般为黑色,不过也有带图案的砂。

(14)轴承:即置于轮内用以支持滑行的东西。有双封与全封两种,双封对于滑板者来说应是更好的选择。

(二)滑板鞋的要求

任何运动鞋都可从事滑板运动,但滑板鞋与一般运动鞋仍有一些不同的地方,滑板鞋在功能上特别强调足部保护,提供抗磨、避震以及绝佳的抓地力,后脚跟采用可见式气垫的设计,给予足部所需的避震保护,置于鞋中段的稳定片也提供了所需的支撑力及抗扭转性,让滑板者能随心所欲地行动,而不必担心扭伤。

(三)滑板的方式

(1)马路式:马路式是滑板的最基本方式,人行道、台阶、护栏是最好的场地。马路式的特点在于随机性大,观赏性强,可以充分利用地形,无所不往,无障不越,滑板者陶醉在无拘无束的自我表现里,观者沉浸在极大的感官刺激中,各得其所。

(2)下坡式:在盘山公路或其他有坡度的地形上,可进行类似高山滑雪的活动。

(3)半管式:又称"U"形池,因场地像半个庞大的管子而得名。由于运动中的高位势能和滑板的低阻力,滑手可以获得足够的高度做出空翻、转体、倒立等技术动作。

二、小轮车运动

小轮车(BMX)运动起源于20世纪60年代的加利福尼亚,在很短的时间里它便以其独特的魅力征服了全美国。对那些对越野摩托车可望而不可及的青少年而言,这项运动可以使他们体会到在自建的越野跑道上驾车飞驰的美妙感觉。虽然使用的是自行车,但不妨碍他们充分体会撞击所带来的刺激与兴奋。对于青少年来说,BMX的花销相对低廉。20世纪70年代初,美国建立了最早的BMX组织,这也被认为是BMX成为正式运动项目的标志。在其后的10年间,小轮车运动又传入了其他一些国家。1981年4月国际BMX联盟正式成立,1982年举行了第一届世界BMX锦标赛。到这时,BMX这一独特的运动项目便在全球范围内迅速发展起来。由于这项运动与自行车运动有较多的相似,1993年BMX正式成为自行车运动大家庭的一员。

常见小轮车运动的基本技巧可见以下几个方面。

1. 基本动作一

(1) 右脚放在地上,抓住前闸。

(2) 把你的前叉向前倾斜,捏住闸并尝试让你的脚离开地面。

(3)当掌握(2)的平衡时,尝试用右脚向后戳动前轮,在这个过程中要放一点点闸,接着回到(2)再次抓住前闸。

(4) 戳动—停止—戳动,戳动—戳动—戳动—滑行,捏闸。

2. 基本动作二

(1)把右脚跨过车把放在前轮上,左脚站在地上。

(2)捏住闸,左脚跨上左边的火箭筒,当左脚碰到火箭筒时放开一点点闸,然后右脚开始前后移动戳轮。

(3) 向前戳轮并且不捏闸,向前戳轮时必须把前叉向后倾斜。记住要用鞋来控制车轮。

3. 180°旋转

180°旋转,即只提升前轮旋转180°的技巧,是骑着车旋转180°的最简单的技巧。这个技巧过了关,在进行 Mini Ramp 的旋转时很有用。再进一步说,也是进行 Banny Hop 180°, Banny Hop Rock Walk、360°、540°、720°、900°等旋转技巧的基础。

4. "提升前轮"操作

要进行旋转,车胎的空气压要高些。首先练习45°旋转,然后练习180°。不懂操作"提升前轮",将很难进行该旋转,因此要先练习好"提升前轮"操作。脚踏放水平,或者前脚踏稍高的状况下,用前轮和体重,将握把转向要旋转的方向,扭转整个身体,手要伸直,注意力放在前脚踏的脚上,以向前推似的一口气旋转。旋转时车子对旋转轴的中心稍斜时较为安定。

注意:脖子的转向要足够。该练习不怎么会向后摔倒,若怕摔倒最好带上头盔。

三、直排轮滑运动

轮滑是在旱地穿带轮子的鞋滑跑的运动,包括速滑、花样滑和轮滑冰球,全世界有8000万轮滑爱好者。直排轮滑这个创意已延续了大约有300年之久。最初是17世纪一位荷兰人尝试将木制滚轴钉在木片上,并装在自己的鞋子下的方式,而在夏天享受溜冰的乐趣。第一双专利的直排轮滑,在1819年于巴黎由佩蒂布拉德注册。在1979年,有一位名叫奥森(Scott Olsen)的年轻冰上曲棍球选手在一家运动器材商店发现了一双老旧的直排轮滑鞋。他认识到这个设计的潜力,于是搭便车到芝加哥买下溜冰鞋公司那些停产的直排轮滑设计并予以改进。他将产品命名为 Rollerblade,也就成为了现在直排轮滑的同义词。自那时开始,直排轮滑在全世界变得非常流行。自从它被引进后,单单在美国,直排轮滑市场一年内便以22.6%的数字稳定地增长。今日,直排轮滑成为美国排名前五大最多人参与的运动,同时也是6~17岁男性最常参与的运动。

由于直排轮滑运动的迅速发展,随之出现了各类赛事,并因为其特有的惊险刺激而成为极限运动的一员,与滑板、特技单车一起成为极限运动会的项目。目前,国际轮滑联合会下设国际速滑、国际花样滑和国际冰球3个委员会。主要赛事有:每两年一次的世界轮滑锦标赛、每年两次的世界花样轮滑锦标赛和每年一次的世界旱冰速滑锦标赛(分场地赛和公路赛)。中国轮滑协会于1980年9月加入国际轮滑联合会。

(一)轮滑的基本姿势

首先必须掌握滑行前的基本姿势:两脚张开,与肩同宽,两膝稍微弯曲。两手抬起,置于正前方以取得身体的平衡,重心应该放在自己身体的前方。若地形平坦,双足平行站立,若地面倾斜,则双足呈"V"字形站立,以保持身体的稳定。

(二)轮滑的基本方法

1. "V"字形走步

基本掌握了站立姿势后,在滑行前要有意识地向前迈步。同时,两手向前伸出,以取得平衡,在不破坏"V"字形平衡姿势的前提下滑行。慢慢向前滑去,重心放在单脚上且弯曲膝盖。

2. 倒地方法

首先两膝着地,接着两手着地。但中止滑行时,如果手突然张开,身体朝前,那就不能马上刹住。着地时,应当让触地的膝盖与身体一同向前伸展,呈直线状。如果手先碰地,自身的体重压于肩上,容易受伤。初学者应戴上质量好的护套,练习膝、手、肘陆续着地的正确倒地方法。

3. 基本起立方法

指倒地后的站起,膝盖着地呈膝盖直立的状态。左右膝盖都可以站起来,双手按在竖起的膝盖上,上身向前伸,两手压着膝盖站起来。若动作幅度太大,容易朝后倒下,站起时不要太猛,要慢慢进行。

4. 基本滑行方法

练习滑行时,可以从最初的走步开始。延长走步的时间,做一些慢动作。从基本姿势开始,在上身保持平衡后,双脚交替踢腿,一般小步前进。为了取得身体平衡,两手伸向前方,稍稍弯曲。刚开始时,步子小一点。一只脚向后甩步,另一只脚载着身体滑行。熟练后,再放大步子。身体稳定在单脚上,停留较长时间。掌握一切要领后,滑行速度自然会上去。

5. 停止

后跟停止法是最基本的停止方法。直列式溜冰鞋中的一只后跟部分附有橡胶制成的制动器,它只要接触地面便起刹住作用。起步后,两脚平行向前移动;接着,稍稍向前伸出装有制动器的那只溜冰鞋,脚尖慢慢向上,后跟的制动器就能接触地面;体重慢慢压在制动器上,制动器就会起作用。

6. 画"八"字

先加速,然后两只脚前后放置,脚尖对着脚跟,呈"一"字,手的动作是交警允许通过的动作,双手水平指向同一个方向,通过上身的转动来带动脚,画圆弧,交替的使用内外刃就可以实现画"八"字。

7. 跳跃

在跳之前膝盖先弯曲,重心放低。起跳时膝盖瞬间伸直,身体往上拉,等到脚离开地面后,膝盖尽量往上提,愈靠近胸部愈好。落下时两脚前后分开着地,重心较稳。

8. 下楼梯

下楼梯分前溜下梯与后溜下梯。前溜时先加速到适当的速度,快到楼梯时呈高跪姿,身体挺直,不要往前或往后倾,顺势溜下。膝盖微蹲,两脚前后分开,脚尖对脚跟要先倾斜约45°下去,保持一定的速度,膝盖要放轻松,两脚的距离要保持不变,先从一阶开始,然后两阶、三阶、四阶,有机会再把角度修正,注意膝盖的柔软,以免造成运动伤害,初学者一定要配戴护具。一般来说后溜比前溜更稳,记得一定要配戴护具。加速到适当速度,快到楼梯时转成后溜,脚一前一后呈弓箭步,顺势溜下。重点是脚要撑住,无论发生什么状况都不可以合并双脚。

第三节 水上极限运动

一、冲浪运动

(一)冲浪运动的发展历史

冲浪即运动员站立在冲浪板上,或利用腹板、跪板、充气的橡皮垫、划艇、皮艇等驾驭海浪的一项水上运动。不论采用何种器材,都要求运动员有很高的技巧和平衡能力,同时要善于在风浪中长距离游泳。冲浪运动以浪为动力,要在有风浪的海边进行。海浪的高度要求最低不少于30cm。

冲浪运动的历史沿革可追溯到200多年以前。在1778年,英国探险家J.库克船长在夏威夷群岛就曾见过当地居民有这种活动。1908年后,冲浪运动传到欧美一些国家,1960年后传到亚洲。近一二十年冲浪运动有了较大发展,北美洲、秘鲁、夏威夷、南非和澳大利亚东部海滨等都曾举行过大型的冲浪运动比赛。

第二次世界大战后,塑料工业的诞生产生了轻便的塑料冲浪板,促进了冲浪运动的发展。由此,冲浪运动才真正在世界许多国家开展起来。随着冲浪运动的逐渐普及和提高,其运动便向着竞技方向发展了。澳大利亚经常举行冲浪比赛。冲浪运动首届世界锦标赛于 1962 年在澳大利亚的曼利举行，其后每两年举行一次。比赛主要根据冲浪者在规定时间内完成的冲浪数量和质量，采用 20 分制进行评分，如在 30min 内冲 3 个浪或 45min 内冲 6 个浪，再根据冲浪运动员冲浪的起滑、转弯、滑行距离和海浪的难易程度等进行评分。

（二）冲浪器材要求与基本技巧

最初使用的冲浪板长 5m 左右、重 50~60kg。第二次世界大战后，出现了泡沫塑料板，板的形状也有所改进。现在用的冲浪板长 1.5~2.7m，宽约 60cm，厚 7~10cm，板轻而平，前后两端稍窄小，后下方有一起稳定作用的尾鳍。为了增加摩擦力，在板面上还涂有一种蜡质的外膜。全部冲浪板的重量只有 11~26kg。

冲浪运动是运动员先俯卧或跪在冲浪板上，用手划到有适宜海浪的地方作为起点。当海浪推动冲浪板滑动时，运动员使冲浪板保持在浪峰的前面站起身体，两腿前后自然开立，两膝微屈，随波逐浪，快速滑行。

冲浪时每个人在海上的距离应保持 2 个冲浪板的长度。注意下水前要检查装备，如安全绳、救生衣。冲浪最好的浪形以中间崩溃往两边斜面推进的海浪最好，最危险且最不好的浪是一排涌起瞬间崩溃的海浪，此时请上岸休息。

二、摩托艇运动

摩托艇运动起源于 19 世纪末的英、德、美等一些工业发达国家。世界上第一艘摩托艇是由德国人在 1886 年建造的。1922 年国际摩托艇联盟在比利时布鲁塞尔成立。1924 年舷外发动机出现后，有力推动了摩托艇运动的发展。1978 年澳大利亚人沃比驾驶无限制的喷气式（发动机）艇创造了 511.11km/h 的速度记录。1980 年美国人泰勒设计建造的一艘以火箭为动力的快艇，达到了 563km/h 的速度记录。

摩托艇运动集竞技、刺激、欣赏于一体，也是一项富有现代高科技特征的水上速度运动。比赛的场面壮观激烈、惊心动魄，是具有较大影响力的竞技体育项目之一。

中国于 1956 年 7 月开展摩托艇运动，同年派出代表队参加了在波兰吉日茨科举行的第一届国际航海运动竞赛，获得汽缸工作容积 350mL164km 竞赛团体第 1 名、汽缸工作容积 350mL10km 环圈赛团体第 4 名。1957 年在保加利亚举行的第 2 届国际航海运动竞赛中，中国队又获得了金质奖章 1 枚、银质奖章 3 枚、铜质奖章 3 枚。1958 年 8 月在武汉市举行了第 1 届全国摩托艇竞赛。1959 年、1963 年、1964 年、1975 年、1979 年、1980 年曾举行过全国摩托艇竞赛和表演活动。

（一）摩托艇运动基本技术

速度是竞赛摩托艇的特征，不论何种类型、等级和竞赛项目，其成绩都由航行的速度高低来决定。它要求运动员不仅能把机械操纵和驾驶技术紧密地糅合在一起，还要具备在气候恶劣的水面和弯曲、狭窄、复杂的航道等情况下灵活应变和保持高速或长距离航行的能力。因此，对摩托艇运动员除进行全面身体训练外，应特别着重加强腰部、腿部和臂部力量训练；另外，为了应付竞赛中瞬息万变的情况，还应加强耐力训练和灵敏、果断等意志品质的锻炼。

1. 起航

摩托艇竞赛有多种起航方法，环圈赛多采用"行进起航"，即在起航前一定时间运动员可以驾驶船艇在自由水面航行,等待起航。起航区是有特别标志的 100m 长方形水面。运动员按起航钟的指示时间,适时进入起航区通过航线投入竞赛。行进起航可分为全速起航和变速起航两种。

(1)全速起航:船艇进入起航区后,全速冲刺通过起航线。运用全速起航,必须在竞赛前的试航练习中测出该艇全速通过起航区的时间。在起航前运动员应时刻注视起航钟时间的变化,控制艇速向起航区行驶,在起航钟余下的时间和测定时间相符时,进入起航区并全速通过。全速起航的技术关键有:通过起航区的时间要精确;驶入起航区的时间要恰当;选择理想的航道;加速冲刺的时机要掌握适宜。

(2)变速起航:进入起航区后,变速接近起航线,然后加速通过。运用变速起航时,可以按起航钟时间提前进入起航区,在起航区的前段距离变速前进,然后根据起航钟余下的时间、离起航线的距离和艇的加速性能及时加速通过起航线。变速起航的技术关键有:提前进入的时间要恰当;在起航区内变速的距离不应过长;加速冲刺的时机要掌握适宜。

2. 绕标

绕标是指摩托艇在竞赛中沿着航线的各种规定标志所进行的转向动作,它是竞赛中的一项重要技术组成部分。绕标由许多紧密连贯、协调配合的动作组成。它随艇的速度、浮标间组成的角度、单艇或多艇绕标以及水面情况的变化而变化。根据具体情况灵活运用熟练的绕标技术,在竞赛中可以起到下列作用:在航行中超越对手,变被动为主动;缩短航行时间,提高航行速度;在多艇同时绕标中,避免碰撞,保证航行安全。绕标可分为全速绕标和变速绕标。

(1)全速绕标:整个过程均用全速进行,在绕钝角标、无风浪水面以及外舷超越时采用。

(2)变速绕标:变速绕标时艇速是在变化中进行,可以在提前打舵的同时或之前减速,在绕标转向的同时或在绕标后回舵的同时加速。变速绕标是在绕锐角标、有风浪以及内舷超越时采用。无论全速或变速绕标均要求稳定性高,绕标的时间短和有较小的横距与横移。

(二)摩托艇航行注意事项

摩托艇的高速特性,对航行有着严格的要求。航行时注意力应高度集中,随时观察水面情况,及时改变航向避开漂流物体及水下浅滩暗礁等障碍物。对正在航行的船只,应判明其前进方向,估计其航行速度并注意它是否拖带其他物体,切忌从拖带的船只和物体间通过。在竞赛时的航行中,艇只较多时应错开航道航行,不要前后紧跟,以免在前面艇减速、停机、转向或突然翻艇等情况下来不及躲让,严格按照航程规定绕过航道上的各种标志,严守航行规章。整个航行过程中要求保持沉着镇静,避碰撞避海浪时要灵活勇敢,才能应付出现的复杂情况,保证顺利航行。

三、探险性漂流运动

漂流最初源于爱斯基摩人的皮船,印第安人的树皮舟,中国的竹筏、木筏……这些当时都是为了满足他们生活、交通及战争的需要,而真正现代意义的漂流运动,是在"二战"之后才开始发展起来的。第二次世界大战后,一些退役的充气橡皮艇,被一些喜欢户外活动的人发现,他们开始买来自娱自乐。后来,随着战后经济的复苏,户外休闲活动有了较大的市场,他们便着手改进橡皮艇的规格,完善各种装备、器材,不断提高技术,经营起商业性的漂流旅游。

(一)漂艇的结构与救护要求

漂流是一种体能与胆量的挑战,在你寻求刺激、享受快乐的同时,要注意安全,并掌握一些技巧。乘员必须全程穿着救生衣,防止漂艇在不注意中翻沉,以确保安全。

现代漂艇为高分子材料制作,有 3 个独立的气仓,在正常使用下不会有漏气问题。由于溪水并不深,即使出现问题,也能及时上岸。救护人员实行全程跟踪。

(二)探险性漂流应急措施

(1)倾覆:是由大的漩涡、波浪或障碍所引发的事故,首先应跳开,以避免撞击到障碍物上,如果确定不会陷入船与石头之间的逆流中,应该尽量地浮在水面上,另外还可上岸避开这一段急流水域。尽量保持与你的同伴一起行动,确定每个乘员的安全。由于从倾覆的船内游向岸边非常困难,应该在远离急流的平静水面来操作。救援船只逆水接近,捞起倾覆船只的一条缆绳,再把它牵往岸边,其余船只也应该沿途搭救落水者。

(2)靠岸:急流与瀑布是不可避免的,在无人的急流区系上救生绳以帮助船驶过,并在岸上对船保持密切的控制,切记不可将绳索套在自己身上,在绳上打个结或将绳绕在树上都可帮助你实现对船的控制,靠岸的时候务必带上所有东西。

(3)险滩:到达险滩前,可先预测一下顺流而下的大致方向;然后招呼大家收桨,将脚收回艇内并拢,双手抓紧船沿上的护绳,身体俯低,不要站立起身,稳住舟身,重心保持平稳,一般就能安然渡过。

(4)漩涡:河道水流较深时,常会出现漩涡,此时应尽量避免被卷入,绕行而过。如果被卷入的话,要保持镇静,让艇顺着洄流旋转,等转至漩涡外围时,大家全力划桨即可冲出困境。

(5)冲撞:保持平稳、避免冲撞是漂流过程中须恪守的原则。实在避无可避时,要将舟身控制在正面迎撞的角度,乘员抓紧绳索。冲撞后舟身会与岸平行,此时这一侧的乘员要注意收脚以免夹伤。有时艇与艇之间会靠得很近,为避免冲撞双方要相互配合往反方向划桨或抵开船身。

(6)搁浅:水道变窄,水深变浅,水流变急时容易发生搁浅。此时可用桨抵住石头,用力使艇身离开搁浅处。或者派人下水,从旁侧或拉或推让艇身重入水流,而拉艇的人则要眼明手快,注意安全。

(7)落水:不小心落入水中时,不要惊慌失措,救生衣的浮力足以将人托浮在水面上,而艇上的同伴应当伸出划桨让落水者攀抓。若落水者离橡皮舟较远时,要想办法上岸或停留在石头的背水面(迎水面水流强且容易被橡皮艇撞到)等待救援。

(8)翻船:翻船多发在水流湍急的区域,往往是因为有人落水而造成橡皮艇重心不稳。翻船后应保持镇定,先将艇身扶正;重新登艇时注意两侧受力均衡,一侧人员爬上艇时另一侧要有人压住。掉落的划桨要及时拾回,否则到缓流区就只能用手划水了。

(9)气室破裂:这是最糟糕的情况。此时要调整艇上人员的位置,气室破裂的位置不要再坐人;设法保持橡皮艇稳定并靠岸等待救援。

四、潜水运动

我国拥有悠久的潜水历史,距今 1700 年前的中国史书《魏志·倭人传》中,就已经有了渔夫在海里潜水捕鱼的场面描写。到了 1720 年,一个英国人利用一只定做的木桶潜到水下 20m 深的地方成功地进行海底打捞。而今天职业潜水的前身,则要算约 160 年前英国的郭蒙贝西发明的从水上借水泵运送空气的机械潜水,也就是头盔式潜水,这种潜水于 1854 年首次在日本出现。1924 年开始使用玻璃做潜水镜,即水肺潜水器材的前身。"二战"期间,开发了一种特殊军事用的"空气罩潜水器",采用的是密闭循环式,并有空气瓶的装置。"二战"末期,法国开发了开放式"空气潜水器"。近几年,由于潜水器材的进步带动潜水运动蓬勃发展,投身于潜水和喜欢潜水运动的人也越来越多。

(一)潜水运动装备要求

要潜水就会需要用到潜水装备,简单来说,潜水装备可以分为轻装备和重装备两类。轻装备指的是面镜、呼吸管和脚蹼,在浮潜时有这几件装备就可以了,而水肺潜水则还需要有重装备,指的是浮力调节装置、呼吸调节器、潜水仪表、气瓶等。潜水装备有无数的款式和颜色,人们可以根据潜水的形式、目的、自己的喜好和身体特点来选择不同特性的装备。

1. 面镜

一般的面镜由强化的安全玻璃镜片、贴合脸型的橡胶或硅胶群边及可固定位置的调整头带组成。强化的安全玻璃镜片可以防止破碎成有高度危险的细长玻璃碎片。群边的材质硅胶要强于橡胶,这是因为硅胶比橡胶耐用3~4倍,且不容易使皮肤过敏,更为柔软和舒适。有些面镜设有排水阀,有个单向活门用来排除面镜内的积水。选择面镜的最重要的两点就是合适和舒适与否,其他器材也是如此。一个不合适的面镜可能会漏水还可能引起过敏,减少很多潜水的乐趣。

2. 呼吸管

在浮潜时,呼吸管更是必需的装备。一般的呼吸管设计是一端开口,另一端是有咬嘴的弯管。呼吸管的上半部通常是半硬的塑料管,下半部的咬嘴多由硅胶制成。一个合适的呼吸管要有适当的曲度,内径2cm左右,长度30~35cm。合适的呼吸管除了舒适外还要呼吸容易。

3. 脚蹼

脚蹼宽大的面积能提供强大的动力,使潜水员不必靠划动双手以产生动力,使得双手能解放出来从事其他工作。脚蹼主要分为无跟和套脚型两种。套脚型脚蹼一般用于温暖水域或浮潜。无跟脚蹼要与潜水靴一起使用。大而坚硬的脚蹼使用起来速度快,但容易疲劳和抽筋;小而柔软的脚蹼缺少推动的力量。

脚蹼有不同的材料、设计和特点。脚蹼的设计包括:①龙骨,用来增加脚蹼的硬度和平衡;②排水孔,减低对脚蹼的阻力以增加效率;③导流沟,让水平滑地滑过脚蹼,增加速度。选择脚蹼要根据你的体型、体力和潜水的环境,重要的是舒服和合适。

(二)潜水运动注意事项

(1)紧张是导致初次潜水失败的第一大祸首,紧张使人的动作变得僵硬,反应迟钝,思维敏捷度下降,呼吸急促,高度紧张时有可能会忘记呼吸。听从专业教练的指导和对教练的信任,是排除紧张最好、最有效的方法。

(2)因为从没有用过调节器进行呼吸体验,所以有少数人一开始不能适应。应在岸上先适应练习用调节器进行呼吸。

(3)下水后,对于初次体验潜水者来讲,开始下潜后做耳压平衡是最为重要的一个程序,但是往往大多初次体验潜水者由于紧张,或者是其他某些因素(被水下景物所吸引),忘记做耳压平衡或做得不到位,导致耳膜疼痛,无法继续下潜。解决方法:下潜之前应在大脑中先形成做耳压平衡的意识,知道做耳压的重要性。下潜后,每下潜1m应做耳压1次,耳压平衡应在耳朵无不适时提前做。

(4)初学潜水者嘴含调节器的方法不正确,造成调节器进水流进嘴里,不会排出调节器里的水,而产生害怕呛水的畏惧心理。此时用牙轻松咬住牙托,用嘴唇包住调节器的咬嘴,就不会进水了。如果调节器里有水,可以猛吹呼吸管把调节器里的水吹出去。

(5)面镜排水不熟练。面镜进水后会害怕,不知道该怎么样做耳压。应先将面部尽量向上,然后用手压住面镜的上沿,用鼻子排气,根据压力的原理就可以把水从面镜下方排出。

第四节　铁人三项运动

铁人三项运动是充分融合大自然的户外运动项目之一,属于新兴综合性运动竞赛项目。比赛由天然水域游泳、公路自行车、公路长跑3个项目按顺序组成,运动员需要一鼓作气赛完全程。

铁人三项起源于美国。1974年2月17日,一群体育官员聚集在夏威夷群岛的一个酒吧里争论:世界上究竟哪一种体育运动项目最具有刺激性、挑战性,最能考验人的意志和体能?他们各抒己见,争论不休。最后,美国海军准将约翰·克林斯提出:谁能在一天之内,在波涛汹涌的大海游泳3.8km,再环岛骑自行车180km,最后跑完42.195km的马拉松全程,中途不得停留,谁就是真正的铁人。克林斯的想法得到大家的支持,于是第二天就有15人参加了比赛,其中还有1位女选手。结果有14人赛完全程。就这样,一项挑战自然、战胜自我的新型体育运动项目就在这种充满戏剧性、冒险性的情况下诞生了。该比赛第一名的成绩为11小时46分钟。该次比赛后人们就把这项一次连续组合完成游泳、自行车和长跑,并在运动员体能、速度和技巧上提供挑战的综合性体育运动项目称为"铁人三项",并追认该次比赛为首届世界铁人三项锦标赛。

鉴于铁人三项运动在世界各地发展迅速,奥运会、友好运动会、泛美运动会、英联邦运动会、世界军体大会、亚运会、中国全国运动会都将铁人三项列为正式的比赛项目。铁人三项是在1994年被国际奥委会正式列入奥运会大家庭的,2000年悉尼奥运会万众瞩目的第一个比赛项目就是女子铁人三项比赛。

一、铁人三项的比赛距离

随着这项运动的广泛开展,铁人三项运动产生了下面几种距离的比赛:
(1)奥林匹克标准距离(51.5km):游泳1.5km,自行车40km,长跑10km。
(2)超长距离(225.195km):游泳3.8km,自行车180km,长跑42.195km。
(3)长距离(148km):游泳3km,自行车120km,长跑25km。
(4)短距离(25.75km):游泳0.75km,自行车20km,长跑5km。

二、铁人三项运动的特点

铁人三项是将游泳、自行车和长跑3项各自本身已经具有悠久历史的运动结合起来,而创造的一项新型的体育运动,它具有这3个运动项目所不具有的特点。
(1)项目综合性:铁人三项是连续一次完成游泳、自行车、长跑的综合型体育运动项目。
(2)灵活多变性:比赛场地可因地制宜、灵活多变,距离可长可短,项目设置可3项可2项,可以有多种形式的设计便于推广。

(3)广泛参与性:目前能够完成铁人三项奥运标准距离比赛的运动员年龄最小仅8岁,最大的达94岁。在竞赛分组上设专业优秀组和业余分龄组,使比赛既有优秀专业运动员的竞争,又满足了广大业余爱好者对挑战极限的喜好。

(4)公平竞争性:铁人三项比赛赛程长、难度大、连续性强,便于排除人为因素干扰比赛的进行。

(5)体能挑战性:铁人三项是一项耐力与毅力相结合的运动项目,运动员通过比赛完成对自然和自我的挑战,需要极强的体能和心理素质,因此具有强烈的刺激与挑战性。

(6)大众观赏性:比赛在室外进行,风雨无阻,赛场既可设置在海滨城市、风景名胜城市,也可设在山区乡村,具有较强的大众观赏性。

(7)市场商业性:铁人三项运动已被评为当今世界最具魅力和最具商业价值的十大体育运动之一。

三、铁人三项运动的战术

游泳时尽量保持中快速游进,途中跟随合适对手,冲刺要根据赛时条件发挥优势,加速游完赛程。从水里上岸后,运动员要马上转入自行车的赛程。在自行车赛段中,整个赛程必须骑自行车完成,但是如果车胎出了问题,运动员可以带车跑到换胎站换胎。在出发时控制好自行车,保持稳定骑行;途中尾随骑行,借助前车骑行造成的气流带动可节省体力,并根据风向调整位置,在出发、追赶或超车时运用猛冲技术;距终点30~50m处发起冲刺,争取赶前到达。

长跑比赛是铁人三项比赛的最后一项比赛,以奥林匹克标准距离为例,在经过了1.5km的游泳比赛、40km的自行车比赛之后,再开始10km的长跑比赛,对于运动员的体能是个极大的挑战。因此,铁人三项的佼佼者们,通常更能在长跑比赛中突显出实力。由于经过了一个多小时的室外比赛,运动员身体水分流失非常严重。因此,工作人员在长跑赛道旁为运动员发放纯净水,但是由于在跑步中不适合多饮水,大部分运动员都是将水倒在自己身上,以此缓解中午的日晒和身体流失的水分。运动员在长跑赛段中必须穿鞋和运动服。跑步中为了节省体力,应尽量采用匀速跑,以保持身体大部分时间处于有氧代谢状态。

第十一章 健身休闲运动

第一节 保龄球运动

一、保龄球运动概述

保龄球(Bowline),最初叫"九柱戏",又叫"地滚球",起源于德国,是一种在木板球道上用球滚击木瓶的室内体育运动。1626年,荷兰移民尼加·保加兹将其带入美国。随后,保龄球经过由最初菱形排列的九柱改为现在三角形排列的十柱,并完善相关规则而最终形成。

保龄球是集健身、竞技、休闲、娱乐、趣味和技巧性为一体的运动。该运动项目的健身价值体现为:在生理方面可以加强人体血液循环,对神经衰弱、肩周炎、便秘、颈椎病等有改善作用;在心理上可以陶冶情操,锻炼人的意志,提高社交能力。其特点:一是易于开展,它是一项全天候的室内运动,且不受年龄和性别的影响,比赛规则简单,易于参与和欣赏;二是便于普及,它对人体的影响是全面的、合理的、充分的,运动量便于调节,活动起来不容易受伤。保龄球运动最可贵之处在于,易于快速提高成绩,获得成就感。一般各种世界比赛冠军得主,大多数只经过3~5年的训练就可以获得。

二、保龄球运动基本技术

1. 选球与持球

选球应注意球的重量、手指洞的大小和间隔等几个问题。一般以握得稳固,摆动自如,投球时能充分控制的球为合适。

持球时,先将手的中指和无名指插入指孔,再把大拇指深插入指孔,手心贴着弧面,保持一支铅笔的余地,将球牢牢握住,手腕保持平直,手臂保持90°。

2. 预备姿势

运用站位标点,选择适合自己发挥技术的站立位置。然后两脚对齐站立,起步的脚稍向后站立,膝盖稍弯曲,双手捧球于胸前。球的重量主要集中在投球手上。接着根据自己的技术需要选择一个标志,并用眼睛凝视它,集中精神,准备起步。

3. 助走滑步投球

为使保龄球有一个平稳的加速度,投球前应进行助走。助走方式一般有三步助走、四步助走和五步助走3种。四步助走又叫标准型助走,本节以四步助走右手投球为例进行介绍,如图11-1-1所示。

(1)推球。迈右脚,同时双手向着瞄准点直线推球,手臂伸直约45°之后,左手离球向外侧

图 11-1-1

运动。注意脚尖、球与目标箭头在一条直线上,最后把身体重心转移至右脚;迈脚和推球在时间上应保持一致。

(2)垂直下摆:左脚紧跟迈出,步幅比第一步稍大;左手继续外展,右手随球自然下坠至摆动曲线的最低点,平稳完成第二步。注意摆动方向的直线性和摆动速度的一致性。

(3)垂直后摆:右脚紧跟向前跨出,步幅与第二步约一致但速度稍快;左手继续外展,右手在球的重力和惯性作用下,由下摆过渡到垂直后摆至与肩齐平,上体随着慢慢前倾。注意持球手臂同样应保持垂直运行,上体重心前移控制身体的平衡。

(4)向前垂直回摆和滑步投球:迅速迈出左脚,足尖踏出,膝关节弯曲,随惯性向前滑行20~40cm 至犯规线前 5~7cm 处停住,脚跟落地。右脚向左后方伸出,用脚尖做支点,左手向外展,维持身体平衡。滑步完成后,球回摆至犯规线上方 15~20cm 处,持球手将球向目标箭头顺势送出。放球时大拇指应先行脱出指孔,中指和无名指向上钩提后脱出指孔。

4. 投直线球

直线球,即球的路线为直线,而球无侧旋的球。直线球易于掌握,最适合初学者练习。直线球一般分为两种:一种是球的路线与犯规线相垂直的直线球;另一种直线式斜线球是球的路线与犯规线有夹角的直线球,又叫斜线球。

直线球投球法是拇指置于球的正上方,而中指与无名指置于球的正后方,手掌心正对球瓶区,球通过④号目标箭头直射①号瓶(图 11-1-2)。

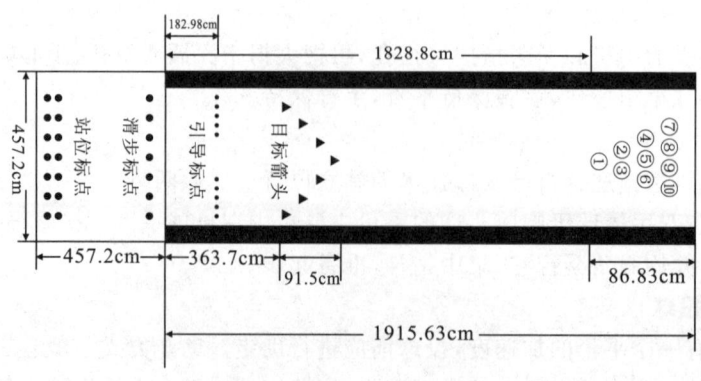

图 11-1-2

斜线球与直线球相似,只有一个角度差。球在击中①和③的空挡时,射入的角度愈大,球瓶的连锁反应也愈彻底。因此好的直线式斜线球,应站在助走线的最右侧起步,球沿着第二号瞄准箭头,以最大的角度,进入①和③号瓶之间的黄金档位来打(左手球员则相反)。

直线球具有难以引起球瓶横向翻倒,杀伤力和破坏力小,且易伤害手腕等缺点,练习者可在掌握直线球和斜线球的基础上,查阅有关书籍学习各种曲线球的投法。

三、保龄球运动竞赛与欣赏

(一)保龄球运动的场地与器材

1. 球道

球道总长 1915.63cm,其中从犯规线到瓶区中心的①号瓶点,长度为 1828.8cm,宽 1.04~1.06m。球道的最前方是竖瓶区,又称瓶台,球道的两侧各有一条球沟,相邻两条球道下面有公用的回球道。球若滚入球沟得零分,记作"G"。

球道与计分装置之间有段辅助球道,又称助走(助跑)区。长不少于 457.2cm,是供球员持球、助走、投掷的区域。球道与助走区之间有一条犯规线相隔,线上装有光控犯规检测装置。在球道上的犯规线前方,有 7 个目标箭头和 10 个引导标点,这些标记是用于掷球时帮助瞄准的。另在犯规线之后,辅助球道前后两端分别也有 7 个滑步标点和 14 个站位标点,这些标记是用于站姿和助走时选择位置作为参考的,如图 11-1-2 所示。

2. 球

保龄球一般由球核、重量堡垒和外壳组成。球的直径为 21.8cm,圆周长为 68.58cm。

保龄球分通用球和专用球。一般场馆提供的都是通用球,球上标有重量。重量设有 6~16 磅(1 磅=0.4536kg)等多个规格。专用球是根据球员的个人生理因素和技术特点而专门设计的。

3. 球瓶

球瓶一般选用上等枫木为主要材料,外形曲线优美、匀称,表面光滑呈白色。标准球瓶瓶高 38.1cm,重 1.446~1.644kg。

(二)保龄球运动竞赛的主要规则

保龄球比赛时,均以 6 局总分决定名次。一局分 10 轮,每轮有 2 次投球机会。如果第一次把 10 个木瓶全部击倒,就不能再投第二次。唯有第 10 轮不同,全中时继续投完最后 2 个球,补中时继续投完最后一个球,结束全局。

比赛以抽签决定道次,每局在相邻的一对球道上进行比赛。每轮结束后互换球道,直至全局结束。

每击倒 1 个木瓶得 1 分。投完一轮将 2 个球的"所得分"相加,为该轮的"应得分",10 轮依次累计为全局的总分。

当每一个格的第一次投球击倒全部竖立的 10 个瓶子时,称为全中(Strike)。用"×"表示,记录在记分表上部的左边小方格中。全中的记分是 10 分加该运动员后两次投球击倒的瓶数。

当第二次投球击倒全部剩余球瓶,称为补中(Spare),用"/"表示,记录在记分表上部右边的小方格内。补中的记分是 10 分加运动员下一个球击倒的瓶数。

第 10 轮全中时,应在同一条道上继续投完最后两个球结束全局,这两个球的所得分应累计在该局总分内。第 10 轮为补中时,应在同一条道上继续投完最后一个球结束全局,这个球的所得分应累计在该局总分内。

犯规(Fault)。在投球时或投球后,运动员的部分身体触及或超越了犯规线,以及接触了球道的任何部分和其他设备建筑时,即为犯规。犯规在记分表上用(F)表示。

决定名次的方法:
(1)单人赛:将每一局的成绩相加,以 6 局总分最高者为冠军,次者为亚军。
(2)双人赛:每人 6 局,以 12 局总分高低决定名次。
(3)三人赛:每人 6 局,以 18 局总分高低决定名次。
(4)五人赛:每人 6 局,以 30 局总分高低决定名次。
(5)以 24 局总分高低决定全能名次。

(三)保龄球运动的礼仪规范

(1)上投球区时,请务必更换保龄球鞋。
(2)未得到他人同意,不允许使用他人的球和球道。
(3)让准备好的邻道先投及右侧优先原则。
(4)勿在投球区以外挥动保龄球,特别是在别人休息的座椅前。
(5)切勿投出高球。
(6)勿将饮料洒落于球道上。
(7)请勿打扰投球者的注意力。
(8)不要在球道上持球久而不投。
(9)成绩不好,不要埋怨器材。
(10)对他人的缺点不要指指点点。

第二节 高尔夫球运动

一、高尔夫球运动概述

高尔夫球运动是指球手站在宽阔的绿草地上,利用长短不一的球杆,从一系列开球台上把球依次击打入洞的户外运动。"高尔夫"一词最早出现在 14 世纪苏格兰议会的文件中,率先涉及高尔夫球运动的是苏格兰北海岸的士兵,后来逐渐引起宫廷贵族和民间青年的浓厚兴趣,最终成为苏格兰的一项传统运动。由于高尔夫球运动最早在宫廷贵族中盛行,加之高尔夫球场地设备昂贵,故有"贵族运动"之称。

中国古代的"高尔夫"球运动最早记载于泰山岱庙出土的宋代石刻画——《捶丸》图。元代又出版了被称为世界最早的关于高尔夫球运动的专著——《丸经》。捶丸是我国古代一种以球杖击球的体育运动,类似于高尔夫球赛,故被称为中国古代的高尔夫球运动。今天,宋代的捶丸运动已开始穿越时空再现泰山,少年演员们身着宋代服饰,按照古代规则复原"高尔夫"比赛场景,只不过是以独特的表演赛形式与较高的参与性、趣味性而受到游客的追捧罢了。

高尔夫是一项看似非常简单、枯燥的运动,其参与者在全世界却以惊人的速度增加,它的诱惑力和健身价值主要是因为高尔夫球场大部分是利用大自然的地形加以改造而成的,环境优美,是健身、休闲和交友的好去处。高尔夫对自身体力、智力也是一种挑战,并可以提高个人判断力、思维能力和忍耐力等。高尔夫还是一项终生运动,每一个球手不论年龄、性别、体能、技术的差异,均可以同场竞技,这对身心健康是极其有益的。高尔夫运动最可贵之处在于它是一项绅士和诚实的运动,高尔夫礼仪始终贯穿在整个运动中,而且它是世界上唯一自我裁判的运动。

二、高尔夫球运动基本技术

高尔夫球运动的技术因不同的地点、不同的杆法和不同的人而有差异。这里只以右手为例介绍一些基本技术。

(一)瞄准和握杆

瞄准也就是设立"目标线","目标线"是球到目标之间的一条假想线。要瞄得准,杆面的前缘应当和这条线成直角。

根据用手指握杆的方式可以分为自然式握法、互锁式握法和重叠式握法(图11-2-1),不管何种握杆法都要尽量缩小双手的缝隙,使其成为一个整体。

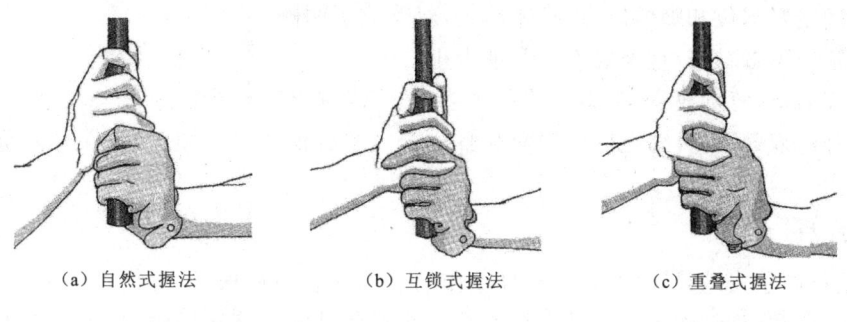

(a) 自然式握法　　　　(b) 互锁式握法　　　　(c) 重叠式握法

图 11-2-1

(1)自然式握法:双手手指分开,十个手指自然地握在握把上。这种握法比较适用于力气较小的人。其优点是能够更好地利用右手手臂的力量。

(2)互锁式握法:也叫交叉式握法,是左手食指与右手小指交扣的握法,给人一种整体的感觉。这种握法比较适用于手指比较粗短的人,也适合女士、小孩和身体较弱的男士。

(3)重叠式握法:这是比较常见的握法,是将右手小指放置于左手食指与中指间上方的握法。重叠式握法可以减弱右撇子在挥杆中增大右手及右臂力量和动作幅度的影响,从而使左右两边尽量达到平衡。

注意正确握杆的基本原则是握杆时不要用手掌去握,应该用手指钩住握把。

(二)击球准备姿势

击球准备姿势是指身体各个主要部位的协调安排,它们中的任何一环对球飞行的距离、方向和轨道路径都有重大影响。主要技术环节包括球位、脚位和站姿。

1. 球位

球位是指球员做好准备击球姿势时,高尔夫球被打出前的位置。一般球位是在两脚间连线的垂直平分线稍偏左的位置,偏离距离大约为一个球身大小。球离两脚连线的距离因球杆不同而不同,但球位是根据球员使用的球杆和个人经验等方面的不同进行调节的。

2. 脚位

脚位是指球员准备击球时两脚站立的位置,一般分为3种。

(1)正脚位:是指球员两脚尖与准备线、击球线路平行的脚位,较易完成挥杆动作,适用于任何一种球杆。这是比较理想的脚位。

(2)开脚位:是指球员左脚稍后于右脚的脚位,常用于短铁杆击球。

(3)闭脚位:是指球员右脚稍后于左脚的脚位,常用于木杆开球或在球道上击远球。

脚位的宽度因身高和体格而有所不同。但对所有球员来说,球杆的长度缩短,脚位也应当稍微变窄。

3. 站姿

一般来说先将球放置于目标线上;然后确认杆面、肩膀、腰部、膝盖及双脚是否与目标线平行,并以球为中心,垂直与目标线站立;最后,先固定左脚,右脚向右移开直到身体感觉比较稳定,体重均匀分布在两腿上,重心保持在前脚掌上,并确定双脚宽度及脚位。注意保证手背方向和杆面方向尽量与目标线保持平行。

完成站姿的基本步骤如下:

(1)在确定好球位和脚位以后,身体站直,双臂放于两侧。

(2)屈膝向下看鞋带,直至看不到鞋带为止。

(3)臀部后退,背部要直,头朝球的方向移动。下颚抬起,不要触胸。

(4)握杆时双臂下垂,握把后端指向肚脐位置。左肩稍微向上倾斜,确保身体重心落在前脚掌上。

(三)挥杆

挥杆是打高尔夫球最终的目的,挥杆动作的全部内容由后摆杆、上挥杆和上杆顶点、下挥杆、击球、送杆及收杆动作组成。整个技术是一种围绕纵轴的旋转运动,身体基本上没有向右或向左的横向运动,也没有向前或向后的俯仰动作,如图11-2-2所示。

图 11-2-2

1. 后摆杆

后摆杆是上挥杆的起始部分。使左臂与球杆成为一个整体,不要屈腕、肘,保持两臂与肩构成的三角形;左肩、左臂和左手与球杆形成一体,以左肩依次带动臂、手、球杆,将球杆沿着目标线向后推30cm左右,要有推上去的感觉。不能用手臂举起球杆,注意摆杆动作要柔和,保证杆面正对球。

2. 上挥杆和上杆顶点

上挥杆时,身体按肩部、腰部、腿部的顺序转动。左膝随上杆动作略微转向右侧,顶住右膝及右臀,身体重心转移到右侧。身体保持两臂与肩构成的三角形至右裤兜位置时,右臂肘部开始弯曲,左臂运杆,右臂基本不用力,靠臀部旋转来带动手臂挥杆,头部保持不动。

注意挥杆与身体一定要有整体感。上挥杆动作是通过转肩及转体完成的,而不是用手臂挥杆。并且根据不同的击球距离,上挥杆的幅度是不同的,有全挥杆和半挥杆之分。

当臀部转到最大时,下肢继续保持站位时的姿态,双膝微屈,球杆移向挥杆顶点,左肩转到右脚内侧,右臂形成"右肘90°"。双手保持屈腕位于右肩上部,左脚、左腿、左肩与球杆大体在一条直线上。此时,自然屈腕。注意正确的屈腕动作应是拇指一侧的手腕向上弯曲。

3. 下挥杆

下挥杆是由臀部转动开始,向身体左侧移动重心,带动手臂挥杆完成的。头部仍然保持与上挥杆相同的位置,左膝带动左臂向目标侧转动。接着肩膀转动,左臂带动球杆下沉,右肘贴着身体下移,手臂同时向下挥杆,击球瞬间杆面对准球位。整个动作如同放松上紧的发条。注意右手的屈腕动作应维持到击球瞬间。

4. 击球

击球是指挥杆时,杆面与球接触的瞬间。从击球开始,右手要做翻腕动作,身体的姿态犹如左右颠倒过来的英文字母"K"。击球动作的核心是身体左侧如何顶住身体右侧在上挥杆时积蓄所有能量的释放。注意击球瞬间,不应刻意用力,不是用手臂去打球而是在将球杆挥出去的过程中,杆头击中了球而已。右肩也不能跟向目标方向,头部应留在球的后面且眼睛要盯住球位。

5. 送杆及收杆

送杆是击球后的身体姿势。右臂向目标方向伸直,右手翻过去的同时,尽量向前伸,使杆头画出更大的圆。注意送杆阶段比较重要的是重心转移、身体平衡以及能否将杆头彻底挥出去。

收杆是在充分完成送杆后,将球杆举起,杆头从左耳与左肩之间翻向身体的后侧。这时90%的体重压在左脚上,双肩转过90°以上,身体指向目标方向。

三、高尔夫球运动竞赛与欣赏

(一)高尔夫球运动的场地与器材

1. 场地

高尔夫球场呈带状,一个标准的球场球道全长7~8km,宽度不限,占地面积一般为60~100公顷(1公顷=10 000m²)。虽然高尔夫的宽度和地形障碍不尽相同,但梯台、球道、长草区、沙坑、水障碍、果岭和球洞是必须具备的。这里只介绍梯台、球道和果岭。

(1)梯台:梯台也叫开球台,是每洞开始打球的区域。每个球场的梯台形状不尽相同,但梯台上都规定有合法的开球区域,如果超出这个合法开球区,就要接受罚杆。

(2)球道:球道是球场中间面积最大的部分,是连接发球台与果岭之间的击球区域,与球洞之间的距离相当。球道上设有18个球洞,分前9洞和后9洞。球洞挖在一块平整的草坪上,用一个标志旗示意球洞所在。洞内有一个供球落入的金属杯,其内径为10.8cm,深10cm。每个球洞周围都有天然的或人工设置的种种障碍。球被击进洞后,该洞所在的草坪即变成新的开球草坪。

(3)果岭:果岭是为了用推杆推球而将草剪得很短且管理得很好的区域,也叫推击果岭。果岭上设有球洞,为了增加攻旗杆的乐趣,球洞的位置是经常变换的。当从果岭上击球入洞时,需拔出旗杆。

2. 器材

高尔夫的器材很多,如高尔夫球、球杆、球座、标记、修叉(果岭叉)、球杆袋以及各种个人用品等,这里只介绍高尔夫球和球杆。

(1)高尔夫球:高尔夫球是一个质地坚硬、富有弹性的实心小球。规则规定高尔夫球的直径不得小于4.267cm,重量不大于45.95g。

(2)球杆:高尔夫球杆由杆头,杆身和握把三部分组成。一般分为3种,一种是追求距离而使用的木杆,一种是追求准确度而使用的铁杆,另一种是在球洞区附近使用的推杆。球手可以有多根个人的球杆以适合不同的位置击球,但规则规定比赛中所携带的球杆不能超过14支。

(二)高尔夫球运动竞赛的主要规则

高尔夫球比赛是指球手从发球区开始,依次打完18个洞为一场球。高尔夫球比赛有球洞数和杆击数两种最基本的比赛形式。杆击数比赛是指所有参赛选手完成一场或几场比赛后,以累计杆数少者为胜。职业球手、国际大赛等正式比赛均采用这种比赛方式。

高尔夫球比赛是自我裁判的比赛,主要遵循两条基本原则。一是,保持球的现状来打球,除了规则规定的情况以外,不能动球。如果是被自己或同方球员及自己的球童移动了球,除将球放回原位外,还要接受1杆的处罚。如果打错了(障碍区除外),比洞赛判该洞负,比杆赛加罚2杆。二是,比赛要在公平的条件下进行,不要只考虑对自己有利的情况,并应如实上报自己的比赛情况。

高尔夫球比赛的记分方法:球员击球入洞的杆数与标准杆相同,称为"帕"(Par),记为0;低于标准杆1杆为"小鸟"(Birdie),记为-1;低于标准杆2杆为老鹰(Eagle),记为-2;低于标准杆3杆为"信天翁"(Albatross),记为-3;高于标准杆1杆为"搏击"(Bogey),记为+1;高于标准杆2杆为"双搏击"(Double Bogey),记为+2;高于标准杆3杆为"三搏击"(Triple Bogey),记为+3。

(三)高尔夫球运动的礼仪规范

高尔夫规则的第一章就是礼仪,所以与其他项目相比高尔夫运动是时时处处都必须具备绅士风度。

1. 球道上的礼仪

(1)首先确认是否安全。在击球或练习挥杆之前,应当确认以下地方及其附近是否无人站立:球杆可能击到的地方;球可能落到的地方;因挥杆或击球而被球、石头或树枝等打到的地方等。

(2)其次是速度。为了大家的利益,球员要加快打球的速度。球员在找球时,如果发现球不容易找到时,就要示意后组迅速通过。找球时间不能超过5min。在后续球员通过并走出球的射程范围之前,该组球员不得继续打球。打完一洞后,球员应立即离开果岭区。如果一组球员在球场上行进迟缓并落后前面的球员整一洞以上时,应该让后续的一组先行通过。

(3)在打球者正在站位和击球的整个过程中,其他打球者不能说话或移动,也不可以站在球洞附近或击球线上。

2. 球场上的优先权

（1）无特殊规则时，两人组较三人组或四人组有优先通过的权利。单独的球员没有此项权利，而应当让任何其他组先通过。任何打整轮的组有超越打非整轮组（打部分球洞）的权利。

（2）有优先权的球员应被允许在其他对手或同伴比赛之前先发球。

3. 球场上的保护

（1）在离开沙坑之前，球员应仔细地平整好他在沙坑内造成的所有坑穴和足迹。

（2）在球道上，除梯台、障碍区及果岭以外的区域，击球留下的草痕要及时修补。

（3）在果岭上，球员在放置球包和旗杆时要小心，不要损伤果岭。另外果岭上的球痕要认真修补，而鞋钉留下的伤痕要等该洞击球结束后才能修补。

（4）插、拔旗杆和取球过程中不能损坏洞杯。离开果岭时一定要把旗杆插上并扶正。

第三节　门球运动

一、门球运动概述

门球运动起源于日本，它是由"槌球"运动衍生而来。槌球运动始于法国，1882年美国成立了全国槌球协会，健全了比赛方法和规则。1947年12月，槌球传入日本北海道，经过铃木和伸的改良和精简，目前已成为风靡日本的门球运动（Gate Ball）。

门球运动是一项不受年龄、性别限制，经济简便，讲究集体配合，温文尔雅，妙趣横生的集体体育项目。门球运动场地器材简单，比赛中没有身体接触，动作简单易学。门球运动的地点是在室外，阳光充足，空气新鲜，参加者通过不断地弯腰、摆臂、击球、随球走动，使上下肢肌肉得到锻炼，促进血液循环，加强肺泡弹性，促进消化吸收。而且门球要打好，不仅要有技术，还要会根据场上形势，寻找出最佳的战术配合，这可以提高记忆力、想象力和敏捷的思维能力。

二、门球运动基本技术

门球技术动作简单，易于接受。按其动作方法，主要分为击球和闪击两大类。

（一）击球

击球是门球技术中的核心。它是指队员用球槌的头部平面部分击打自球的过程。在比赛中，可以通过击球达到过门、撞击终点柱、送位、撞击他球等目的以获得得分，或者是阻击对方以及为同伴创造有利的击球条件等。

击球动作主要包括侧向式击球法和纵向式击球法两种。下面主要介绍右手的纵向式击球法，俗称"直打式"。其技术动作构成包括球槌的握法、站位、瞄准、力度和击球。

（1）球槌握法：首先将球槌的击球端置于体前，右手在下，左手在上，相距10～20cm，两手掌心相向自然贴握在球槌后侧面，使球槌能做垂直于两脚连线的前后摆动。

（2）站位：球员面向自球后部站立，两脚平行与肩宽或稍宽于肩，与球成等腰三角形，脚尖与自球的距离约30cm，两脚连线与球被击出后滚进的路线垂直，身体重心在两脚之间，双膝微屈，两眼注视自球即将被击打的部位。注意站位时，可根据个人的具体情况两脚前后开立。

(3)瞄准:瞄准要求为"一选点,二成线"。"选点"就是选目标的瞄准点,"成线"是指目标、自球、槌头前、后端中心点在一条直线上。在击球前要注意平心静气地控制好自己的呼吸和情绪,击球的瞬间应全神贯注,心无杂念。

(4)度力:度力必须根据场地平整度、干湿、沙子粗细和距离的多少来决定力度的大小,以达到控制球落点的目的。它是技术精湛的重要标志,俗话说:"送球到位是组织各种战术的基础,是战术运用的灵魂。"度力是需要在多次练习中才能获得的。

(5)击球:击球动作是由后拉、前摆、击球、顺势前送等技术构成。后拉要慢,保持槌头在"成线"上;后拉距离要适当,一般在 20cm 左右为宜。前摆方向准确,力度适当,不管距离多远,挥棒要匀速平稳,不要过多利用手腕力量击球。击球时球槌头部的行进方向要和自球的中心保持平行,切忌"上挑"或"横扫",两眼也要注视自球和球槌的击打部位,直至球被击出。顺势前送要注意球槌不能左右摆动。

(二)闪击

有效击球发生后,自球与被撞击的球停在界内,击球员获得闪击权。闪击是指放置好他球后,通过击打自球产生的冲击力使他球产生移动的过程。闪击与击球一样都要求准确性,即方向准确性和距离准确性,其中瞄准和度力跟击球是基本相同的。这里以右手为例介绍它们主要不同之处,如球槌握法、站位和击球方面。

(1)球槌握法:左手除大拇指以外的四指与球槌方向垂直相交,自然地握在球槌柄部的后面,大拇指自然抓握。右手用同样的方法在紧靠左手前握球槌,小拇指和无名指扣住左手的食指和大拇指,双手同时略向身体内侧稍稍旋转用力。

(2)站位:面对自球站立,两脚自然分开与球呈等腰三角形,用左脚掌内侧 2/3 的部位踩住自球,外侧 1/3 踩住他球,以球不滑离脚下为宜,人体重心落在自球上。

(3)击球:闪击是通过击打自球而产生的振动力将置于自球前的他球击出,那么在击打自球时,就应该准确地击打自球,以免击在自己的脚上或地上,而使他球不动或移动的距离不超过 10cm。

三、门球运动的竞赛与欣赏

(一)门球运动的场地与器材

1. 场地

门球场地为长方形,由限制线圈定,平整且无任何障碍物;比赛线长 20~25m,宽 15~20m;原则上,比赛线为带状,宽 1~5cm,限制线和其他线要清楚可见。

球门包括一门、二门、三门。球门两立柱间的连线叫球门线,线宽 1cm,球门柱应钉在地面上。球门用直径 1cm 的圆形金属物制成"冂"形,高于地面 20cm,门柱间宽 22cm。每个球门的位置如图 11-3-1 所示。

2. 器材

(1)球:球是由合成树脂制成的质量均匀的圆球体,直径为 7.5cm(±0.07mm),重 230g(±10g)。球分红、白两色,各 5 个,共有 10 个。红球标白色奇数号码,为 1、3、5、7、9;白球标红色偶数号码,为 2、4、6、8、10。号码大小为 5cm×5cm,标在球面对称的两侧。

(2)球槌:球槌由槌头和槌柄组成,呈"T"形,重量及材质不限。槌头长 18~24cm,原则上为圆柱形。槌柄长50cm以上,固定在槌头中间,槌柄可以是弯曲的。

(3)终点柱:终点柱是直径为2cm,垂直竖立于地面20cm的圆形金属圆棒。

（二）门球运动竞赛的主要规则

(1)比赛形式是在两队之间进行,采取5人对5人制。一方为单号,另一方为双号。球员佩带与自球号码相同的号码布,按顺序号依次上场击球。

(2)赛前,双方队长在裁判员的组织下进行"挑币",猜中方挑选先攻或后攻,另一方挑选替换席。

(3)每场比赛时间为30min。若30min到,应遵循让后攻方完成比赛的原则,结束比赛。

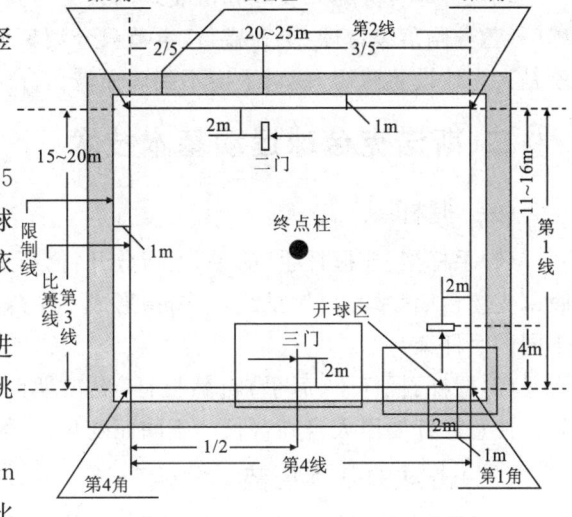

图11-3-1

(4)比赛开始时,裁判宣布1号球员开始过第一门,如进门失败,则轮到2号过门,直到10号打完为止为第一轮。第二轮未过一门的球员重新击球过第一门,如果通过第一门,作为通过球门的权利,可获得一次续击权。

(5)每个队员必须从开球区依次将球击进一门、二门和三门,最后碰触终点柱,该队员的比赛活动才全部结束。

(6)得分规则是通过一门、二门、三门均为1分,撞柱得2分。个人满分为5分,全队满分为25分。

(7)闪击过程是拾起他球,踩自球,放他球贴于自球旁,然后击打自球,将他球振出脚下,再抬脚离开自球的整个过程,它必须在10s内完成。

(8)比赛结束时,各队每名队员所得分值相加为该队总分,以总分多者为胜。若先攻队取得满分,在待下一号后攻队员完成击球后,比赛结束。若后攻队率先获得满分,待该队员完成击球后,比赛结束。

第四节 台球运动

一、台球运动概述

台球也叫桌球、弹子球,最早出现于16世纪的法国,后经逐步改进,现已发展成为一项寓动于静、高雅文明的室内球类运动。台球运动具有娱乐性、趣味性、技巧性、休闲性和竞技性等特色,同时也需要一些物理学和几何学的知识。其健身价值主要体现为它是一项全天候运动,所需场地少,运动量可自行调节,便于开展。同时它可以开发智力,在切磋球艺时,还可增进友谊,培养高尚的品德。并且运动过程引人入胜,规则较少且清晰,结果不可预知,具有很高的观赏价值。

现代台球可分为无袋式和落袋式两大类。其中斯诺克(Snooker,彩色落袋台球)和美式台球(彩色号码落袋台球)更为盛行,本节只介绍斯诺克台球。"Snooker"一词译为"障碍"之意,就是人为地设置障碍,使对手击不到球而被罚分。

二、斯诺克台球运动基本技术

(一)握杆

(1)手杆架:非握杆手(前手)五指分开,拇指紧贴食指,并略有上翘,其余四指分开。指尖腹部支撑台面,掌心自然拱起,与拇指形成一个球杆支架,也叫手桥。可以根据比赛的需要做不同的手杆架。

(2)握杆:握杆手(后手)自然握杆,虎口朝前,握杆点一般定在球杆终点后端10cm左右处。注意握杆要因人身高臂长的不同而变化,人矮臂短朝前握,反之则后握。

(二)击球的基本姿势

右手为例的正确击球基本姿势是右手握杆,面对主球。左脚向前斜跨一步,微弯曲,右腿在后;身体与球台保持45°左右,上体前屈,向前平伸,抬头,下颌与球杆相贴,目光沿球杆方向前瞄;击球时,后手、下颌和前手三点应成一条直线。当手架杆击不到主球时,可借助架杆支撑球杆击球。如图11-4-1所示。

图11-4-1

(三)击球的基本方法

握好杆后,保持正确的击球姿势,目测球袋中心到目标球中心连上一条想象的直线,并确定主球和目标球的撞击点。瞄准后,向回抽杆,注意握杆手的肘部要稍下沉,以腕为轴后转,稳定后加适当的力前送击球。

斯诺克台球须按规则将目标球击入袋内方可得分。因此,为了使主球停留在理想的位置,以便连续击球,就出现了几种控制主球的方法,如定位球、推进球、跟进球、后退球等。

(1)定位球:白色主球与目标球相撞后,停在原地不动的为定位球。击球时水平持杆,主要依靠手腕的抖动力量发力,以定位球的中部稍微偏下一点的位置为击点。定位球对于主球选位和避免主球同时落袋具有很好的作用。

(2)推进球:白色主球与目标球相撞后,主球只是缓缓跟随目标球前进,前进距离不大为推进球。击球时,采用中杆击球,依靠小臂前后的运动带动腕部将球杆推出,击打球的中心点、中左点或中右点。注意用力要适中,否则会变成跟进球或定位球。

(3)跟进球:又称"高杆"。白色主球与目标球相撞后,目标球向前运动,主球在原地稍停后靠自旋力量加速向前跟进,跟进距离较远的为跟进球。击球时水平持杆,运用小臂的力量,同时抖动腕部,击打球的中上点、左上点或右上点。

(4)拉杆球:白色主球与目标球相撞后,主球稍做停顿后,靠自旋力量向后运动。击球时水平持杆,用小臂向前运动,当杆头即将接触主球时,猛抖腕部向前推杆,用球杆击打球的中下部,当杆头与球接触的瞬间,腕部迅速向后抖动,同时小臂拉杆向后收。

(5)击旋转球:要求杆头对准主球中心点偏左或右部位,可使主球向左或向右滚去,形成侧旋。

三、斯诺克台球运动的竞赛与欣赏

(一)斯诺克台球运动的场地与器材

1. 场地

斯诺克台球的球室总面积必须满足该运动需求的活动范围,可通过计算来确定。简便的计算方法是:在球台四周加上一根球杆的长度(约1.5m),再加上击球时球杆活动所需要的距离。此外,还必须考虑要留出一定的附加面积,如人员的来往走动及休息座椅的放置等,可依具体条件和设置,加以安排。

2. 器材

(1)球桌:斯诺克球桌的台面由5cm厚的平整石板,台面绿色呢绒和包裹呢绒的橡胶台岸构成。标准的斯诺克球台(用于冠军赛)高85～86cm,内沿面积为3.6m×1.8m。在长边和角上设有6个网袋,靠近开球区两端的称"底袋",远离开球区的称"顶袋",两侧边岸的称"中袋"或"腰袋"。

(2)球:现在常用的球是由树脂聚合物制成的。斯诺克有15个红球,6个彩球(黑、粉、蓝、棕、绿、黄)和1个白球,共22个球组成。其中它们的入袋分值分别为黑色球7分,粉色球6分,蓝色球5分,棕色球4分,绿色球3分,黄色球2分,红色球1分。

(3)球杆:球杆由优质木材制成,其重量和长度是由个人的身体状况决定的,一般认为一个球员的球杆长度应比球员的肩低5cm左右,但不能短于91cm。球杆一头粗一头细,细头为杆头。杆头用皮革或合成材料制成。击球时可涂抹适量的防滑粉,增加对球的摩擦力。

(4)架杆:又可称为器械式杆器。它是为主球远离球台,不便于手杆架击球时所借助的器械,有长杆(长、中、短)和高架杆(低、中、高)之分。

(二)斯诺克台球运动竞赛的主要规则

(1)比赛前将15个红球按"5、4、3、2、1"的形式靠拢用三角框框成三角形摆在红球区,其他彩球按其颜色,摆在各自的置球点上,白球可在开球区内任选一点放置。

(2)开球时,决定开球权的方式是以双方各自向岸边击一空杆球,球从底边反弹回来距离岸头较近者先开球。开局第一杆必须在开球区内击向红球,以后击球者必须在主球停止时的位置上击球。

(3)每次必须先击入一个红色球入袋,下一杆才可以击打任何一个非红色的彩球,击彩色球入袋后则再击红色球,如此反复进行。红色球如被击入袋中或被击出界外,则不再是局中球,不必取回;当彩色球被击入袋中,须立即取出放回其对应球位(红球未击打完时)。当最后一只红球被击落时,可再击打任意一个彩色球,然后则按6个彩色球的分值由低到高顺序击打,此时彩色球落袋则不必取出,直到将黑色球击入袋中。

(4)每击入一球则按分值计入该击球员的得分,以最后得分多者为胜方。

(5)斯诺克台球比赛得分与罚分并用,一方所罚分值记为另一方的得分。

(6)击球运动员的身体、球杆及配饰碰到台面上任何球,击红球时先碰彩球,同时击中多个球(多个球都为红球时除外),误击其他彩球时均为犯规,按所碰目标球最高分值罚分,低于4分按4分计算。

(7)击不中球、主球落袋、击球时双脚离地、使用非球杆尖端击球或触球,均罚4分。

(8)错将其他球当主球击出、连续击打红球或在红球尚未全部击打入袋时连续击打彩球,均罚7分。

(9)允许运动员运用正当方法,给对方制造障碍。如对方没有击中目标球,则罚分;罚分后制造障碍的一方有权要求对方再次击球,如再犯规,则再罚分。

(三)斯诺克台球运动的礼仪规范

作为绅士运动之一的台球运动源于贵族,在经过上百年的发展和完善后,已经具有自己的文化内涵。所以,我们在锻炼的同时,更应把自己培养成具有高尚台球文化修养的人。

(1)锻炼者注意衣着整洁合体,不能袒胸露背,也不能赤脚或穿拖鞋上场。

(2)语言文明,不能高声谈话和喧哗。

(3)严禁在场内吸烟,更不允许叼着烟打球,或酗酒后打球。

(4)尊敬对手,在对手击球时,不允许做有可能影响对方精神集中的任何动作。

(5)心态平和,不以输赢来左右自己的言行。

(6)击球员击球时必须有一条腿始终着地,在场内不允许随意挥舞球杆。

(7)观球者在观球过程中不要干扰击球者独立思考和击球的情绪。

第五节 壁球运动

一、壁球运动概述

壁球运动是在用墙壁围起的场地内,按照一定的规则,用拍子互相击打对手击在墙壁上的反弹球的一项竞技体育运动。壁球起源于19世纪初期英国伦敦的"舰队监狱"。当时的犯人为了锻炼身体、打发枯燥乏味的囚禁时光,爱玩一种对着墙面击打小球的运动。后来这种游戏在英国著名贵族学校哈罗(Harrow)中学得到改进和发展。目前壁球运动可分为英式壁球(Squash)和美式壁球(Rackets)两种,在本节只介绍英式壁球。

壁球运动体现的是耐力、技术与策略相结合的运动。其特点是:自娱性,壁球与其他挥拍的运动相比,一个最显著的特征就是参与者可以一个人进行;高效率性,用时少、高速度、高强度,可以在短时间内达到较好的锻炼效果;简单易学性,初学者只需了解基本规则和动作要领,就可上场练习。

二、壁球运动基本技术

(一)握拍

手握在拍柄的中部,虎口呈"V"形,虎口对着正手位时球拍触球面的上沿,食指高于拇指,拍面稍后仰。击球过程中这个握法应保持不变。

(二)击球的方式

壁球击球的方式主要有正手击球和反手击球两种。

1. 正手击球

在壁球运动中,正手击球是最基本的击球动作。正手击球能很好地控制球的方向,而且击出的球很有力量。但正手击球时应注意控制好球拍,使其振幅不要太大。练习方法与步骤如下:

(1)准备姿势:以右手持拍为例,面向前墙,两脚开立,略宽于肩,双膝微屈,上体稍前倾,右手握拍于体前,左手可扶于拍上,重心落在两脚掌的前部。

(2)上步引拍:移动至来球的位置,最后一步是左脚前,右脚后,双膝微屈,双眼注视来球;然后,向头的右上方引拍。

(3)挥臂击球:击球时应注意以下几点:①球拍触球时手腕要固定,拍面稍向后仰;②用拍面的中部击球;③小臂和腰部随身体的转动向前方协调配合用力,身体重心从后脚移至前脚。

(4)进移重心:击球后,球拍要跟着球的路径直到一个较高的位置,身体重心随之移向击球方向。

2. 反手击球

反手击球也是一种有力量的击球动作,反手击球的最终目的是将球击到紧贴场地地面的角落里。反手击球需要良好的控制,而且必须保证击出的球要飞过场地且不伤害对手。

(三)发球与接发球

1. 发球

发球可根据在发球区的不同分为右发球区和左发球区两种技术。

(1)右发球区:发球时,发球员右脚站在发球区内的左前角位置,左脚站在"T"区接近前墙的位置。左肩对着前墙,把球抛离身体,同时挥拍,将球击出。

(2)左发球区:左发球区发球的方法与右发球区的发球相同,主要的不同是发球时球拍接近场地的中间位置,由于球需要一个角度较小的飞行轨迹,所以击打的目标应是前墙偏右1/3的位置,高度也比在右发球区发球时要低。

2. 接发球

接发球时肩部斜对着前墙,站在发球区对角线的延长线上,距离发球区的脚有一大步的位置,眼睛看着发球球员,判断球的飞行情况。

总之,在练习或比赛时运动员都试图将球击向场地下方,而且球在触墙前的飞行过程中不能碰到地面或对方运动员。

三、壁球运动的竞赛与欣赏

(一)壁球运动的场地与器材

1. 场地

壁球的场地一般分单打和双打,本节不涉及双打方面的内容。世界壁球联合会(WSF)所规定的标准单打场地是长9.75m、宽6.40m、高4.57m,由4面不同高度的垂直墙体和水平地面围成,其后墙一般是用玻璃做的,或者四周全用玻璃制成,如图11-5-1所示。

练习者从门(门一般开在后墙上)进入球场可看到对面墙上有上界线、发球线和下界线3条水平线。下界线以下的部分叫"响板",通常它是由金属片或木板覆盖,以便球打在上面能发出特殊的声音。两边的侧墙还各有一条斜线叫出界线。

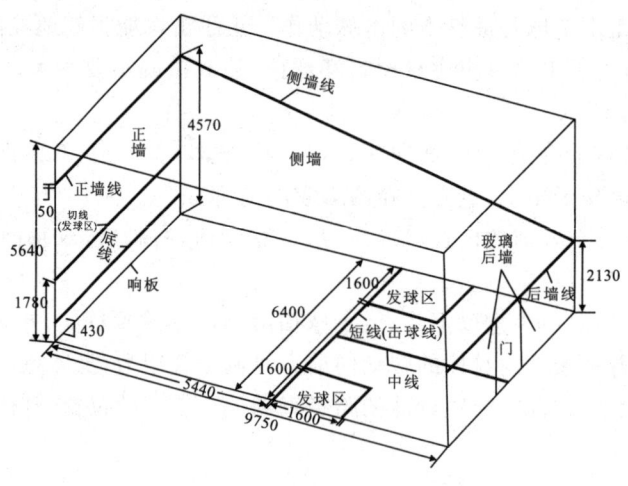

图 11-5-1

壁球场地的地板对角线的长度是 11.665m。距离后墙 4.26m 有一条线穿过球场,这条线叫"短线",中间有一条线叫"半场线"。短线与半场线交接的区域叫"T"区。由短线与半场线分隔的在场地后部的两个大长方形区域叫"后 1/4 区"。在短线的两端,各有一个内侧边长 1.6m 的正方形格子,为"发球区"。

2. 器材

(1)壁球:壁球通常直径为 39.5~41.5mm,重量为 23~25g。从壁球的颜色上就能看出选手的层次。球的颜色一般都是黑色,球的表面上印有彩色的小点表明球的球速。黄点代表极慢,属于比赛用球;白点代表慢;红点代表中速;蓝点代表快速,适用于新手。壁球内填充有惰性气体,当壁球被击打时,气体因摩擦受热膨胀,使球的飞行速度极快。

(2)球拍:壁球的球拍比网球拍小,但球柄要长,长度以不超过 686mm,重量不超过 255g 为宜。球拍的框架通常用石墨合成物制成,用线将石墨材料织成双层的方形图案。

(3)鞋和眼罩:壁球运动对鞋有特殊要求。不能穿黑色鞋底和鞋底有硬物的鞋上场,并要选用品质较好的鞋和袜子以防止身体和脚部受伤。在正式的比赛中,运动员要佩戴符合国家标准的眼罩来保护眼睛。

(二)壁球运动竞赛的主要规则

1. 发球规则

(1)壁球比赛开始是通过转动球拍的方式来确定的,猜中生产厂家标志方先发球。取得发球权的一方可以任意指定发球区,并持续发球直到失误或失分为止。其中每次得分以后,必须交换发球区。

(2)若发球方失误或失分,由对方获得发球权或得分,可重新选择在左边或右边发球,得分后须再换边发球,依此类推。下局比赛的发球权归上局的胜利者所有。

(3)发球者至少一只脚踏在发球区内(不能踩线),发出的球必须直接击在前墙的发球线以上,上界线以下。弹回的球除被接球者截击外,必须落在相对的后 1/4 区内。

2. 比赛过程规则

运动员通过合理击球致使对方不能根据规则要求正确地做出回击形成死球,就可得分或是获得发球权。

死球包括以下几种情况：

(1) 球未被发球方或击球者正确击打。

(2) 击球者击球前球已触地一次以上。

(3) 球触及击球者的身体或衣着。

(4) 球被击球者击出弹回后，又从该击球者两腿之间穿过。

若裁判员裁定妨碍确实发生，可判奖励对手一球或判和球。

3. 记分规则

(1) 比赛由主办单位决定"五局三胜制"或"三局两胜制"。

(2) 每局有两种记分方法：一种是"球权得分制"，每局 9 分；另一种是"每球得分制"，每局 15 分。

(3) 若在"球权得分制"中，出现 8 比 8 时，先得 8 分的一方在接下一次发球前，有权选择加 1 分或加 2 分球。若在"每球得分制"中，出现 14 比 14 时，先得 14 分的一方在接下一次发球前，有权选择加 1 分或加 3 分球。

(三) 壁球运动的礼仪规范

如果你在进场时另一人已在场内热身了，应在他(她)的击球间歇时才能开门进场。同样，如果你在场内练球，发现有人想进来，应主动停止练球，等他(她)进来。对于观众来说应关闭手机的铃声，并在球员击球时，勿离开座位或晃动。球未停定在地上时，请勿喝彩欢呼。禁止用闪光灯拍照片。

第十二章　娱乐休闲运动

娱乐休闲是一个国家生产力水平高低的标志,是衡量社会文明进步的标尺,是人的一种回归自然的生活方式和生命状态。今天,休闲已逐渐成为这个时代的风尚。休闲时代为体育健身者提供了"有闲""有钱"和"有心情"3个有利条件。所以,休闲是建立在一定物质基础上,用自己喜欢的方式去放松身心,追求精神上的愉悦与充实,以提高生活品质的一种生活方式。随着社会的发展,物质产品日益丰富,人们的休闲时间也越来越多,休闲已不仅仅是简单的学习、工作之余的休息了。更多的人是在休闲活动中去放松自己的心情,锻炼自己的体魄,培养自己的情趣,并以内心的体验去感悟人生,从而获得对人生的一种全面的理解和诠释。

娱乐,是人类与生俱来、虚实相伴的精神要素,娱乐本身就是体育的一种属性,更有外国学者认为,娱乐是体育运动的基础,在人类生活中无处不显现。而体育,是人类在自身生存有了基本保障之后为求进一步发展而自创的活动原型,当一项体育运动项目的产生,娱乐就与之紧密联系,再不可分。人们通常所说的娱乐活动,除一半纯体育运动项目之外,另一半对人的肢体活动要求较少的游艺、棋牌等项目中也包含了大量的体育健身因素。例如,身体活动灵巧性在一些游艺项目中的特殊作用,健康状况对于长时间棋牌较量中的技艺发挥,都是不可忽视的因素。

第一节　桥牌运动

一、桥牌运动简介

桥牌的起源至少可以追溯到16世纪的英国(最早的资料表明在1529年),在以后的几个世纪里,经过惠斯特牌戏、惠斯特桥牌、竞叫桥牌3个阶段演进,到20世纪初,桥牌才基本定型,成为现在的定约桥牌。桥牌(Bridge)是扑克的一种打法,但它比扑克牌等娱乐活动具有更高的科学严密性,更公平合理。桥牌可以陶冶性情,启发智慧,磨炼判断力,促进合作友谊;打桥牌需要运用数学、逻辑学、心理学、运筹学,并发挥个人的智慧与技巧,忠实而灵活地配合各种叫牌制度;同时桥牌崇尚公平、公开、公正的体育精神。因而说,桥牌是一项高尚而有益的娱乐运动。

中国桥牌兴起于20世纪80年代初,从普及到提高已有30多年的历程。目前,在中国桥牌协会注册的会员有5万人,爱好者超过100万人。我国桥牌运动的蓬勃发展与党和国家领导人的关心和支持是分不开的,如邓小平、万里都是桥牌爱好者。1988年世界桥联授予邓小平世界桥牌联合会荣誉金奖,荣高棠代表邓小平领奖时说:"邓小平同志为中国桥牌运动的发展做出了杰出贡献,他接受'世桥联'荣誉金奖是当之无愧的。"万里同志对中国桥牌事业进行了精心指导,还积极参与,并取得过许多奖项,如年度所罗门奖、埃普森世界同场桥牌通讯赛亚军等,曾亲任中国桥牌荣誉主席和名誉主席。前世界桥牌联合会主席称赞道:"万里是当前世界获大师分最多的国家领导人。"

二、桥牌运动基本知识

1. 色与牌张

桥牌所用普通扑克牌无大、小王,52张牌分4种花色:梅花♣、方块♦、红心♥、黑桃♠。4种花色有高低之分,按照英文开头字母的顺序排列而成,即梅花(Club)为C、方块(Diamond)为D、红心(Hearts)为H、黑桃(Spade)为S,叫牌时按以上高低级别顺序,前两色叫高花,后两色叫低花。每种花色各有13张牌,按A、K、Q、J、10、9、8、7、6、5、4、3、2的大小排列,A最大,2最小。同花色牌比大小,不同花色牌不能比大小(除将吃外),还有一种"花色"叫无将(NT),就是没有将牌(主牌)的意思。

2. 搭档和方位

4个人围桌打桥牌,2人为一组对另一组,分别坐在北(N)、东(E)、南(S)、西(W)。一方两人坐北、南(N-S),称北南方;另一方两人坐东、西(E-W),称东西方。

3. 牌点计算

(1)大牌:每张A→4点;每张K→3点;每张Q→2点;每张J→1点。

(2)短花色:缺门(某一门花色一张牌都没有)→3点;单张(一门花色只有一张)→2点;双张(一门花色只有两张)→1点。

(3)估量无将牌实力时不计算短花色点数。

4. 使用牌点

叫牌时报出你手上牌的大约点数,你的同伴叫牌时也同样这样做。如果采用一个好的叫牌方法,通过交换信息,可以使你在大多数情况下选择一个好的定约。如:26点→高级花色和无将局;29点→低级花色局;33点→小满贯;37点→大满贯。

当然,这并不表示在同伴双方有26点时就一定能打成高级花色局或无将局,通常只表示你有理由打局。双方有了合适的点数,你们就有理由打满贯。这些关键数字略有伸缩性。

5. 记分

牌打完后,双方要对照最终叫牌的定约计算墩数。只有定约方在完成其定约墩数时,才按以下规定计分。

(1)基本分:完成方块或梅花定约每墩20分;完成黑桃或红心定约每墩30分;完成无将定约一墩40分,以后每一墩30分。

(2)加倍和再加倍墩牌分数:当完成一加倍定约时,墩牌分数为基本分数的两倍。完成方块或梅花定约每墩40分;完成黑桃或红心定约每墩60分;完成无将定约一墩80分,以后任一墩60分。

(3)超墩奖分:未加倍定约时,与基本分相同,如果加倍或再加倍的定约,只要完成即有50分奖分,同时所得墩分相应按2倍或4倍计算,超额赢墩按局况分别为:每超额一墩,无局时加倍100分,再加倍200分;有局时加倍200分,再加倍400分。

(4)宕墩罚分:完不成定约通常都得罚分,罚分由防守方得。未加倍时,无局每墩50分,有局每墩100分;加倍时,无局为100分、300分、500分、800分,以后每多宕一墩加300分;有局为 200 分、500 分，以后每多宕一墩加 300 分；再加倍时，此时的罚分为相应加倍罚分的 2 倍即可。

（5）满贯奖分。若完成 12 墩（小满贯）或全部 13 墩（大满贯）定约，有特别奖分。小满贯无局方奖 500 分，有局方奖 750 分；大满贯无局方奖 1000 分，有局方奖 1500 分。如果叫的是大满贯，即使你拿到 12 墩也不得分（因为你宕了一墩牌还得丢分）。

三、桥牌运动基本技术

1. 发牌

第一副牌由北家发牌，先将 52 张牌混合洗好，请上家（西）切牌，然后第一张牌发给下家（东），牌面向下不能泄密，按顺时针方向每人一张直到分发完，每人共得 13 张牌。第二副牌由东发牌，一直轮下去。

发牌、叫牌、打牌都是按照顺时针方向进行。

2. 叫牌

发牌之后、出牌之前要进行叫牌。由发牌者首先叫牌，根据牌点的高低，发牌者可叫也可不叫（Pass）。此后，再由他的下家（左手方）叫牌，依次顺时针轮流进行。

如果四家全都不叫，这副牌就宣告作废，由下家重新发牌。

当一家开叫后，任何一家可以根据花色类别的次序在更高水平上争叫，只要在前一家同类墩数上叫更高一个数或在更高一类（花色或无将）上叫同一墩数均可。类别的排列如下：无将（最高）、黑桃、红心、方块、梅花（最低），所以叫一个黑桃比叫一个红心高，叫一个无将比叫一个黑桃高。直到三家不叫表示承认为止。叫得最高的那个花色就是将牌花色（或无将），而该级别的数字就是定约的水平，两者合称定约。

3. 局况

对每一幅牌中双方处境的规定，分有局和无局两种。有局的一方胜则多得分，败则多输分，而无局的一方则又可以利用败了输分少这一条件与对方竞争。桥牌的有局和无局是人为规定的，不可变更。每副牌都有固定的牌号、发牌人、局况。通常，人们用"—"代表双方无局，"NS"代表南北有局，"EW"代表东西有局，"B"代表双方有局。

4. 定约

所谓定约，是指经过叫牌最后由一方确定经另一方同意的一个叫牌级数协定。确定定约的一方称定约方，其宗旨是要完成定约；同意的一方称防守方，其目标是击垮敌方的定约。

定约分有将定约和无将定约两种。有将定约是确定某一花色为将牌。将牌除可以在本花色中赢墩外，还可以将吃其他三门花色（假如没有这个花色的话）。无将定约就是没有将牌的定约，其输赢只根据同一花色中的每一张牌的大小来比较（假如你没有这个花色，只好出其他花色，这称为垫牌，不论大小，都不能赢墩）。

5. 加倍和再加倍

加倍是叫牌过程中经常出现的一个名词，它的原意为防守方的一家认为定约方的定约肯定会被己方击败，他就叫"加倍"以示惩罚。

如定约方对防守方所叫的"加倍"不以为然，相信己方仍有把握完成定约时，可叫"再加倍"来惩罚加倍方。再加倍定约，定约方的得失分均按 4 倍（基本分乘以 4）计算。加倍的符号用"×"表示，再加倍的符号用"××"表示。

加倍和再加倍与定约人的定约得失分密切相关,尤其是本来不够成局(基本分不足 100 分)的定约,加倍或再加倍后而达到成局时,得分相差会超过 500 分,失分相差一倍。因此使用加倍及再加倍都要特别慎重。

6. 打牌

一个定约(无将或有将)在叫牌时被确定之后,防守方位于庄家左手的一家称为首攻人,也就是由他打出第一张牌。首攻人的下家在首攻实现后将自己的牌全部摊开,按同花色摆成 4 列,此家称为明手。

明手的对家是庄家(又称定约人,暗手),他负责打明、暗两手的牌。明手出牌后,就轮到首攻人的同伴出牌,最后轮到定约人出牌。至此,桌上共有 4 张出过的牌,每家 1 张,称为一墩牌。

每家必须随出牌者出同花色的牌,如手中已无这种花色,则可用将牌(任何一张将牌都大于某种花色的牌)将吃或垫掉一张闲牌。在一墩牌里,如果有将牌,则最大的将牌是赢牌。

第二轮的出牌由赢得第一墩的那家先出,其他仍依顺时钟方向出牌,直至 13 张牌全部出完。

13 墩牌打完后,定约人数清实际所得的墩数,看定约是正好完成,还是超墩或宕掉。然后计算这副牌的得分。

第二节　围棋运动

一、围棋运动简介

围棋起源于中国,在我国古代称为"弈",相传已有 4000 多年的历史。据《世本》所言,围棋为尧所造。到春秋战国时期,围棋已在社会上广泛流传了。《左传·襄公二十五年》曾记载了这样一件事,公元前 559 年,卫国的国君献公被卫国大夫宁殖等人驱逐出国。后来,宁殖的儿子又答应把卫献公迎回来。文子批评道:"今宁子视君不如弈棋,其何以免乎?弈者举棋不定,不胜其耦,而况置君而弗定乎?必不免矣。"用"举棋不定"这类围棋中的术语来比喻政治上的优柔寡断,说明围棋活动在当时社会上已经成为人们常见的事物。

围棋是我国古人所喜爱的娱乐竞技活动,同时也是人类历史上最悠久的一种棋戏。由于它将科学、艺术和竞技三者融为一体,有着发展智力、培养意志品质和机动灵活的战略战术思想意识的特点。因而,几千年来每一朝代都涌现出许多才华出众的围棋高手,流传着许多动人优美的围棋史话,并逐渐地发展成了一种国际性的文化竞技活动。新中国成立以后,围棋被列为体育竞赛项目,并于 1957 年起举行全国性的围棋锦标赛,先后涌现出了一批优秀围棋手。他们在国际、国内比赛中不断取得优异成绩,其中有代表性的是陈祖德、聂卫平和马晓春等棋手。

二、围棋运动棋具

围棋的棋盘其形状为正方形或略呈长方形,平面上画横竖各 19 条平行线,构成 361 个交叉点。棋盘上可分为 9 个部分,分别称为:左上角、左下角、右上角、右下角、上边、下边、左边、右边和中腹。棋盘上共有 9 个黑点称作"星",棋心的黑点称作"天元","星位"与"天元"只是棋盘的标位。

为便于判别棋盘上各点的位置,采取坐标法编号:竖线自左至右用阿拉伯数字依次编为1~19路(或道);横线自上而下用汉字依次编为一至十九路(或道)。标注位置时先竖后横,如"2 三"路、"6 十一"路等。

围棋的棋子分黑白两种颜色,形状为圆形。正式比赛的棋子黑方181枚,白方180枚。一般用的各色棋子有160~170枚即够用。

三、围棋运动基本走法

开始弈棋时,棋盘是空的。持黑子的人先下,双方轮流把一颗棋子摆在棋盘上。棋子必须下在棋盘的交叉点上,但是棋子可以下在棋盘上的任何一个交叉点,不受限制。

棋子一落在棋盘上,棋手们就不得把棋子移动到别处。而且,棋手们也不得随意将棋子拿出棋盘,只有特定的情况下才可把棋子提出盘外。

1. 棋子的气

所谓的气,就是棋子隔壁上下左右的交叉点,这些交叉点都有一条直线连接着棋子。请注意:棋子斜对面的交叉点不算它的气,因为那些交叉点都没有一条直线连接着它。如图12-2-1所示,这3颗黑子的气就是那些有着"×"记号的交叉点。

在中央的一颗棋子有4口气,在边缘的一颗棋子则有3口气,在角上的一颗棋子只有两口气。围棋规则说明没有气的棋子必须得提出棋盘外。如图12-2-2所示中的三颗黑子的气都给白棋堵住了,没有气了,就一定要马上将它们提掉,成为图12-2-3所示的结果。相反地,只要棋子还有气,就得保留在棋盘上。

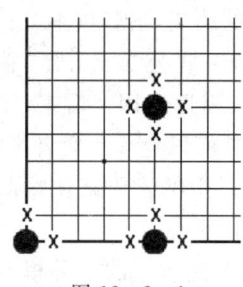
图12-2-1
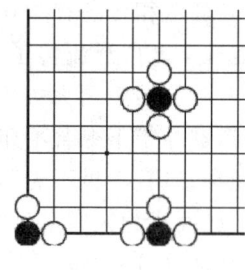
图12-2-2
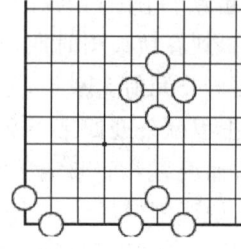
图12-2-3

若两颗或两颗以上棋子在一起,有横线或直线连接着时(斜线不算),这些棋子我们称为整体。一个整体有气时就得完整地保留在棋盘上,否则就必须全部提掉。

围棋规则规定:当一方使双方的棋子都没气时,这一方就将对方的棋子提掉,如图12-2-4所示。如果黑方打算像图12-2-5所示的那样下在1位,黑方就应把3颗白子提出盘外,如图12-2-6所示的结果。

2. 打劫

如图12-2-7所示轮到黑方下子。如图12-2-8所示,黑1将持有三角形记号的白子提掉,就成了图12-2-9所示的情形。然而我们能看到,白方好像也可以下在A位,将黑子提掉,恢复如图12-2-7所示的形状。然后,黑方决定在图12-2-8中的1位落子,如果双方都争着这颗子而不退让,这盘棋就永远下不完了。这个形状,我们称为劫。

因此,围棋就有一项打劫的规则:当黑方处于图12-2-8所示的1位提劫时,白方必须停一步,才可以把劫提回来。也就是,白方不允许把棋子下在图12-2-9所示的A位,一定要在别处下子,下次轮到白方时方可把劫提回。当然,如果白方把劫提回,黑方也得停一步才能把劫提回去。

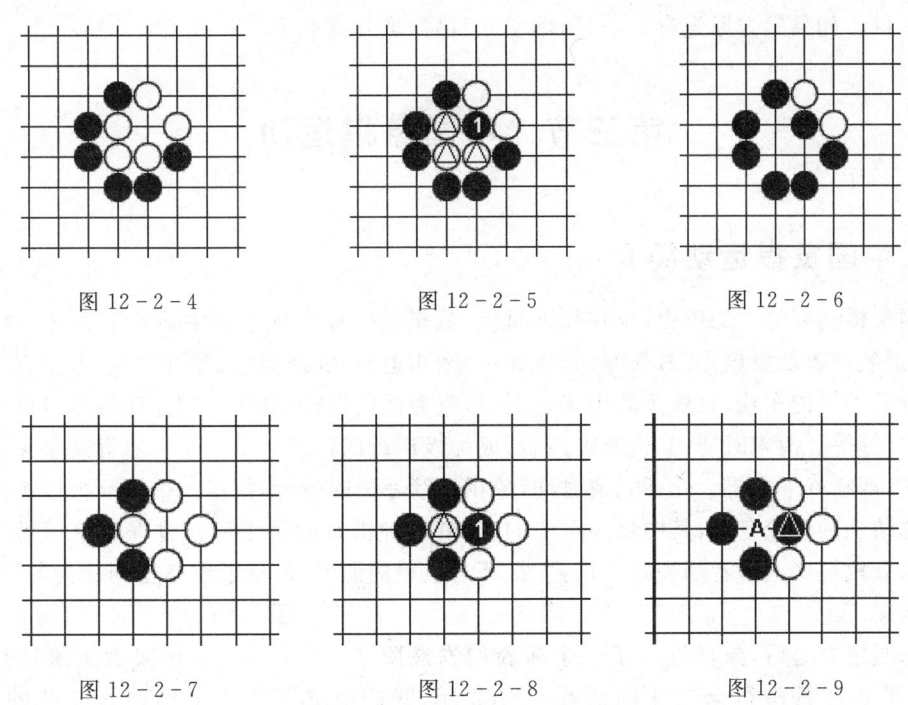

图12-2-4　　　　　　图12-2-5　　　　　　图12-2-6

图12-2-7　　　　　　图12-2-8　　　　　　图12-2-9

3. 结束一盘棋

当双方都同意一盘棋结束时,即双方都连续在不在棋盘上下子而过(Pass)时,这盘棋才算是结束了。若一方不落子了对方继续落子,这盘棋则没有结束。一盘棋下完了,判断胜负的方法是比较哪方的地盘比较多。

结束一盘棋的另一种方法,就是认输。当一方认输(也叫投子)时,对方就马上赢棋。下围棋时,一方不得连续在棋盘上摆多过一颗棋子,因此投子的常见方法也就是将两颗或以上棋子放在棋盘上表示认输。这个方法是公认的,它最大的好处就是不需任何语言,跟不同语言和文化背景的对手弈棋时特别好用。

四、胜负计算

1. 地盘

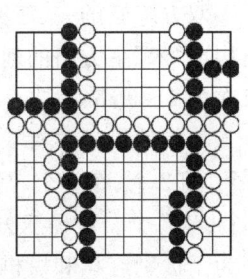

图12-2-11

下围棋的目的就是看围的地盘有多少。不管双方的地盘相差多少,只要地盘多的那一方就算胜。下完棋时,由于双方都可能提掉对方的棋子,我们要先将棋盘上的棋子的数量给计算进去,算地盘时,要算棋子所包围到的交叉点。然后再来比较双方的地盘与棋子的总数,看谁的总数比较多,谁就胜。

如图12-2-11所示,黑白各有39颗棋子,黑方所包围的地盘有

45目,白方有46目。计算总数,黑方有84目,白方则有85目。因此,这盘棋白方胜了。

2. 贴目

由于黑方先下,黑方自然会在开局时占上风。鉴于这个原因,为了公平起见,在围棋比赛时,黑方必须自动从自己的地盘减少某个数量,这个数量就是贴目。在十九路棋盘上,贴目的数量是8目。如果黑方原先有183目,贴了8目后,黑方就剩下175目。

第三节 中国象棋运动

一、中国象棋运动简介

中国象棋具有悠久的历史,早在战国时代,象棋就已在贵族阶层中流行开来了。《楚辞·招魂》中记载:"蔽象棋,有六簿些;分曹并进,遒相迫些;成枭而牟,呼五白些。"

经过近千年的实践,象棋于北宋末定型,形成为近代模式:32枚棋子,有河界的棋盘,将在九宫之中,等等。南宋时期,象棋家喻户晓,成为极流行的棋艺活动。李清照等文学家,文天祥等政治家,都嗜好下象棋。元、明、清时期,象棋继续在民间流行,技术水平不断得以提高,出现了多部总结性的理论专著,其中最为重要的有《梦入神机》《适情雅趣》《竹香斋象棋谱》等。杨慎、唐寅、袁枚等文人学者都爱好下棋,大批著名棋手的涌现,显示了象棋受到社会各阶层民众喜爱的状况。

新中国建立之后,象棋进入了一个崭新的发展阶段。1956年,象棋成为国家体育项目。以后,几乎每年都举行全国性的比赛。1962年,我国成立了中华全国体育总会的下属组织——中国象棋协会,各地相应建立了下属协会机构。50多年来,由于群众性棋类活动和比赛的推动,象棋的棋艺水平提高得很快,优秀棋手不断涌现,其中以杨官璘、胡荣华、柳大华、赵国荣、李来群、吕钦、许银川等最为著名。

二、中国象棋运动棋具

棋盘,是由形式完全相同的两部分相对组成的。就一方来说,是在长方形的平面上,绘有9条平行的竖线和10条平行的横线相交组成,共有90个交叉点。中间有一条空白横道,象征界限,称为"界河",意思是以河为界。"河界"中间不标直线,棋子跨越河界,无论有无直线,均按有线行棋。两部分与河界相连,使之成了横十竖九的完整棋盘。

双方阵营的一、三路横线与4、6路直线(垂直方向的线,叫直线)的正方形部位,以斜交叉线构成"米"字方格的地方,叫作"九宫"(它恰好有9个交叉点)。每方直线的标法,从右至左,依次为1~9路,我方9路,即是对方1路,依此类推。

象棋的棋子共有32个,分红黑2种颜色,红黑各为一方,每方16个棋子。红方帅1个、仕2个、相2个、车2个、马2个、炮2个、兵5个;黑方将1个、士2个、象2个、车2个、马2个、炮2个、卒5个。红黑双方7个兵种,其中帅与将、仕与士、相与象、兵与卒的作用完全相同,仅仅是为了区别红棋和黑棋而已。

对弈开始之前,红黑双方应该把棋子摆放在规定的位置。5个兵(卒)隔一路一字排开摆在己方阵地的第四横线上,帅(将)居底线之中,其余兵种对称性分列两侧。棋盘上有90个交叉点,棋子就在这些交叉点上摆放和活动。

三、中国象棋基本走法

棋子共有 7 个兵种,共分为两类:一类可以过河;另一类不可以过河。可过河的兵种:车、马、炮、兵(卒);不可过河的兵种:帅(将)、仕(士)、相(象)。

这 7 个兵种的具体走法如下。

(1)帅(将):帅和将是棋中的首脑,是双方竭力争夺的目标。它只能在"九宫"之内活动,可上可下,可左可右,每次走动只能按竖线或横线走动一格。帅与将不能在同一直线上直接对面,否则走方判负。

(2)仕(士):仕(士)是帅(将)的贴身保镖,它也只能在九宫内走动。它的行棋路径只能是九宫内的斜线。

(3)相(象):相(象)的主要作用是防守,保护自己的帅(将)。它的走法是每次循对角线走两格,俗称"象走田"。相(象)的活动范围限于"河界"以内的本方阵地,不能过河,且如果它走的"田"字中央有一个棋子,就不能走,俗称"塞象眼"。

(4)车:车在象棋中威力最大,无论横线、竖线均可行走,只要无子阻拦,步数不受限制。因此,一车可以控制 17 个点,故有"一车十子寒"之称。

(5)炮:炮在不吃子的时候,走动与车完全相同。

(6)马:马走动的方法是一直一斜,即先横着或直着走一格,然后再斜着走一个对角线,俗称"马走日"。马一次可走的选择点可以达到四周的 8 个点,故有"八面威风"之说。如果在要去的方向有别的棋子挡住,马就无法走过去,俗称"蹩马腿"。

(7)兵(卒):兵(卒)在未过河前,只能向前一步步走,过河以后,除不能后退外,允许左右移动,但也只能一次一步。

四、中国象棋棋规

象棋是以吃掉或擒住对方的将(帅)为最终目的,但将(帅)是不可以听任对方吃掉。因此,必须明白以下的几个概念。

(一)将军、应将、将死、困毙

1. 将军

一方的棋子攻击对方的将(帅),并能在下一着要把它吃掉的现象时,称为"将军"或"照将",也可以简称为"将"。

2. 应将和将死

当遇到对方"将军"时,一方必须立即"应将",也称"解着"。指被将军的一方所采取的保卫的着法,方法有:

(1)将(帅)从被攻击的位置上避开。

(2)吃掉对方进行将军的棋子。

(3)用己方之子置于对方将军之子与己方将(帅)之间(习称"垫将");如对方将军之子为炮,并以己方之子为炮架时,可走开己方之子。

如被"将军"而无法"应将",即被"将死",这局棋即算输了。

3. 困毙

轮到走棋的一方,将(帅)虽然没有被对方"将军",但被禁在某个位置上无法走动,而己方其他棋子也都不能走动时,即为"困毙"。"困毙"同样算输棋。

(二)胜、负、和

1. 胜、负

对局时,一方出现下列情况之一,就为输棋,对方得胜。

(1)帅(将)被对方"将死"。
(2)走棋后形成将(帅)直接对面。
(3)被"困毙"(即各子没有一步合乎规则的着法可走)。
(4)在规定时限内未走满应走着数。
(5)没有正当理由迟到,并超过了该次比赛规定的因迟到判负的时限(一般定为15min)。
(6)走棋违反行棋规定。
(7)走棋违犯禁例,应当变者而不变。
(8)在同一局棋中,3次"犯规"。
(9)自己宣告"认输"。

2. 和棋

对局时,出现下列情况之一,为和棋。

(1)双方均无取胜可能的简单局势。

(2)一方提议作和,对方表示同意。提议作和,应使双方机会均等。先提出者如被对方拒绝(口头不同意,或走出轮走的一着棋,均为拒绝),必须待到对方也提和一次(也被拒绝)之后,才可再度提和。但下列(3)和(4)两款属于提和的特殊规定,不受此限。提和的一方,在对方做出明确表示之前,不能撤回自己的提议。只要是一方提和,另一方已宣告同意,双方就都不许反悔。

(3)双方走棋出现循环反复已达3次,符合"棋例"中"不变作和"的有关规定,可由任何一方提议作和,经审查局面属实,即使另一方不同意,裁判员也有权判为和棋。如双方都没有提和,而循环反复局面还在延续,裁判员有权不征得双方同意就决定判和。

(4)符合"60回合规则"(也称为自然限着)的规定时。"60回合规则"无论是从对局的哪一阶段开始,即在60回合中,双方都没有吃过一个棋子,允许由一方提和,裁判员可停钟审查记录,如属实就判和,另一方不得拒绝。

如不属实,应记提和方"犯规"一次,并在该方棋钟上增加5min,继续对局,若因此而超时,应判输棋。

第四节 国际象棋运动

一、国际象棋运动简介

国际象棋起源于印度。传说2000年前的印度,战乱四起,民不聊生。人们热衷于战争,互相残杀,情景惨不忍睹。为了消灭战争,维持和平,聪明能干的宰相达依尔想出一个好主意:发明一种类似两军打仗的游戏,将人们的精力吸引到棋盘上来,借以消灭战争,保持和平。这种游戏就是早期的国际象棋。

国际象棋是将科学、文化、艺术、竞技融为一体的智力性休闲体育项目。它有助于开发智力,培养逻辑思维和想象能力,加强分析能力,提高思维的敏捷性和严密性。对于开发少年儿童的智力,尤有特别好的效果。因此,目前世界上已有不少国家把国际象棋列入小学课程。

国际象棋在我国开展的时间不算长,从1956年开始,国际象棋才与我国传统的中国象棋和围棋一起列入国家体育项目。从此,这项新兴运动项目发展很快,优秀选手不断涌现。在多次国际比赛获得优秀成绩的激励、鼓舞和吸引下,特别是在谢军两次获得女子世界冠军的鼓舞推动下,我国青少年和儿童学下国际象棋的越来越多了。

二、国际象棋运动棋具

国际象棋的棋盘是正方形,由8×8共64个大小相等的小方格组成。这些小方格的颜色由深浅两种颜色交错排列,深色的方格叫作黑格,浅色的格子叫作白格。8个这样的棋格一个挨一个排列在一起,在棋盘上就形成横线和直线。水平方向的称为横线,共8条;垂直方向的称为直线,也是8条。相同颜色棋格一个挨一个排列在一起,则形成了斜线,棋盘上斜线有26条,最长的是8格,最短的只有2格。

国际象棋的棋子是立体型的,一共是6个兵种32个。双方各有1个王,2个车,2个象,两个马和8个兵。一方棋子为浅颜色,称为白棋;另一方棋子为深颜色,称为黑棋。

棋子放在棋盘的方格之中,而不是如中国象棋那样放在交叉点上的。白、黑棋子的摆法是相对称的,底线(即第1和第8线)最边上的2个棋格我们各摆放一个像城堡一样的棋子"车";紧靠2个车旁边的分别是"马",它的外形与它的名称相符;2个马的旁边是2个"象";最后中间还剩2个空格,头上戴了盔,盔顶有个小圆帽的是"王后"(简称"后"),那个盔顶尖的,也是最高的,就是"王"。需要记住的是王和后的摆法,白王后放在白格,黑王后放在黑格,王只要放在王后旁边就行了;剩下的双方各8个兵,我们把它们摆在次底线(即第2和第7线)。

三、国际象棋基本走法

(一)基本走法

(1)王:横、直、斜都可以走,但每步限走一格。在国际象棋中,王的活动范围不受限制(不同于象棋中的将帅,只能局限于九宫之内)。王的威力虽然不大,但是它的存亡决定一局棋的胜负,因此,它的价值是所有棋子中最高的。

(2)后:横、直、斜都可以走,步数不受限制,但不能越子。后是所有棋子中威力最大的,相当于双车或双象(马)加一马(象)。

(3)车:横、竖均可以走,不能斜走,格数不受限制,和象棋中车的走法完全一样。一般情况下不能越子。

(4)马:每步棋是先直走一格或横走一格,再沿前进方向斜走一格,合起来为一步棋,没有中国象棋中马的"蹩马腿"限制。马在白格时只能跳到黑格,在黑格时只能跳到白格。

(5)象:只能斜走,格数不受限制。由于斜线是由相同颜色的方格组成,所以双方的2个象分别是白格象和黑格象。白(黑)格象永远不能走到黑(白)格上去。

(6)兵:只能向前直走。在初阵位置的兵,第一步可以任意选走一格或两格,以后每步只能走一格。兵的吃子方法和走子方法不同,只能向前斜进一格吃子,即如果兵的斜进一格内有对方棋子,就可以吃掉它而占据该格。

(二)特殊走法

1. 王车易位

在每个对局,双方各有一次机会,可以同时移动己方的王和车2个棋子,既能使王进入安全区,又能使车易于出动。

在下面4种情况下,王车不允许易位:

(1)王或车已经移动过。

(2)王经过或达到的位置受对方棋子的攻击。王和车之间有其他棋子阻隔。

(3)王正受到对方棋子的攻击。

(4)在王和参加易位的车之间还有别的棋子。

2. 吃过路兵

如果对方的兵第一次行棋且直进两格,刚好形成本方有兵与其横向紧贴并列,则本方的兵可以立即斜进,把对方的兵吃掉并占据该格。吃过路兵仅限于兵吃兵,其他棋子则无此权利。

3. 兵的升变

兵的升变这种特殊走法,任何一个兵直进达到对方底线时,即可升变为除王和兵以外的任何一种棋子,并具备新棋子的性能。因此,一方可以有2个或者更多的后,或者3个以上的车、马或象。在大多数情况下,由于后是威胁最大的棋子,兵到达底线都是升变为后。

四、国际象棋棋规

(一)将军、应将与将杀

一方走子攻击对方的王以图在下一步把它吃掉,称为"将军"。被将军的一方必须要走下一步棋使己方的王不被吃掉,称为"应将"。在对局中,弈者可以根据形式的需要,把后、车、象、马听凭对方吃掉或者主动送给对方吃,但是棋规则规定不准把王听凭对方吃掉或主动送出去。

应将的方法有3种。

(1)消将:吃去对方用以将军的棋子。

(2)避将:王撤离正被进攻的格子。

(3)垫将:将己方另一子走到王与对方将军的棋子之间,护王挡将。

当被将军的一方无法应将时,也就是王在下一步必被吃掉,称为"将杀"(或将死),简称被"杀"。王被将杀,就意味着对局的结束,将被杀的一方输掉,对方获胜。

(二)胜、负、和

1. 胜、负

按照棋规,以下几种情况,对局分出胜负,一方作为胜局,其对方则为负局。

(1)将杀对方的王。

(2)对方认输。

(3)如果对方在比赛中超越时限(在规定时间内没有完成规定的步数)。

(4)对方比赛迟到超过允许的时间限制。

(5)对方封棋(比赛规定赛时内对局未终而暂时中止称为封局,有轮走一方封棋,然后在指定时间启封续弈)的做法(封着,暗封在封棋的信封内,由裁判保管)模棱两可或不合棋规。

(6)对方严重触犯棋规被裁判判负。

2. 和棋

按照棋规,以下几种情况,对局不分胜负,双方作为和棋。

(1)对方所剩子的力都不能杀死对方。

(2)一方无子可动。

(3)一方被长将。

(4)双方同意和棋,通常是一方走出一步棋之后提议作和,对方接受和议。

(5)50回合规则:如果从对局某一步开始的50回合中,双方没有吃过一个棋子,也没有走动过一个兵,可以由一方提出,经裁判核准后判为和棋。

(6)3次重复局面规则:出现或者将要出现3次相同局面,而且都是轮到同一方行棋,轮走的一方(行棋子)可提出要求,经裁判核准后判为和棋。

第五节 飞镖运动

一、飞镖运动简介

飞镖运动起源于15世纪的英格兰,士兵在战斗间隙向树墩投掷标枪,后逐渐演化成一种小型的室内运动。几百年来,由于其技术简单易于掌握,不需要专门的场地和设施,且运动量适宜,不受年龄、性别的限制,时间可长可短,被人民广泛接受。飞镖运动既可用于比赛,又可作为工作、学习之余的消遣。空闲时间扎扎飞镖,不仅可以舒展筋骨,消除疲劳,增强人们的身体协调能力,还能磨炼人的意志和提高心理素质。飞镖运动逐渐流传到了世界各个角落,成为世界各地人民喜闻乐见的娱乐休闲运动。

为了推动全民健身运动的开展,使飞镖运动与国际接轨,国家体育总局于1999年5月26日以体竞字[051]号文件下达通知,将飞镖运动列为在全国开展的第95项正式体育运动项目,同时决定成立中国飞镖协会,负责全国飞镖运动的管理,举办全国性的赛事。近年来,飞镖运动已显露出迅猛发展的势头,各种形式、规模不一的飞镖比赛频繁举行,投身飞镖运动的人数显著增加,其竞技水平也有了本质的提高。飞镖运动也受到社会公众和新闻媒体越来越多的重视,介绍飞镖运动和发布飞镖赛事情况的文章不断见诸报端,中央电视台体育频道的假日体育栏目也固定安排了飞镖节目,经常性地介绍国内外飞镖赛事,以促进该运动的发展。

二、飞镖运动器具

飞镖有着很复杂而完备的计分和规则,以保证它的趣味性。如图12-5-1所示,国际标准的飞镖盘面(在图上可能看不清,各计分区之间是以细钢丝分隔的)分成20个楔形,每个楔形外面标记着这个楔形的分数。外面那一个环形内的分数是基本分数的2倍(称为"两倍区");而中间那一个环形内的分数是基本分数的3倍(称为"三倍区");中央的两个同心圆叫牛眼。外面那个叫外牛眼或单牛眼,25分,比赛时一般视作单倍区;里面那个叫内牛眼或双牛眼,50分,一般视作双倍区。

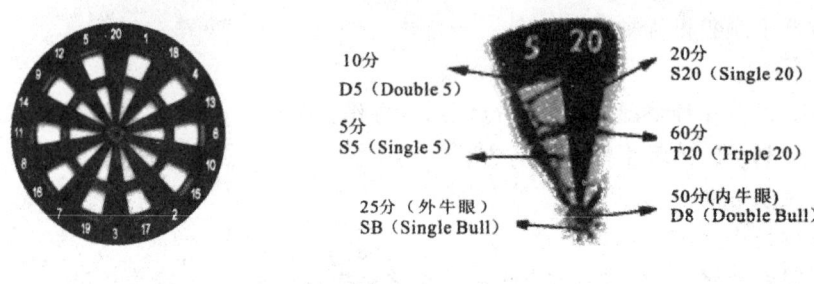

图 12-5-1

飞镖由镖翼、镖杆、镖筒、镖针 4 个部分组成(图 12-5-2)。镖翼:或称镖叶、尾翼、镖羽为飞镖尾端的叶片,有宽形、窄形和水滴形等形状之分,材料有 PVC、铝铂、尼龙之分。镖杆:连接在镖筒后面的塑料或铝材杆状部分,有长短之分。镖筒:飞镖前面筒状的金属部分,有直筒形、酒桶形、鱼雷形等形状之分。镖针:前端最细的钢针,有长短之分。

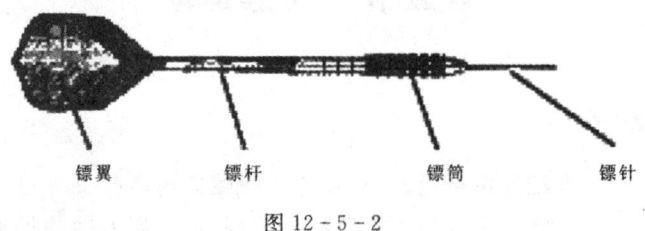

图 12-5-2

对于初学者来说普通的黄铜飞镖就够了,但一定要注意是否有完整的镖针、镖筒、镖杆和镖翼,这样的飞镖才会手感十足、重心稳定、飞行线路易掌握。专业选手一般都使用高级钨质镖。介于钨镖与黄铜镖之间的还有银质镖(实际上是镍质的)。因为密度大,所以在重量相同时,钨镖和银镖的镖筒较细;另外这两者硬度更大,不易损坏。

三、镖靶挂置方法及建议

镖靶应垂直于地面固定悬挂在墙上,红心中心距地面的高度为 1.73m。深色的 20 分区应位于中上方。投掷距离为沿地面至镖靶平面延长线 2.37m 处,从双倍红心的中心点到投掷线正中心点的对角线长度为 293m。标准飞镖盘安装见图 12-5-3。投掷时,双脚不得越过投掷线,而扔飞镖者的身体或手可以从线的上方越过。

在安装镖靶前,应在墙上先装一个衬板,然后再把镖盘固定在衬板上,这块板的大小依个人的水平而定,也可将飞镖装在一个木盒里固定在墙上。或用织物或麻绳围在镖盘四周,

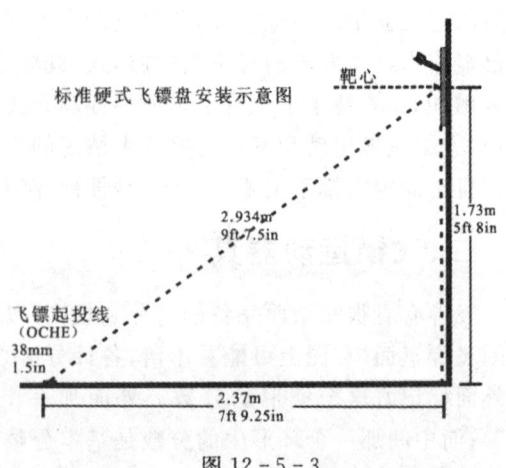

图 12-5-3
(1ft=0.3048m,1in=0.0254m)

既起到装饰的作用,又能保护墙壁和家具。同时,在投掷线与墙之间的地面上也放一块(飞镖常会打在划分区域的钢丝上弹出来)。无论家里房屋是否装修过,这都有好处:如果没装修,飞镖容易坏;如果装修过,会损坏墙面和地板。

另外要注意的是,镖盘要求有很好的照明,并尽可能使镖盘上的飞镖没有阴影。尽量不要把飞镖盘挂在门背后、通道附近或其他有人经过的地方,防止意外发生。如果一定要挂在门背,玩飞镖之前一定要反锁好门锁。

因为飞镖的镖尖非常尖锐,建议如果有飞镖落在地上,请先拿走飞镖盘上的镖,再去拾地上的镖,以免拾镖时,盘上的飞镖落下;有时飞镖正打在钢丝上,会弹回很远,在它落地前一定要小心躲开。

四、投镖及计分方法

(一)基本原则

投镖是以镖尖接触到镖盘的有效计分区为基本原则。

投掷飞镖以 3 镖为一轮,用手投出,每次投一镖,飞镖向镖盘投出离手后并超越了投掷线,就算投出一镖。飞镖应投在有效计分区内,飞镖投在镖盘以外,镖盘外沿,被镖盘弹回,投中后未及拔镖而掉落(或在镖盘停留未超过 5s,5s 是指从第三支镖或最后一支镖投后算起),扎在前一支镖的镖杆上,均算投出一镖,且不得分。

任何人的手接触到镖盘上的飞镖,该轮就算结束,选手不必一定要投完 3 支镖再去拔镖(或破坏墙壁),记分员在 3 镖之间一定不能接触盘上的飞镖。选手自己、记分员或己方队友触到了镖,该轮比赛算结束,计算已投出镖的得分。对方触到了镖,该轮比赛也算结束,计算已投出镖的得分,罚对方空一轮比赛。

(二)例外情况

(1)镖尖并未扎入镖盘,而是搭在前 2 支镖上接触到镖盘,应予计分。

(2)镖杆倒着扎入镖盘(投掷前尾翼已掉),不得分(除了镖尖,任何其他部位接触镖盘均不得分)。

(3)从铁圈下扎入镖盘。在使用正常状态的镖盘情况下,以飞镖首先接触的分区为准。

(4)飞镖弹出用手接住后能否再投?正式规则规定不能。有些飞镖联盟规定只要接镖时未越过投掷线,就可以再投。

(5)飞镖掉落情况的处理。对最后一镖的处理有不同说法,按正式规则如该镖停留不到 5s,则此镖无效。有些联盟规定只要双方认可,该镖也可以得分。

(6)飞镖投在两个计分区之间如何处理?有时会因为选手使用的飞镖重量过重,或镖盘质量有问题而将铁丝扎断,甚至铁丝将飞镖镖尖劈开,飞镖正好投在两个分区之间的情况。此时要按较高的分区计算得分。

第六节　射击运动

一、射击运动简介

射击是人类最早的生产活动之一,也是人类社会一种十分古老而重要的活动形式。从投掷石块狩猎,到使用弓箭,再到使用火药,生动地体现了"科技是第一生产力"的真理。回顾历史,射击曾被用于战争,也被用于和平;曾被用于镇压人民,也被用于人民革命。在当今和平与发展为世界主题的时期,射击运动则越来越成为世界人民喜闻乐见的体育项目。参加射击活动既能学习技术,又可锻炼身体,广大射击爱好者把射击运动作为有益于身心健康的娱乐活动。目前,除举行世界和洲际的射击锦标赛外,射击还是奥林匹克运动会、洲运动会以及其他重大国际比赛的重要竞技项目。

射击运动虽然早在 1896 年即被列入奥运会,但在中国还是一个年轻的体育运动项目。1951 年由团中央军事体育部组织在北京举行了群众性的军用步枪射击训练活动;1952 年我国中央国防体育俱乐部成立,把射击列为开展普及活动的项目之一;1955 年 10 月建成了我国第一个大型射击场地——北京射击场;1956 年第一次举办全国比赛;1981 年,中国女子飞碟项目运动员巫兰英,在阿根廷举行的飞碟、移动靶项目世界射击锦标赛上,以 184 中的成绩取得中国射击项目的第一个世界冠军。尤其值得提出的是,1984 年第 23 届奥运会上,我国运动员许海峰实现"零"的突破,改写了我国体育在奥运史上无金牌的历史。随后,吴小旋、李玉伟、王义夫、张山、李对红、杨凌、陶璐娜、蔡亚林、杜丽、朱启南、贾占波等一代又一代中国健儿先后站在奥运会最高领奖台上。

二、射击基本技术训练

1. 举枪稳定性训练

举枪稳定是进行精确射击的基础。它是指射手举枪后,枪支准确地瞄向目标所停留的时间、枪支晃动范围的大小以及对缩小晃动范围过程的控制。

在步枪卧、立、跪 3 种射击姿势中,卧姿的稳定是在屏气的同时出现的,在稳定之前枪支是随着呼吸在目标上下做垂直运动,在 2~4 次呼吸之后,枪由下而上构成正确瞄准并屏气,这时枪支达到最佳稳定,在瞄区停留 2~3s 即完成击发。

立姿稳定性表现为枪支晃动范围、相对静止持续时间和晃动是否有规律。初级射手稳定能力很差,中、高级射手立姿稳定性比较高,但高级射手立姿的稳定性明显比卧、跪差,只有训练有素的运动员立姿枪的晃动范围可基本控制在 9 环以内,而且持续时间相对较长,利于保证击发质量,获得好成绩。但立姿枪的稳定性不是绝对的,枪在相对稳定时也是在微小的晃动(颤动)之中,射手应大胆利用这种稳定状态完成击发。

跪姿的稳定性,一般中、高级射手枪支只在瞄区内微微颤动,或者有规律地小晃动。随着训练水平的提高,稳定性也逐渐增强,少数优秀射手跪姿可以接近和达到卧姿的稳定水平。

2. 姿势动作一致性训练

射击动作的一致性,是指射手从一次击发到另一次击发,在多次重复操练中能保持整体结合状态基本不变的能力。

卧姿:保持枪带拉力一致;肩部放松动作一致;左手托枪位置和力量一致;枪面一致等。

立姿:左肘抵胯位置一致;塌腰动作一致;抵肩一致。

跪姿:左肘与左膝的结合、上体前倾度一致;抵肩动作一致。

3. 姿势动作持久性训练

持久性是射手承受静力负荷而又保证质量的耐久能力。

持久性训练,应遵循循序渐进、逐步加大负荷的原则,与稳定性、一致性训练相结合,通过训练课的总时间、运动员举枪次数、负荷强度来体现。

4. 稳、瞄、扣配合训练

举枪稳定的状况与瞄准、扣扳机紧密配合才能产生训练效果。要实现稳、瞄、扣三者协调配合,应做好以下几点:

(1)练稳:良好的枪支稳定性是瞄、扣配合的基础。枪支在瞄区内呈有规律地缓慢晃动且晃动范围小。

(2)预压扳机训练:食指单独用力、压实到位,是适时击发的重要准备。

(3)击发心情训练:保持击发过程心情坦然,不急不躁。

(4)不苛求瞄准:构成正确瞄准后适时扣响扳机。

3种姿势稳、瞄、扣配合的方法各有不同:卧姿宜采用"精瞄稳扣"的方法;立姿瞄准应是一个范围,而不是瞄一个点,宜采取利用稳定期扣扳机的方法;跪姿应采用"稳扣"与"在枪支微晃中保持住力量扣"相结合的方法。

稳、瞄、扣是一个有机配合的整体动作。三者的协调配合是射击项目中的关键技术,也是一个长期训练的过程,无论哪种层次的运动员都应确实做好。

三、射击靶场的准则和口令

(一)靶场四大准则

(1)假设所有枪支都是上了膛的(The gun is always loaded)。

(2)不要将枪指向你不想射毁的目标(Never point the gun at something you are not prepared to destroy)。

(3)清楚你的射击目标及目标后的东西(Always be sure of your target and what is behind it)。

(4)不要将手指放置于扳机环内,直至你瞄准目标(Keep your finger off the trigger until your sights are on the target)。

(二)靶场常用口令

(1)靶场封锁(Range is hot)。

(2)上弹及预备(Shooter, you may load and make ready)。

(3)是否已准备好(Shooter, are you ready)?

(4)准备(Stand by)。

(5)如你已完成射击,可退出弹匣及展示已退弹之空枪膛(If you finish, you may unload and show clear)。

(6)枪膛已退弹,放下滑架(Gun is clear, slide forward)。

(7)放下撞槌(Hammer down)。

(8)将枪放回台上 /将枪放回枪盒 /将枪放回枪袋(Ground arms / Gun in the box / Holster)。

(9)靶场解封(Range is clear)。

(10)停止所有射击,枪口保持向前,等 RO(RO 为靶场相关的观测监督人员)前来再退出弹匣及展示已退弹之空枪膛(STOP STOP STOP)。

第七节 钓鱼运动

一、钓鱼运动简介

钓鱼是一项强身心、健体魄、增进情趣且魅力无限的休闲体育运动,也是一种古老而传统的休闲(悠闲)健身方式。在大自然的怀抱里,仅通过这种环境的转换、空气的新鲜、阳光中紫外线的照射,以及钓者本身怡然自得的快乐心情,就足以使钓者增进健康、延年益寿,更何况还要骑车(坐车、徒步等)、攀登、采集饵料、静坐、抬杆、换食、摘鱼等手脚不停的运动,而这种运动又不是简单的机械运动,那是在千变万化的环境和心态十分愉悦的条件下进行的,因而钓鱼运动能使垂钓者在不知不觉中达到舒展身心和增进健康的目的。

马克思曾说过:"一个美好的心情,要比十副良药更能解除心理上的疲惫和痛楚。"中国在钓鱼界有一句行话:"快乐一时,喝酒;快乐一生,钓鱼。""姜太公钓鱼,愿者上钩"的千古美谈在我国也几乎是尽人皆知。人们在垂钓之中与鱼儿"斗智,斗勇,斗技",在垂钓之中品味人生乐趣……在环境优美的垂钓场所静静地等待着鱼儿上钩,静观鱼漂的起伏和竿梢的颤动。静,思想放松,精力集中扬竿才能及时;静,长期保持安静,对陶冶性格、逐步改善急躁脾气具有良好实效;静,肌肉放松,神经完全处于一种忘我的入静状态,可以起到练习气功的效果;静,使神经系统处于松弛状态,消除神经系统的紧张与疲劳,使大脑皮层的兴奋和抑制得到协调,有医治缓解高血压、动脉硬化及神经衰弱等疾病的作用。

二、鱼竿鱼饵及钓鱼位置的选择

(一)鱼竿

鱼竿共分 3 种用途:第一是野钓;第二是桥上钓的;第三是供塘里钓的。

选竿有 4 点原则:①看调性,硬调竿有很好的弹性,便于远投,选择在江河或大型养殖塘垂钓适合用硬调竿;②收缩长度,还是为了远投,收缩长度决定了过线环的多少,过线环少,出线阻力就小,再说这样的收长也是竿包的长度,放在小车后备箱里或捆在单车上都比较方便;③竿柄端与卷轮座的距离最好在 40~45cm 之间,这是杠杆原理,也是充分发挥人体潜能的最佳配置,更确切地说还是为了远投;④卷轮座不选捆绑式的,因为捆绑式的用久了容易松动,故鱼线轮与竿体不牢而会增加不必要的麻烦。

如果说鱼竿质量差一点不影响垂钓这是一种共识,而渔线轮就来不得半点马虎,如果渔线轮质量差就会导致断线或是跑鱼。选择渔线轮也有 4 点原则:①看轴承数,最低要求是三轴承的,且导线轮内必须装有轴承,这是中鱼或收线过程中最直接的受力部位,否则因为阻力过大,导线轮会被渔线划得伤痕累累;②线轮壳必须有一定的硬度,用手捏紧时弯曲度小,如果弯曲度较大,一旦中鱼或鱼钩挂上轻微障碍物,线轮壳便紧贴储线盘,收线会非常困难;③主身的支撑部分不能太薄,尤其是与卷轮座接触的那部分,太薄了中鱼后容易断裂;④主轴穿进储线盘圆孔的周围必须有"米"字形支撑,这样无论怎么受力,储线盘都不会变形。值得注意的是野钓用轮必须要大一点的,能储存直径 0.4mm、长 150～200m 的渔线最好。

(二)位置

钓鱼位置的选择是关系到垂钓效果的关键环节,尤其是对野钓至关重要。

1. 钓流不钓静

流水淙淙,有鱼行动。现在的江河湖泊到处都有人网鱼、电鱼,鱼儿再也不敢到静水中游弋、嬉戏。选择流水与静水的交汇处,这才是鱼儿休息和觅食的最佳去处。那里氧溶量丰富,微生物较多,因是流水,网鱼、电鱼都不会有收获,所以这成了鱼儿最安全的港湾。选择这里垂钓必有所获。

2. 钓深不钓浅

深水藏大鱼,浅滩钓鱼苗,这是钓鱼人的共识。所谓深,就是水深 4m 左右,判断它的深度最简单的办法莫过于当你打出渔线,当食饵落入水面的一瞬间,立即合上抛线开关,当食饵徐徐沉入水底时,不再要线,即是 4m 左右。

3. 钓远不钓近

在江河垂钓,主河道一般都在中间,那里流速最大,是鱼类迁徙的必经之路。选择有滩涂之处,投饵于主河道边上,既便于抄网捞鱼,又能保证人身安全。

(三)鱼饵

如果说钓位的选择是垂钓效果的关键环节,那么饵料的配制才是垂钓效果的决定因素。饵料的配制必须掌握以下原则:一是醇香;二是微甜;三是微酸。其实,我们要配制的饵料非常简单,一是将刚出锅的稀饭趁热倒入盛玉米粉的盆中急拌,直到玉米粉完全熟透为止,再加入 5% 的白糖,以蜂蜜最好;二是将豆粕放入冷锅中用文火炒香,但不可炒糊,炒到最后放 5% 的八角粉拌透后,立即起锅,倒在事先放在地板的报纸上散开冷却;三是待上述原料完全冷却后,放入饵料盆中,将上次垂钓后留下的老糟食(如没有可加曲酒)与油糠一起拌匀;四是将麝香米拌入其中(以 1kg 拌 1 小袋为标准,如在池塘垂钓用该系列饵钓鱼效果亦佳),用不透气的塑料袋装好扎紧,第二天垂钓即可使用。原料配制比例为玉米粉 2 份,豆粕 1 份,老糟食 1 份,油糠 3 份。

当然,多种客观因素决定如何使用鱼饵。鱼种不同,其食性也不同,有的喜食荤饵(动物性饵料);有的喜食素饵(植物性饵料);有的是杂食性(荤、素皆食);有的以水中的浮游生物为主食物来源。季节的不同、气温的不同、水质的不同,使用饵料也会不同。使用什么样的饵料合适,取决于垂钓者的判断。经验丰富者会准确使用鱼饵,缺乏经验者就会盲目地使用饵料,其钓鱼效果可想而知。

三、钓鱼注意事项

(1)抛竿是以侧抛为主,抛时左手轻轻托住饵料,这样不受侧风的影响,也不易半空散饵。

(2)在鱼密度很高的塘内钓鱼,压主线可以在鱼漂立身前轻轻的弹弹鱼竿,靠竿梢弹性将主线压入水中,以节省时间;密度低的塘还是要用压竿动作来压主线,值得注意的是,浮漂要立身时便要轻轻回拉竿压线,不要浮漂都快到水底了才压线,这样的话饵料会在水底拖动,将饵料拖散或拖入泥底中,鱼发现不了。

(3)天热的时候钓鱼,鱼竿要在0.5~1h就要全身浸下水,防止竿身太热油漆老化和节节之间咬合太紧,鱼竿回缩不了。

(4)有些钓友钓鱼时一旁放着打开的漂盒、主线、子线盒,要知道漂线都怕紫外线和高温,要放在竿包里为好。

(5)钓鱼开的饵料在夏天最好用湿毛巾盖着,这样饵料变质得慢些。

(6)在钓到鱼时扬竿力量不要太大,不然小鱼霍嘴,大鱼使鱼漂受大力震动,往往造成跑鱼。

(7)钓到鱼时尽量将鱼牵离鱼窝,不让鱼挣扎时搅乱窝中鱼。

第十三章　汽车自驾休闲运动

　　汽车自驾休闲运动演变于"自驾车旅游"。自驾车旅游一词出现于 20 世纪的美国,从早期的周末开车出游——"Sunday Drive",发展到后来的"Drive Travel"。自由和个性化使自驾车旅游充满无限的魅力。因为休闲旅游就应该是自由的。如今自驾车旅游被人们作为一种锻炼身体、娱乐休闲和陶冶情操的体育健身运动。它是旅行和休闲运动的良好结合,汽车自驾休闲运动最重要的是过程而不是结果。运动的过程,并不在乎对方多么完美,路边的一段溪流,草丛中一朵迎风的小花,乡间一处炊烟的农舍,陌生人的一句问候,都能令人兴奋不已,为此悠然驻足。自驾休闲运动使我们可以在任何时候为了一个能打动我们的地方停留,随心所欲地选择您要去的地方,欣赏大自然给我们带来的惊喜,与大自然不限时地亲密接触,抛开别人的刻意安排,不用气喘吁吁地和时间赛跑。玩累了我们可以随时去休息,天黑了我们明天再继续赶路,随时调整旅行线路,领略最淳朴的民风和未遭破坏的自然风光。自由无限,完全个性化使自驾车休闲运动充满无限魅力。何必再像一群被赶的鸭子,赶景点,追行程,走马观花。

　　自驾车休闲运动对驾驶者的驾驶技术以及驾驶所使用的车辆的越野能力要求不是很高,作为最常见的,适合大部分朋友的自驾休闲运动方式,普通的轿车、旅行车都可以轻松胜任。自驾车休闲运动的目的地一般为比较出名的旅游胜地,交通都比较方便,路况都比较好,适合很多想到外面放松一下的人们。可以在周末载上家人或朋友来一次自驾车短途运动休闲游,也可以在放长假的时候来一次自驾休闲运动大环游。

第一节　汽车自驾休闲运动的准备工作

一、信息准备工作

　　对于将去之地,掌握和了解的信息越多越好。多与熟知此地的朋友联系,详细研究地图,同时多读一些相关资料,一定要随身携带一份可靠的地图。多研究当地人的生活习惯和特点,了解他们对外来者是怀有敌意还是非常友好,尽可能了解当地的习俗和各种禁忌。

　　越是了解途经地人们生活的细节和习惯(尤其在远未开化的社会中,那里人们的生活方式被更牢固地束缚在自己生存的土地上),你掌握的生存技能和知识也就越多。只有经过认真调查研究,才能对如何因地制宜地搭房、取火野炊、采药和取水有更深的了解。

　　仔细研究你的地图,在你见到那片土地之前先具备感性的认识。尽最大可能对天时地利有更多了解:河流的走向和流速,水的落差、速度以及有无险滩等;山有多高,坡度如何? 有何种植被? 树的种类与分布如何? 温度如何,日夜温差多少? 何时天亮,何时天黑? 月亮阴晴圆缺? 何时潮起潮落? 风力风向如何? 天气如何?

二、团队及队员的准备工作

对于团队驾车出行,成员们应经常聚会,讨论要达到何种目标。要有专人负责以下事宜:医务、翻译、炊事、特殊装备及车辆、驾驶以及向导等。每个成员都应熟悉各自的装备和任务。必须带足各类备用品,尤其是电池、燃料和灯泡等。

整个行动过程可分为3个阶段:行动前准备期、行动执行期和恢复期。明确每一阶段的任务和目标,同时列出进程表。另外,还需有应付意外事件的准备,比如车辆抛锚、疾病流行和疏散伤亡人员等。

要估计大致的进度,徒步跋涉时更要有充裕的时间安排。

过分野心勃勃以致超出能力范围的计划会带来各种压力。这不仅会造成执行人员心理上过分紧张,同时生理上也将精疲力竭,而且会导致错误的判断以及冒不必要的风险,后者往往是出差错和麻烦的原因。你不可能带全部的必需水,但必须保证在旅途中可以不断得到补充。不论你采取何种行动路线,计划过程中都必须首要考虑水源问题。

制订并通过行动路线后,应使非参与行动者或留守人员也有所了解。这样如果出了意外人员还会有被营救的希望。如果徒步爬山,应该通知当地警察和山区营救中心有关行动计划的细节,包括出发和预期完成计划的时间。如果开车旅行,应将行进日程和路线通知相关交通部门。如果出海航行,应该接受海岸自卫队和港运部门的监督和检查。

切记:一定要有人了解你正计划做什么以及什么时候开始做。筹备前期就应与他们保持联系,这样联系中断本身就意味着按响了警铃。轮船和飞机的日程安排是严格控制的,如果延误且原因不明,搜寻组就会行动起来、检查行动路线,以便进行有效营救。要养成告知人们你去哪里及日程如何安排的好习惯。

三、出游车辆的准备工作

自驾休闲运动中根据目的地或过程中途经的地形环境,可适当的选择合适的坐驾,这包括对越野车的了解和相关越野车配套设备的选择。

(一)越野车的分类

(1)全地形型:越野车发展的趋势,可以满足家庭旅游和保证驾乘的舒适性。大轴距,车身较宽,悬驾系统较低,空间宽敞,另外智能化系统会给驾驶者提供帮助。

(2)纯越野型:纯越野车的轴距较短,悬驾系统较高,避震系统比较硬。驾驶舒适性不好,但越野性能优越。

(3)运动型:作为极限越野运动的代表,该车型越野性能极好,道路适应能力无车可媲美。但价格及必需的专业维修使许多越野爱好者暂时还不敢想拥有它。

SUV(Sport Utility Vehicle)是"运动、多功能、全地形"的英文缩写。它是越野车生产厂家根据市场的需求,从外形、功能以及内装潢上对传统越野车进行改造后的产品。既具备轿车的舒适性,又保留了越野车的越野特性,是SUV的最大特点。

SUV与传统的4×4越野车相比,运用了更多的电子技术,增加了更多高科技含量。SUV的车身没有大梁,前后桥四轮一般为独立悬架。SUV的价格和维修保养费用比较高,对于一般家庭来说比较难以承受。

相对于轿车驾驶舒适、速度快、油耗低等特点,4×4越野车具有底盘高、视野开阔、非常路面上行驶如履平地等值得轿车羡慕的特性。

强劲的功率、宽大的车轮、非独立悬架、高扭矩,加上行驶时宽阔的接近角、宽阔的离去角度、更大的离地距离,使 4×4 越野车拥有更多可以驰骋的空间。休闲自驾运动、户外览奇、极地探险、长途科普之旅,越野 4×4 在更多的领域载着人们感受、探索自然。

(二)越野车轮胎的选择

(1)全地形型轮胎:花纹的深度以及大小适中,对各种路面的兼容性较好,因为考虑到更换轮胎的频率,所以一般都选择安装这种轮胎。

(2)沙地专用轮胎:这种轮胎的花纹比较浅,为了减小对沙地地面的压力,沙地轮胎的胎面都比较宽,能使车辆在松软的沙地上轻松地通过。

(3)泥地专用轮胎:泥地专用轮胎除了有很大的花纹外,深度也非常深,这种设计是为了增大对泥地的压力,在车辆通过泥地时,可以抓牢地面使车辆能顺利通过。

(4)冰雪专用轮胎:这种轮胎与全地形轮胎比较相似,这种轮胎的内部嵌了小铁钉,使表面增加了许多小突起。当车辆在冰面上行驶时可以避免打滑、空转。

四、电台、通信器材的准备工作

电台是车与车之间保持联系的最佳设备。使用电台之前要特别注意首先要申请中华人民共和国无线电运动协会使用执照,之后方能使用,否则是违法行为。

电台分为车载电台和手台。车载电台(简称车台)是安装在车内依靠车内电源进行工作的电台设备,车台的接收信号的范围、质量与车台的性能有关。手台就是平时大家常说的对讲机。车载电台的保养非常重要,电台的寿命及使用效果与日常的保养有着密切的关系,使用中应该注意。

(1)不要长时间握住通话按键,应间断使用。

(2)在检修汽车电路和更换新电瓶之前,应先将车台的电源拔掉,以防电源正、负极接反等原因,使电压过高造成电台损坏。

(3)必须将车台天线和卫星接收天线放在车的顶部,两根天线要分开一定的距离。

(4)注意不要使车内的电台进水,如发现有进水时,可先将电台连接电源线拔掉或拨开电源线正极(红色)。

(5)应经常清洗电瓶上正、负极两端的接头,检查是否被酸性物质腐蚀氧化,避免造成电台错误识别。

(6)不要在电台上覆盖物品,以免影响电台散热。

(7)电台出现故障应到专业修理部门检修。

(8)收放天线时,不要拉扯天线馈线,否则会造成脱焊或馈线断线,造成报警时方位不准以及不好上线,甚至损坏电台。

(9)注意天线的连接线不要被车门挤断,要经常检查。

五、GPS 全球定位系统的运用

GPS 全球定位系统(Global Positioning System,简称 GPS)是迄今最好的导航定位系统。随着全球定位系统的不断完善,其目前已经在我国的各种部门中应用,并开始逐步深入人们的日常生活。GSP 全球定位系统拥有定位精度高、观测时间短、测站间无须通视、可提供三维坐标、操作简便、全天候作业、功能多、应用广等特点。

车载 GPS 在自驾车休闲运动中会使您以及其他的车辆始终知道您的确切位置,会对确定路线(导航作用)、提高驾驶效率起到重要的作用。不要小看 GPS,当您遇到危险的时候,它会正确引导救援人员快速赶到出事地点进行救援工作。使用 GPS 应了解一些 GPS 的术语,常用的 GPS 术语有:坐标(Coordinate)、航点(Landmark or Waypoint)、航线(Route)、前进方向(Heading)、导向(Bearing)、日出日落时间(Sun Set/Raise Time)、航迹(Pilot Trail)。

六、必备的装备

(1)全套修车工具:以便进行轮胎自卸自补、更换风扇皮带等小型处理,还应包括随车千斤顶、车辆自救钢板、长撬杠、防爆汽油桶(30L)、手持对讲机。

(2)随带材料:大小灯灯泡、风扇皮带、备用机油、备用防冻油、备用齿轮油。

(3)随带用具:备用水壶、手电筒、急救药包、地图、指南针、逆变电源(220V 输出可接笔记本电脑、手机充电等)、牵引绳、停车警示牌、备胎、便携式电动加气泵(插在点烟器上的那一种)、便于携带的氧气罐。

(4)个人生活用品:全天候防寒防冻的帐篷、洗漱用品、防晒霜、皮鞋(驾车用)、旅游鞋(徒步用,如遇下雨,可能被水浸湿,最好穿有防水功能的登山鞋)、拖鞋、冲锋衣、保暖内衣、衬衫、防寒服、睡袋(用于住宿条件不好的宾馆,在床上铺一层防潮垫,再铺睡袋,保证干燥卫生)、防潮垫、墨镜、遮阳帽、药品、照相机、身份证、多用途刀、吹风机(用于吹干头发和潮湿的衣物鞋等)、一箱纯净水(必要时可加入汽车水箱)、维生素泡腾片(冲水喝)、方便面等。

第二节 汽车自驾休闲运动的基本技术

一、驾驶技巧

1. 雨天驾驶技巧

据有关部门统计,交通事故中有近 30% 是在恶劣天气中发生的,在下雨天气,交通事故明显增加。因此,雨天行车,需加倍留神。雨天对行车的影响主要在于雨水和地面的尘土混合成薄薄的一层泥,造成路面光滑,摩擦系数降低。正常情况下,路面的摩擦系数在 0.7 左右,而下小雨时只有 0.4 左右,刹车时,车辆易侧滑跑偏。

此外,雨天驾驶还容易发生视线不清等情况。雨天行人和骑车人或者撑伞,或者穿雨衣,视线被遮挡,对机动车避让不及时。故雨天行车必须降低行车车速,注意避让行人和非机动车;驾驶中应该按规定车道行驶,避免频繁并线;雨天在山区公路行驶时,要时刻注意山体滑坡;遇到大雨、暴雨时,要开启雾灯;出车前检查车辆状态,确保雨刷器等机件灵敏有效;路面有积水时,要探明深浅后再驾车通过;注意力集中,遇到紧急情况不要猛踩刹车,以防止车辆侧滑跑偏。

2. 山路驾驶技巧

山路大多是一侧靠山,另一侧为河流或悬崖,路面窄,弯道多,山洞多,视野极其有限,不易预先发现对面车辆,给行车安全带来隐患。转弯时牢记"减速、鸣笛、靠右行"的要领,应选择道路中间或靠山的一侧行驶,随时注意对面车辆和路况。在危险路段遇到未知情况时,应该停车观察清楚,确定情况后慢速通过,同时还要注意避免车本身与山体的碰撞。

3. 通过溪谷和丘壑的驾驶技巧

沟壑一般由流水冲刷而成,应选择适当的地点通过。通过前应先停车观察,然后低速接近,达到岸边时,应刹车缓慢进入溪谷,之后加速到正常行驶速度,前轮接触到对岸时加大油门爬上坡顶。

4. 通过陡坡的驾驶技巧

遇到陡坡时应迅速判断坡道情况,根据您的车辆爬坡能力提前换好低速挡或中速挡,保持车辆有足够动力,不要等到车辆的惯性消失后再换挡,防止停车或后溜。如果被迫停车,应该停稳后再起步,以免损坏机件或造成其他事故。如果换挡失败造成车辆熄火后溜,应立即用手刹和脚刹将车停住(注意:千万不要踩离合器)。如果仍然没有将车停住,要将方向盘转向靠山的一侧,将尾抵在山体上,利用天然障碍使车停下。下坡的时候可以利用发动机的牵阻作用和脚制动控制车速,禁止滑行和尽量不要使用紧急制动。

5. 隧道驾驶的技巧

在隧道中行驶不管照明情况的好坏,一定要开启大灯,这不只是让驾驶者看清路况,也让后方车辆能准确地辨别自己的位置。如果是驾驶者不熟悉的隧道路线,可跟着前车的尾灯走,以免走到对方车道发生危险。

6. 通过沟渠的驾驶技巧

车辆应低速慢行通过浅沟,并斜向交叉进入,使一轮跨离沟渠,同轴的另一轮进沟。应用一挡通过跨越较深的沟渠,如有全驱动装置,应将其启动。进入沟底时要加大油门快速爬上沟顶。

7. 夏季驾驶的技巧

防瞌睡确保行车安全;防中暑保持车内凉爽;防爆胎随时检查轮胎气压;防油路中行成气阻;防缺水注意水温变化;防油稀造成润滑不良。

8. 雾天驾驶的技巧

准确地判断当日雾的能见度,做到心中有数。大雾天气,最好不要冒险出车,等待大雾减轻后再开始旅行,可能会耽误一些时间,但安全第一。如果是在路上停车等待雾散去的话,别忘了开亮雾灯、示宽灯和双闪灯,并紧靠路边(或紧急停车处)停车。

注意借助路上的车辆分道线行驶,以保证行车路线不会偏离。雾中行车时,一定要严格遵守交通规则限速行驶,千万不可开快车。注意适时鸣笛,预先警告行人和车辆。驾驶者应主动与前车保持安全的跟车距离,为自己留有足够的应急距离。

二、处理行车中熄火的技巧

行车中车辆熄火是常见的故障,可以按以下方法检查汽车点火系统,以排除故障。

(1)检查电瓶是否有电:可以鸣笛听声音大小,若声音洪亮,则有电;反之,则没有电,这就需要更换电瓶。

(2)查看分电器:打开分电器盖,按下分火头,如果触点表面像烟熏过似的,可用纸巾将其擦干净。

(3)检查点火圈:把高压线与分电器接口处即高压输出器的线拔下。然后把螺丝刀插入线中,左手握住把柄,靠近打火线 1cm,打火观察火的状况,正常情况下火强为蓝色,若火弱则为点火线圈故障。用手触摸线圈,微热为良好,过热说明线圈已坏。

(4)调整"赶火":汽车不着火,也可能是点火时间不对。松开分电器固定螺栓,轻微转动分电器,逆时针转动为点火快,顺时针转动为点火推迟。

三、ABS 使用技巧

ABS 是依靠装在车身的车速传感器以及高灵敏度的车轮传感器,通过计算机的控制,在紧急制动时,迅速发现哪个车轮抱死,并使该轮的制动分泵减压,使车轮恢复转动。ABS 的工作过程实际上是快速抱死—松开—抱死—松开的循环工作过程,使车辆始终处于临界抱死的间隙滚动状态,有效地克服紧急制动时的侧滑、甩尾、跑偏,防止车身失控等情况的发生。

现在许多车子都装了 ABS,如果驾驶着装了 ABS 的车子旅行的话,请关注以下使用技巧。

(1)要保持足够的制动距离,当在良好的路面行驶时,至少要保证与前面的车有 6s 的制动时间,在不好的路面行驶时,要留给制动更长的时间。

(2)由于 ABS 紧急制动时车轮不抱死,前轮仍有导向作用,司机可以边刹车边打方向盘进行紧急避险,不要只顾刹车忽略了转动方向盘躲避障碍物。

(3)要经常保持安装在各个车轮的传感器探头及齿圈的清洁,防止有油污、泥污。特别是磁性物质吸附在其表面,从而导致输出到计算机的信号错误或传感器失效而影响 ABS 系统的正常工作。

(4)ABS 系统工作时正常的液压工作噪声很大,制动踏板震颤很强烈,驾驶者在紧急制动时不要惊慌。这种声音和震颤是正常的,因为 ABS 正在发挥作用。

(5)不要反复踩制动踏板。在驾驶 ABS 汽车时,反复踩制动踏板会使 ABS 时通时断,导致制动距离增加和制动效能减低。其实,ABS 本身会以更高的速率自动增减制动力,并提供有效的方向盘可控能力。

四、轮胎保养技巧

自驾车休闲运动期间所遇到的路况是各种各样的,应该注意保养轮胎,提高驾驶者的驾驶效率以及安全性。

(1)途中停车要尽量避免将车辆停放在有比较尖锐的石子的路面上。停车时更不要接触有酸类物质、石油产品及其他影响橡胶变质等物料的地方。

(2)胎温自然散热,轮胎在夏季长时间行驶时容易产生胎温过高、气压增高的情况。此时应停车散热,不能放气降压或泼水降温。紧急补胎剂这种产品可随身携带备用。

(3)目前绝大多数轿车采用的都是子午线轮胎,因为整条子午线轮胎只有胎壁上没有钢丝,胎壁是最薄弱的部位,所以在使用时也必须十分小心,避免撞击深坑或其他异物,导致轮胎在冲击物与轮胎凸缘之间产生挤压变形。

(4)在旅行途中的许多路段会有无法避开的碎玻璃,要减速通过,千万不要急刹车,否则会使玻璃碎片更容易地扎入轮胎。

(5)不要在停后转动方向盘。

五、在驾驶中预防产生错觉的技巧

道路上的汽车数量多,各种车辆穿梭不停,会使驾驶者对汽车速度的快慢、车身的长短等的判断产生错觉。

世界是五颜六色的,各种颜色交替出现容易使驾驶者精力不集中、眼花,造成颜色错觉。强烈的阳光以及夜间行车所使用的灯光会使驾驶者眼睛受刺激,在未适应之前会出现光线错觉。

驾车的速度往往会随道路的弯度而改变。道路上太多的弯路会使驾驶者错觉,找不到入弯的角度以及应该把握的速度,会造成弯度错觉,极容易发生意外。在整个自驾车休闲运动过程中,良好的身体状态是必不可少的,一定要休息好,保存更多的体力。如果驾驶期间出现以上的情况,一定不要继续驾车,安全第一。

六、车辆保养技巧

自驾车休闲运动归来,很多朋友竟然以为随便清洗一下就可以了,但这时最需要的是认认真真做好车辆的保养工作,一定要根据出游的地方做好针对性的车辆保养工作。"三分修,七分养",汽车的保养可是用车中的大事。

在山区行车,由于路面崎岖,汽车行驶不平稳,对汽车底盘影响相对较大。因此,除了应该对一些必要部位如油、水、电路的检测外,应重点检测汽车的底盘部分。

(1)底盘检测:在自驾车休闲运动过程中,由于车子要经过各种路面,因此不管有没有跑过山路,爱车的底盘都是最容易"受伤"的,是最应该检测的。如果出游归来后汽车底盘出现异响、停放位置出现油迹、方向盘抖动等现象,底盘很可能已经受损。如果有刮底经历,哪怕没有明显故障也建议车主去专业厂家检查。

(2)轮胎状况:汽车轮胎出行期间直接和各种不同的路面打交道,因此归来后一定要检查轮胎是否有明显的外伤、刮痕,以及胎压是否达到标准,做好轮胎的检测工作。

(3)刹车系统检测:如果驾驶者在山地行驶,汽车的刹车系统使用频率增大,同时路况差的路面也容易影响到汽车刹车系统的灵敏性,因此归来后一定要做好这一部位的检测工作。

(4)地毯检查:如果车辆遭遇过风雪天气或遇到暴雨、水浸等情况,车主应检查车辆地毯是否潮湿。有些品牌的汽车车身上有一些孔是用胶塞塞住的,由于胶塞的密封性会随时间的增长而下降,所以汽车在涉水等情况下,会有水进入车内,可能会引起车内发霉及产生异味。

(5)油、水、电路检查:如果车从南方开到北方,汽车一般都换上适合北方用的机油,因此归来后要注意更换机油。

(6)清洗车身和底盘:归来后马上洗车,会对车起到很好的保护作用。车身和底盘上的泥水里夹杂着盐分和多种碱性成分,如果不及时清洗,会给车漆及汽车底盘带来严重腐蚀,同时如果长时间地在泥水路面行驶,最好用洗车机彻底冲干净底盘后马上进行吹干,再由专业人员用专业底盘防锈剂进行防锈处理。

七、车辆防盗小技巧

(1)尽量寻找专业的停车场,享受更为安全的服务。

(2)将收音机打开并把音量调大,一般盗车者只注意解除报警器,所以在电源接通时收音机的响声会吓得他手忙脚乱,同时也会起到报警的作用。

(3)一定注意不要将贵重物品遗留在车内显眼的地方;在车内较明显的地方放置有关法制、公安的书刊和带有公安警察形象标志的物品,让窃贼动摇盗窃的念头。

(4)车窗上贴几张不同品牌汽车防盗器的小招贴画,让窃贼不知道车上到底安装了什么报警器,不敢轻易下手,尽量不要将车停在第一或最后一个停车位。

(5)停车时把车头朝向外面,这样做可以使盗车者更容易被注意到,也容易使盗车者认为比较危险而放弃作案;长时间停车时交换一下各缸点火线的位置,使盗窃者无法顺利发动。

八、高速公路行车技巧

在上高速公路之前应确认车况良好,了解沿途加油站、食宿店以及出入口等信息。

(1)高速公路除有全程限速外,更要注意在弯道、隧道口等地点的特殊速度要求,避免列队行驶。

(2)高速公路上停车是非常危险的,车辆发生问题应及时打开双闪灯提示后车,并进入最近的停车带。

(3)在高速公路上行驶容易感到疲劳,保持好的精神状态对于行驶安全很重要。

(4)车辆在高速公路行驶时燃料消耗比平时要大,要注意检查燃油量,及时补充燃料。

(5)注意检查轮胎的气压,防止爆胎。注意保持安全距离。

(6)在高速公路上行驶,要十分重视制动效果,出发前要仔细检查制动效果,发现异常时,一定要进行维修。

(7)高速公路上行车,如使用紧急制动,跑偏、侧滑的概率会增大,使汽车的方向难以控制。如果后车来不及采取措施,将发生多车相撞事故。行车中必须制动时,应该多次轻制踏动踏板,这种点刹的做法,能够使制动灯快速闪亮,引起后车的注意。

九、行车前严禁服用的药物

如果驾驶者在自驾休闲运动旅途中突然患了病,尽快把病治好是必要的,但如果驾驶者在驾前服用了以下一些影响驾驶的药物,请不要驾车。需要和驾驶者一起出游的同伴驾车继续前行,如果没有会驾车的同伴,那一定要等待药效过后(药物效果情况请咨询医务人员)再出发,以免发生意外。

(1)抗感冒药:大多数感冒药都含有抗组织胺类药物,驾驶员注意改服不含抗组织胺药的感冒药。

(2)抗组织胺药:如异丙嗪(非那根)、扑尔敏、赛赓啶和安其敏等,常有嗜睡、眩晕、头痛乏力、颤抖、耳鸣和幻觉等副作用。

(3)抗心律失常药:如奎尼丁、美西律和心得安等,常有头痛、眼花、耳鸣和低血压等不良反应,该药还可使人反应迟钝。

(4)降血压药:如利血平、可乐定、优降宁、硝普钠、哌唑嗪等,会出现头痛、眩晕、嗜睡、视力模糊、疲乏无力等。

(5)抗焦虑药:如丙咪嗪、多虑平和苯乙肼等,常伴有疲乏嗜睡、视野不清、肌肉震颤、反应迟钝和体位性低血压等。

(6)催眠药:如巴比妥类药物、水合氯醛等,翌日会有头晕、嗜睡、反应迟钝等不良反应。

(7)抗心绞痛药:如硝酸甘油、心得安、消心痛和心痛定等,不良反应有搏动性头痛,在高速行驶、颠簸不平的车辆上尤甚。还有眼内压、颅内压升高而致的视力不清、头晕乏力等。

(8)解痉止痛药:阿托品类生物碱等,常见副作用为视物模糊和心悸。

(9)驱肠虫药:有红色蛔灵、甲苯咪唑(安乐士)和阿苯哒唑(肠虫清)等,若口服后同时进食大量油腻食品,可使药物大量吸收,出现中枢神经症状,如头痛、胡思乱想、眩晕;过量易诱发黄色视觉变化,使司机辨认不清红绿灯,还会出现幻觉。

第三节 汽车自驾休闲运动中意外事故的处理方法

无论是小范围的意外,还是涉及很广的大灾难都有生死攸关的处境需要面对,这需要很好的训练和迅速的判断能力。

为了说明对每种意外都可适用的基本求生策略,这里列举了一系列小范围车辆事故的处理程序。同样的方法也适用于在更大范围内处理坠机事件。在这种情况下,幸存者大都会发现自己身处一个完全陌生的地区,在相当长的时间内将会面临一大堆复杂棘手的难题。

良好的计划和精心的准备使得幸存者能够更好地面对那些会对生存产生严重威胁的困难和危险。一切应视情况而定,但你不可能事先就能预料一切。必须有心理准备,能迅速针对意外之险和潜在性灾难做出理智而适当的反应。每当意外发生时,人们很容易变得惊慌失措。我们必须征服这类恐慌,针对不同境况采取有效的行动。

有时撞车或其他事件会在毫无预示之下发生。但大多数意外发生前的几分钟人们都会有所预感或察觉。在这个瞬间的本能反应有可能就救了自己的命。有些事件在发生之前,人们会有相当长的时间知道或意识到潜在的灾难在发展,这时恐慌可能是最危险的反应。

当浓雾笼罩整个山谷,可视度几乎降为零从而很容易迷失方向时,大多数人会变得惊慌失措,想象着自己必定会陷入迷踪,开始干愚蠢的事情,这反而加大了面临的危险。事实上,他们事先应充分估计到这种可能性,找一块安全的蔽身之地以等待安全降临。保持镇静,要知道你有能力面对险境。这不仅有利于你撑过难关,而且便于你能及时看到可能会自然出现的解决之路。

有些处境是可以预见的,拥有相应的技能与知识会使你化险为夷,或者将所冒风险降至最低限度,它们会增强你的胆量。比如车辆在水边出现事故时,应果断处置,等待确切的时机,以便在车辆沉水时从车中逃离。它们也来源于实践经验以及正确的理论,通常答案会存在于你随机应变的解决之道和适时适地做出反应的技能之中。

突发性灾难可能会把你困在与世隔绝的险地,你只能独自面对。下面重点介绍几种常见事故的处理技巧。

1. 车辆车刹失灵的处理技巧

如果行车途中车刹失灵,应立即换挡并启用手刹。必须同时做到几件事:脚从加油踏板上抬起,打开警示灯,快速摇动脚刹(它可能仍连着),换低挡,利用手刹制动;不要猛拉手刹,由轻缓逐渐用力,直至停车。

如果来不及做完以上整套动作,可以先从加油踏板上抬脚,再换低挡,抓手刹制动。除非确信车辆不会失去控制,否则不要用全力。小心驶离车道,将车停在能走离公路的地方,最好是边坡,或者松软的上坡。

如果车速始终无法控制,比如遇到了下坡,为了减速可以不断冲撞路边的护栏或护墙,还可利用前面的车辆帮你停车——在距离许可的条件下靠近它。使用警示灯、按喇叭、闪亮前灯等手段使前面的司机接收到你的求助信号——你处于可能会导致相撞的车道上,需要帮助。

2. 撞车的处理技巧

如果撞车已势在必然,保持冷静,掌握好方向盘以便尽可能将自己及他人的伤害降至最低限度。为了减速可以试着冲向能够阻速的障碍物。例如:较软的篱笆比墙好,灌木丛比参天大树要好,它们可使你逐渐减速直至停车。撞墙和树都很可能是致命的,尽管它们可以使你猛然停车。

安全带(在许多国家开车必须系上安全带)将阻止你在紧急刹车时冲向挡风玻璃。没系安全带最好不要试图硬撑着去对抗冲撞。极少情况下这样会管用,很可能比顺其自然受伤更严重,因为减速冲撞更突然。在栽向冲撞点的瞬间应尽可能早地远离方向盘,双臂夹胸、手抱头。这似乎很难做到,但必须记住,撞车时,方向盘会高速撞向你的胸膛。后排乘客也应同样双臂夹胸手抱头部并向后躺,以避开前排的靠背。

3. 跳车的处理技巧

除非车辆即将冲出悬崖,在车上必死无疑,否则不要随便企图从急驶的车辆中跳下。跳车前做好必要的准备:打开车门,脱开安全带,身体抱成团,即头部紧贴胸前,脚膝并紧,肘部紧贴于胸侧,双手捂住耳部,腰部弯曲。然后从车上跳出,可以顺势滚动,不要与地面硬抗。

4. 车辆落水的处理技巧

在车辆沉没前若有可能应弃车逃出,因为在充满水之前它不会立即沉没。水的压力会使车门很难打开,若有机会可以摇下窗玻璃,从中逃出;若窗关着,用尖硬的东西如螺丝刀等物扎车门玻璃的下部,它会应声而碎,请牢记这一点。

如果你来不及,应紧关车窗,如果车内有小孩,让孩子站起来,婴儿举近车顶,然后松开安全带,告知每位车门边的乘客做好准备,用手握住车门把手,同时松开所有自动门锁。它们可能已被水压挤坏了。这个阶段不要试图去开门。

当水逐渐进入车内,空气被压向车顶,气压升高将逐渐趋近于车外的水压。车子逐渐停止,这时车内也几乎充满了水,让每人做一次深呼吸,打开车门,屏住气游上水面。每个人从同一车门出来时应该相互挽着手。如果你需等别人在前先逃,应能屏足气。

预防措施:沿着水边停车时不要车头对着水,应侧向停车。如果停车时不得不面向水,离车时应挂倒挡,手刹制动(如果背对水时停车,换挡时先手刹制动)。

5. 车辆卡在铁轨上的处理技巧

如果车辆卡在交叉路口的铁轨上熄了火,应立即重新启动以快速离开。这需要人工换挡,不能依赖自动挡。如果火车将临而车辆一时又无法起动,应当机立断放弃车辆将孩子及身体虚弱者转移至安全之地(至少应离车 4～5m)以外,因为高速行驶的火车会将车辆抛出很远。

如果无火车,或者还在几千米以外必须努力避免毁车。如果能够拖走,应拖离所有的铁轨,因为你不能确定火车会走哪条道。如果能用无线电联系应警告信号员远离铁轨。没有时应沿铁轨迎着火车来临的方向向前,走一段距离后在铁轨一边站稳(高速列车两旁有相当大的后向气流),挥动车座毛毯或其他显眼衣物以向司机发出警告。

6. 车辆起火的处理技巧

车辆起火的最大危险在于油箱，它一经点燃，可像炸弹一样爆炸，燃烧的汽油炸得遍地都是。应在火苗接触油箱之前控制住火。通常是一条燃料线首先起火，像一条导火索最终点燃油箱。

如车辆在狭窄的地方（如车库中）起火，烟雾和毒性油烟马上就很浓烈，要尽力灭火；但如果为时已晚，在车辆进一步威胁生命和财产安全之前，转移到建筑物之外。不要进入车辆，在车外就可操作一切，包括转动方向盘。如可能，将车辆推出或拉出车库。

灭火器要放在容易拿取的地方，不要放在行李箱里，因为任何撞击都会使行李箱盖扭曲，难以打开。

在撞坏的车辆里，门或许被轧住。如果车已起火，从车窗逃出或者踢开挡风玻璃。如车内起火，用灭火器或衣服压灭火焰。许多车辆装潢使用了合成材料，燃烧速度很快，且会放出浓烟和有毒气体，即使火被扑灭，烟与毒气仍然存在，所以应尽快逃出车厢。如车外也有大火，那么紧闭车窗，驾车开出危险地带并尽快放弃车辆以求安全。

7. 特殊环境和特殊情况下行车的处理技巧

（1）沙漠行车的处理技巧：在准备沙漠旅行之前，大号油箱应充满油料，储水容器也应足够。利用大油桶可以多盛一些水和汽油。

穿越沙漠地带时，相当大的日夜温差会使金属变形，增加油箱或水桶泄漏的危险。沙地行车加油时沙子和灰尘可能会被带进油箱。可以在油箱口或里面安过滤器。在松软沙地上仅有千斤顶是不够的，应带上气垫，可利用车辆的排气管进行充气。油路和进气管的入口都需装有过滤器。必须安装相应的沙地轮胎，带上沙板以便在车辆陷入松沙之中时可以垫在下面使车辆重新回到道路上。

（2）高海拔等特殊情况下行车的处理技巧：为了适应高海拔特殊情况，汽化器需要改装；在丛林地区，防刺轮罩会减少轮胎被刺破的危险；冰雪地带也应有相应的防滑轮胎、传动链及抗凝油料。发动机需要特别的调试以适应特殊的气候条件，同时可以减少耗损。备用轮胎和良好的工具箱是必需的。

（3）酷热气候下行车的处理技巧：即使你已经根据相应气候对车辆装备进行了调整，仍有可能会发现新的问题。在热带区域或阳光直射的温带地区，熟睡者或受伤人员独自留在封闭车厢里是相当危险的。如果迫不得已，至少应将车窗打开以便通风（车辆散发的热废气高到一定浓度足以致命）。即便车辆停在阴凉之地也应该如此，因为阳光是会移动的。

（4）发动机发烫的处理技巧：停下车，让发动机稍稍冷却一下。如果实际情况决定了不能停车，可以打开车内暖气，这样可以增加冷却水的体积，尽管车内会变得更热，发动机却可以降温。如果停车，可以打开汽车引擎盖。不要直接用手去解开冷却器盖口，除非已知温度已经降了下来。检查冷却器和所有的水管，防止有渗漏现象发生。如果冷却器漏水，可以用鸡蛋清封住小缝。如果漏缝过大，可将那部分管面塞住，这会减少散热面积，只要你平稳驾驶，就仍能前行。

（5）启动车辆的技巧：严寒的天气，低温使车辆启动变得十分困难，行车也更加危险。尽可能将车停在有梯度的下坡之地，利用重力下滑及颠簸来帮助和激发启动，一旦发动机启动，应防止它会熄火，但要留心手刹是否灵敏，而且绝不要把小孩或动物单独留在发动机已启动的车辆上。

(6)除去水汽的技巧：挡风玻璃上积满的水汽应及时擦去，不要偷懒只擦一小块窗面，那样会缩小你的视野。用洋葱或新鲜马铃薯块擦车内的挡风玻璃面，可以防止水汽的生成。停车时用报纸盖住车外的挡风玻璃面，可以阻止雾气在上面积累。如果湿气过重，你得冒以下风险——报纸可能会粘在挡风玻璃上。

(7)发动机保养的技巧：在发动机周围裹上毛毯，可以阻止里面冻结，不过在启动之前应拿走它。用纸板或木块围住冷却器的下部，以防行驶途中会发生水的凝结。如果气温过低，可以全部围住；气温升高后应记住及时取走纸板，以免无法散热。

对于柴油发动机的保养应注意，柴油中含有低温下会凝固的烷烃类成分。停车或是开车，都应将发动机前部覆盖，但要不时地检查以防过热。夜间或者停车时，都应将发动机裹紧。有些卡车司机会用微火烘烤凝结的油箱，但要慎重估计形势是否值得冒这个风险。

(8)金属防护的技巧：不要用手去触摸任何金属，否则手指有可能会冻粘在上面，进而被撕裂。如果戴上厚手套后感觉操纵不便，可以用胶布裹住手指。将水箱盖和油箱量杆也用胶布包好，以方便例行检查。

(9)雪地突围的技巧：被暴风雪围困时，最安全的选择是呆在车中。如果你位于行车路线上，可能很快就获救的。然而离开车辆去寻求帮助是很危险的。

如果燃料足够的话，可以开动发动机提供热量。将发动机外面裹好，以使直接散失的热量降低至最低限度，但必须保证废气的排放。如果感到头晕眼花，可以关闭发动机，打开车窗透透气，不可冒着废气中毒的危险来保暖。在发动机没有关闭时，不要睡着了。

车内寒气散去时，关闭加热器，直至寒意上升至实在受不了再打开。燃料耗尽后，应尽可能裹紧所有的衣物和布料等能够防寒的东西，并在车内不停地活动。

如果必须离开汽车一段距离，比如你知道在不远处你就可以获得帮助，可以临时制好路标，比如长杆上挂条围巾或衣物，以便回头能找到它。

在有清晰明显的指路信号时(例如电线杆)，又是白天，而且这时暴风雪停了下来，你不妨走出车辆去寻求帮助。

如果已经远远偏离正常路线，而暴风雪又要很快掩埋整个车体时，你可能不得不走出车辆在附近建个雪洞，因为这里可能会比车辆里更暖和一些，可以再坚持好几天。暴风雪停了以后，应在雪地上做好醒目的求救信号，尽全力吸引别人的注意。

8. 常规情况的处理技巧

(1)离合器打滑：经常是由于离合器踏板上，粘有油或油脂的缘故，可用火焰灭火器喷洒除去油脂。

(2)冷却风扇带坏了：可用常见的索带甚至绳子临时替代。

(3)继电线断了：可用柳枝替代。任何含有水分的植物枝条都能把电流由线圈传至配电器，前提是电阻值没有大到一定程度。先将一端固紧，另一端插向另一个端口。切记高压危险！当打开开关时，会有高达1300V电压的电流通过，不要去触碰它，如果水分丧失时要更换柳条。

(4)蓄电池失灵：如果能达到一定的车速，就不需要蓄电池继电了，而面临陡峭的上坡时它是必须要有的。对于四排车挡的车辆来说，踩离合器点火时，用二或三挡。

(5)传动轴破裂：如果车辆为前轮驱动或者后轮驱动型，你都无计可施了。但若是四轮驱动型，可以拆去传动轴，关闭不能用的，用正常的轮轴驱动。

主要参考文献

[美]克里斯·布尔,等.休闲研究引论[M].田星,董建新,等译.昆明:云南大学出版社,2006.
[韩]裴勇.精彩高尔夫绝妙点拨突破 90 杆[M].北京:人民体育出版社,2006.
[英]加斯·黑廷.攀岩[M].济南:明天出版社,2006.
北京赛迪电子出版社.街头极限运动[M].北京:赛迪电子出版社,2005.
曹光,等.保龄球[M].北京:北京体育大学出版社,2003.
陈瑜,方信荣,尹红松.不多走一步路·定向越野[M].南京:东南大学出版社,2005.
陈智勇.现代大学体育教程[M].北京:北京大学出版社,2004.
丁贤龙.象棋七日入门[M].长沙:湖南人民出版社,2003.
古桥.健美理论与实践[M].北京:人民体育出版社,2000.
何晓知,汤万辉.定向运动[M].长沙:湖南大学出版社,2005.
胡小明,虞重干.体育休闲娱乐导论[M].北京:高等教育出版社,2004.
李远乐.户外运动[M].长沙:湖南科学技术出版社,2005.
梁勇,王霖.壁球[M].北京:北京体育大学出版社,2005.
林峰.国际象棋初阶[M].太原:山西人民出版社,2004.
刘胜,张先松,贾鹏.健身原理与方法[M].武汉:中国地质大学出版社,2010.
刘望,张国利,李龙.台球技巧图解[M].北京:北京体育大学出版社,2004.
卢锋.休闲体育学[M].北京:人民体育出版社,2005.
卢元镇.社会体育导论[M].北京:高等教育出版社,2004.
梅雪雄.游泳[M].北京:高等教育出版社,1999.
门球竞赛规则编写组.门球竞赛规则裁判法[M].北京:人民体育出版社,2005.
莫星编(译).世界体育项目欣赏手册[M].长沙:湖南教育出版社,1990.
乔杜里.最后的潜水[M].北京:中信出版社,2003.
沈凡.实用钓鱼技法[M].北京:北京体育大学出版社,2004.
沈文益.游泳[M].北京:人民体育出版社,1993.
唐宏贵.体育健身原理与方法[M].武汉:湖北人民出版社,2006.
田里,张盛海,张先松,等.健身私人教练理论与实践[M].北京:北京体育大学出版社,2004.
王勇,丁朝阳.桥牌入门[M].哈尔滨:黑龙江科学技术出版社,1999.
吴新华.棋牌简明教程[M].福州:福建科学技术出版社,2004.
相建华,田振华,邓玉.高级健美训练教程[M].北京:人民体育出版社,2006.
相建华,王莹.中级健美训练教程[M].北京:人民体育出版社,2004.
相建华,杨润琴,尹俊玉.初级健美训练教程[M].北京:人民体育出版社,2003.
许愿.户外疯狂[M].北京:农村读物出版社,2006.
于开明.围棋教室——初级教材[M].成都:成都时代出版社,2004.
俞继英.奥林匹克射击[M].北京:人民体育出版社,2004.
张波涛,江雯.运动无极限[M].呼和浩特:内蒙古人民出版社,2003.

张国帆,张德平.定向运动与野外生存[M].天津:天津大学出版社,2006.
张惠红,肖秋平,郁东.山水觅踪·定向越野[M].南京:江苏科学技术出版社,2006.
张先松,何珍泉.实用长寿全书[M].武汉:湖北人民出版社,1999.
张先松,刘胜.大学体育学上册[M].北京:北京体育大学出版社,2008.
张先松,张颜,王丽君.减肥瘦身立体健身处方[M].武汉:湖北人民出版社,2014.
张先松,张颜.男性形体塑造攻略[M].武汉:中国地质大学出版社,2015.
张先松,张颜.少儿形体塑造攻略[M].武汉:中国地质大学出版社,2015.
张先松.健身健美运动[M].北京:高等教育出版社,2005.
张先松.健身健美运动[M].武汉:华中科技大学出版社,2009.
张先松.健身健美指南[M].武汉:湖北人民出版社,1998.
张先松.强身健美立体健身处方[M].武汉:中国地质大学出版社,2011.
张先松.现代健美大全[M].武汉:湖北科学技术出版社,1992.
张颜,张先松.女性形体塑造攻略[M].武汉:中国地质大学出版社,2015.
中国飞镖协会.中国飞镖竞赛规则与裁判法[M].北京:人民体育出版社,2002.
中国航空运动协会悬挂滑翔及滑翔伞委员会.滑翔伞飞行[M].北京:人民体育出版社,2002.
中国徒步穿越编辑部.中国徒步穿越[M].西安:陕西师范大学出版社,2003.
周兵,赵全,郑旗,等.休闲体育[M].桂林:广西师范大学出版社,2000.